本书为2021年度江苏省社科基金一般项目
"共生视域下江苏产教融合机制创新研究"
(批准号：21JYB008)研究成果

# 共生视域下产教融合机制创新研究：
## 基于江苏省应用型本科高校的实践考察

张元宝 著

苏州大学出版社
Soochow University Press

图书在版编目（CIP）数据

共生视域下产教融合机制创新研究：基于江苏省应用型本科高校的实践考察 / 张元宝著. --苏州：苏州大学出版社，2024.6. -- ISBN 978-7-5672-4818-2

Ⅰ. G649.21

中国国家版本馆 CIP 数据核字第 20247YE224 号

书　　名：共生视域下产教融合机制创新研究
GONGSHENG SHIYU XIA CHANJIAO RONGHE JIZHI CHUANGXIN YANJIU
　　　　　——基于江苏省应用型本科高校的实践考察
　　　　　——JIYU JIANGSUSHENG YINGYONGXING BENKE GAOXIAO DE SHIJIAN KAOCHA

主　　编：张元宝
责任编辑：史创新
助理编辑：王秀秀
封面设计：吴　钰

出版发行：苏州大学出版社（Soochow University Press）
社　　址：苏州市十梓街 1 号　邮编：215006
印　　装：广东虎彩云印刷有限公司
网　　址：www.sudapress.com
邮　　箱：sdcbs@suda.edu.cn
邮购热线：0512-67480030
销售热线：0512-67481020

开　　本：718 mm×1 000 mm　1/16　印张：15.75　字数：283 千
版　　次：2024 年 6 月第 1 版
印　　次：2024 年 6 月第 1 次印刷
书　　号：ISBN 978-7-5672-4818-2
定　　价：58.00 元

凡购本社图书发现印装错误，请与本社联系调换。服务热线：0512-67481020

# 序

产教融合在现代社会及大学的发展中发挥着愈来愈重要的作用。如何将大学的科学研究与产业界的技术进步结合起来一直是产教融合的重点领域之一。日本政府通过法律推动,促进大学与企业深度合作,明确大学应从有利于强化产业技术能力的角度出发,自主、积极地开展人才培养、科学研究及推广研究成果的活动。美国通过实习实训、科研合作及创业孵化等方式,深度融合高等教育与产业发展,推动技术创新与人才培养,形成产学研紧密结合的生态系统。英国通过设立专门机构,如科研与创新署(UKRI)下的英国博士生培养中心(CDT),推动学术界与工业界的深度合作。CDT为博士生提供跨学科、多领域的指导,并注重高质量实用技能的培训,以满足社会经济创新发展的需求。此外,英国职业教育体系(TVET)也强调"六方联动",包括企业、行业协会、政府机构等多方参与,通过工读交替计划、学徒制等方式,实现教育与产业的紧密对接。我国产教融合呈现出蓬勃发展的态势,市场需求旺盛,市场规模不断扩大,政府、企业、学校等多元主体积极参与。特别是随着新质生产力快速发展,产教融合通过教育与产业深度合作,提供定制化、高质量的人才培养,推动产业升级和经济高质量发展。

产教融合的领域不断扩大,产教融合的内容与形式也因高校类型不同而有一定的差异,不同类型高校发展出产教融合的多样化特点。张元宝博士一直以来潜心研究应用型本科高校的产教融合理论与实践,这本专著《共生视域下产教融合机制创新研究——基于江苏省应用型本科高校的实践考察》即他研究的最新成果。

该专著将共生理论引入应用型大学产教融合研究中,认为产教融合系统中的高校、企业、政府以及行业组织等合作主体虽然在组织属性上存在着本质的区别,但在目标和利益追求上却存在着必然的耦合性,产教融合本质上是组织间的跨界共生过程,在这一过程中系统的稳定运行与高效发展,不仅取决于各方资源要素投入,也取决于合作模式选择,还取决于外部社会环境支持。在理论研究基础上,专著运用文献分析法、访谈法、扎根理论研究法和结构方程模型分析法等多种方法,以江苏省应用型本科高校办学实践为例,对产教融合主要影响因素以及影响因素之间的作用关系与作用机理进行了深入分析,指出应用型本科高校产教融合实践中存在优质资源跨界流动不通畅、持续共生动力不足、合作模式有待进一步优化、政策支持体系有待进一步完善、产教融合社会氛围有待进一步提升等问题,从产教融合共生识别、共生形成、共生运行、共生进化、共生环境五个维度分析了应用型本科高校产教融合实施过程中的主要影响因素,并从这五个维度提出了应用型本科高校产教融合机制创新的若干策略。

相信该专著的出版对应用型本科高校产教融合理论的深入研究和实践的持续推进具有积极的参考意义。希望张元宝博士继续努力,在这一领域不断取得新的研究成果。

是为序。

胡建华

2024 年仲夏

# 前言

高质量发展是全面建设社会主义现代化国家的首要任务,教育、科技、人才是全面建设社会主义现代化国家的基础性和战略性支撑。党的二十大报告提出,"统筹职业教育、高等教育、继续教育协同创新,推进职普融通、产教融合、科教融汇,优化职业教育类型定位"。产教融合作为推进教育链、人才链与产业链、创新链有机衔接的一项战略安排,迫切需要实现高质量发展,助力高等教育与区域经济提质增效,全面服务支撑中国式现代化。江苏省是中国经济与高等教育双强省份,在深化产教融合方面一直走在全国前列,并形成了具有一定区域特色的"江苏经验"。《国务院办公厅关于深化产教融合的若干意见》与《省政府办公厅关于深化产教融合的实施意见》自实施以来,江苏省产教融合制度体系不断完善,企业参与产教融合积极性不断提升,产教融合成果日趋丰硕,特别是产教融合新型组织载体与品牌专业建设成效显著。但同时我们也发现,对于步入"快车道"与"攻坚期"的产教融合,还存在优质资源跨界流动不通畅、合作主体持续共生动力不足、融合模式较为单一、政策协同效应不明显,以及社会氛围不够浓厚等亟待解决的问题。

我们以江苏省11所应用型本科高校举办的14个重点产业学院为调研对象,以共生理论与社会资本理论为研究的理论基础,采用文献分析法、访谈法、扎根理论研究法和结构方程模型分析法,对产教融合主要影响因素及影响因素之间的作用关系与作用机理进行了深入分析。结果发现,影响产教融合高质量发展的因素主要包括结构性社会资本、认知性社会资本、关系性社会资本、信息丰度、供需对称、共生界面、合作模式、资源互动、分配模式、合作紧密度、资源增值、对称互惠、政策环境和社会氛围等14个方面。依据影响因素之间的因果逻辑关系,采用类聚群分的方式可将这些影响因素归纳为5个方面。一是产教融合在共生对象识别阶段主要受到合作主体的关系性社会资本、结构性社会资本和认知性社会资本影响,即组织的社会资本越丰富,在竞争性合作对象选择过程中的初始优势就越明显,建立同盟关系的可能性就越大;二是产教融合在共生关系形成阶段主要受到合作主体之间的信息丰度、资源供需关系和共生界面影响,即合作主体之间的信息占有越充分,资源供需匹配度越高,载体平台功能越强大,越有利于合作主体之间形成共生关系;三是产教融合在共生运行阶段主要受到合作主体之间的资源互动效率、合作模式和分配模式影响,即资源要素跨界互动效率越高,合作模式的组织化程度越强,利益分配越趋于合理,产教融合系统的稳定性就会越强;四是产教融合在共生进化阶段主要受到合作紧密度、资源增值水平和对称互惠程度影响,即合作主体一体化合作程度越高,系统资源增益效应越明显,互惠程度越趋于帕累托最优(Pareto optimality),越有利于产教融合系统向更高层级进化;五是外部环境对产教融合的影响是外在的,但又是无法抗拒的,产教融合政策环境与社会氛围越是理想,对合作主体的激励作用就越明显,越有助于产教融合高质量发展。

应用型本科高校产教融合机制创新主要包括共生识别机制创新、共生形成机制创新、共生运行机制创新、共生进化机制创新和共生环境机制创新等5个方面。共生识别机制创新主要包括拓展组织社会关系网络,提升社会信任水平和优化社会结构位置,促进办学资本生成与积累。共生形成机制创新主要包括搭建产教融合区块链信息平台,提升合作主体信息丰度;构建产教融合"质参量"兼容机制,提升资源供需精准度;拓展产教融合共生界面,提升资源要素跨界流动效率。共生运行机制创新主要包括优化合作模式,提升产教融合系统组织化程度;优化资源互动机制,提升产教融合系统资源整合效益;优化利益分配模式,均衡产教融合合作主体收益。共生进化机制创新主要包括构建一体化合作机制,增进异质性资源兼容度;构建资源增值机制,激活合作主体共生动力;构建对称互惠机制,推进产教融合系统协同进阶。共生环境机制创新主要包括强化产教融合政策体系上下衔接、内外配套和左右协调,激发政策合力与联动效应;健全企业履行社会责任激励机制、约束机制、评估监督机制与培育学术创业环境,营造有利于产教融合高质量发展的社会氛围。

# 目录

### 第一章 导 论 /1
一、研究背景与意义 / 1
二、核心概念界定 / 6
三、国内外研究现状 / 10
四、研究方法与思路 / 29

### 第二章 产教融合理论分析 / 34
第一节 研究的理论基础 / 34
 一、共生理论 / 35
 二、社会资本理论 / 43
第二节 产教融合的现实基础 / 49
 一、大学职能及其历史演变 / 50
 二、应用型高校的职能选择与定位 / 57
第三节 我国产教融合的历史沿革 / 63
 一、产教融合萌芽期 / 63
 二、产教融合初创期 / 65
 三、产教融合实践探索期 / 66
 四、产教融合快速发展期 / 67
 五、产教融合内涵建设期 / 69
第四节 产教融合的现实意义 / 71
 一、丰富实践教育资源,提升应用型人才培养质量 / 71
 二、充盈办学经费,改善办学条件 / 73

三、营造创业氛围,激励学术创业 / 74

四、优化人才培养结构,缓解人才供需结构性矛盾 / 75

五、对接产业需求,加速科技成果转化 / 76

六、优化知识能力结构,加快"双师型"师资队伍建设 / 76

## 第三章 产教融合现状分析 / 79

### 第一节 江苏省产业结构与高等教育整体概况 / 80

一、江苏省产业结构概况 / 80

二、江苏省高等教育整体概况 / 84

三、江苏省应用型本科高校整体概况 / 85

### 第二节 产教融合主要成效 / 88

一、产教融合制度体系不断完善 / 88

二、企业参与产教融合的积极性不断提升 / 92

三、产教融合成果日趋丰硕 / 94

### 第三节 产教融合主要问题 / 100

一、优质资源跨界流动不通畅 / 100

二、共建主体持续共生动力不足 / 101

三、合作模式有待进一步优化 / 102

四、政策支持体系有待进一步完善 / 103

五、产教融合社会氛围有待进一步提升 / 106

## 第四章 产教融合影响因素分析 / 108

### 第一节 研究设计与资料采集 / 108

一、研究设计 / 109

二、资料采集 / 112

### 第二节 范畴提炼与模型建构 / 115

一、开放式编码 / 115

二、主轴编码 / 125

三、选择性编码 / 128

四、理论饱和度检验 / 131

### 第三节 产教融合影响因素模型阐释 / 132

一、产教融合共生识别 / 132

二、产教融合共生形成 / 136

三、产教融合共生运行 / 138

四、产教融合共生进化 / 141

五、产教融合共生环境 / 143

## 第五章 产教融合影响因素作用机理分析 / 145

### 第一节 产教融合影响因素作用关系的研究假设 / 145

一、产教融合共生识别阶段 / 146

二、产教融合共生形成阶段 / 147

三、产教融合共生运行阶段 / 148

四、产教融合共生进化阶段 / 149

### 第二节 变量定义与测量 / 150

一、共生识别影响因素定义与测量 / 151

二、共生形成影响因素定义与测量 / 152

三、共生运行影响因素定义与测量 / 154

四、共生进化影响因素定义与测量 / 155

五、共生环境影响因素定义与测量 / 157

### 第三节 预调研与问卷修正 / 158

一、样本选择与数据收集 / 158

二、信度与效度检验 / 159

三、问卷修正 / 169

### 第四节 实证分析与模型验证 / 169

一、研究对象与样本统计 / 170

二、实证结果分析 / 171

三、研究结论与讨论 / 184

## 第六章 应用型本科高校产教融合机制创新对策分析 / 188

### 第一节 产教融合共生识别机制创新策略 / 188

一、优化应用型本科高校的社会结构位置 / 189

二、提升应用型本科高校的社会信任水平 / 191

三、拓展应用型本科高校的社会关系网络 / 195

第二节　产教融合共生形成机制创新策略　/ 201
　　一、搭建产教融合区块链信息平台，提高共生主体信息丰度　/ 201
　　二、建立产教融合质参量兼容机制，提高共生主体资源供需精准度　/ 203
　　三、拓展产教融合共生界面，提高资源要素跨界流动效率　/ 205
第三节　产教融合共生运行机制创新策略　/ 207
　　一、优化合作模式，提升产教融合系统组织化程度　/ 207
　　二、优化资源互动机制，提升资源要素整合效益　/ 209
　　三、优化利益分配模式，均衡产教融合主体收益　/ 211
第四节　产教融合共生进化机制创新策略　/ 213
　　一、构建产教融合一体化共生机制，增进异质性资源兼容度　/ 214
　　二、探索产教融合资源增值机制，激活合作主体持续共生动力　/ 216
　　三、探索对称互惠共生机制，推动产教融合系统进阶　/ 218
第五节　产教融合共生环境机制创新策略　/ 220
　　一、健全产教融合政策支持体系　/ 220
　　二、营造产教融合社会氛围　/ 224

附录 I　/ 229

附录 II　/ 231

主要参考文献　/ 233

# 第一章

# 导 论

高质量发展是全面建设社会主义现代化国家的首要任务,教育、科技、人才是全面建设社会主义现代化国家的基础性和战略性支撑。① 产教融合作为推进教育链、人才链与产业链、创新链有机衔接的一项战略安排,已然成为应用型高校实施高素质应用型人才培养、知识创新以及学术成果转化的重要抓手,行业企业破解"卡脖子"核心技术与培育核心竞争力的重要途径,地方政府推动区域经济社会高质量发展的重要战略。自《国务院办公厅关于深化产教融合的若干意见》(国办发〔2017〕95号)实施以来,我国产教融合制度体系不断完善,企业参与产教融合积极性和主动性不断提升,产教融合成果日趋丰硕。但随着教育综合改革进入深水区与攻坚期,步入发展快车道的产教融合在实践运行中也暴露出优质资源跨界流动不畅、持续共生动力不足、合作模式单一、政策协同效应不明显等亟待解决的问题。那么,影响我国应用型本科院校产教融合高质量发展的主导因素有哪些,这些影响因素之间的作用关系与作用机理是什么,以及如何才能实现产教融合高质量发展,是值得我们深入探讨的问题。

## 一、研究背景与意义

### (一)研究背景

**1. 产教融合已从制度供给上升为国家战略**

2017年,《国务院办公厅关于深化产教融合的若干意见》指出,深化产教融合是推动教育优先发展、人才引领发展、产业创新发展、经济高质量发展相互贯通、相

---

① 习近平. 高举中国特色社会主义伟大旗帜 为全面建设社会主义现代化国家而团结奋斗:在中国共产党第二十次全国代表大会上的报告(2022年10月16日)[N]. 人民日报,2022-10-26(1).

互协同、相互促进的战略性举措,标志着产教融合是国家教育与人力资源开发的一项整体性制度安排,是优化高等教育结构、破解人才供需矛盾与赋能区域经济高质量发展的战略路径和制度设计。2019 年,国家发展改革委、教育部等六部门印发《国家产教融合建设试点实施方案》强调,全面深化产教融合是赋能战略性新兴产业的重要途径,也是准确把握与主动应对全球新一轮科技革命和产业变革的重要举措。这标志着产教融合制度已经从供给侧向需求侧延伸,成为产业高质量发展的内生动力与战略设计。党的二十大报告提出,统筹职业教育、高等教育、继续教育协同创新,推进职普融通、产教融合与科教融汇,标志着产教融合已经由最初的从制度供给上升为国家战略,并成为时代鲜明的主题和教育改革的主线。可以看出,深化产教融合,促进教育链、人才链与产业链、创新链有机衔接,是新时代教育服务经济社会发展和民族振兴的战略性路径,是加强科技创新体制机制建设和全民终身学习教育制度建设的战略性举措。

2. 新工科建设呼吁高校主动融入产业

2017 年 2 月,为主动应对新一轮科技革命与产业革命,教育部推出中国高等工程教育改革新工科行动计划,并陆续形成"复旦共识""天大行动""北京指南"等。统计显示,我国高等工程教育约占整个本科教育专业数的 1/3、在校生的 1/3、毕业生的 1/3,毕业生占全世界工程教育毕业生总数的 1/3 以上,90% 以上的高等院校开设了工科类专业,工科类地方本科高校约占全国高校总数的 50%。[①]新工科建设旨在通过产教融合示范引领与以点带面,逐步推进我国高等教育整体办学实力迈向更高水平。应用型本科高校作为我国高等教育重要组成部分,不仅肩负着培养"大国工匠"的历史重任,同时也肩负着推动产业结构转型升级的时代使命。在全面推进新工科建设背景下,应用型本科高校既要主动回应新工科的新理念、新结构、新模式、新质量和新体系,又要兼顾高等教育形态、内涵发展新范式以及产业与教育协同发展之中国方案相统一。[②] 资源依赖理论认为,组织发展的关键是获取和维持资源的能力,只有那些积极有效的组织才能不断实现自我超越和创新发展,而这种有效性的获得是对需求进行管理的结果,尤其是对那些能够为组织提供资

---

① 吴岩. 新工科:高等工程教育的未来:对高等教育未来的战略思考[J]. 高等工程教育研究,2018(6):1-3.

② 林健. 面向未来的中国新工科建设[J]. 清华大学教育研究,2017(2):26-35.

源和支持的团体的需求进行管理的结果。① 新工科建设本质上是产教融合高质量推进过程,即通过对产业系统与教育系统创新主体的人才、知识、技术、资本以及管理等要素进行整合,构建集实践教学、技术研发、创新创业、产业培育于一体的集成化合作平台。②新工科建设离不开产业与教育的融合发展,高校发展新工科同样离不开产业和实体经济的有力支撑。行业与企业作为产业系统中的两个重要主体,是高校改造传统工科和建设新工科的重要社会力量。因此,探索产业与教育协同发展模式,并有效整合教育内部与外部各类发展性资源,既是应用型本科高校审视新形势与抢抓新机遇的主动回应,也是迎接新挑战与谋求新发展的主动应对。

3. 产教"两张皮"痼疾严重制约了产教融合高质量发展

随着知识生产由"模式Ⅰ"向"模式Ⅱ"转变,产教融合已经成为应用型本科高校实施人才培养、知识创新与社会服务的重要办学形式。然而,相关研究表明,当前我国产业与教育"两张皮"问题依然突出,严重制约了产教融合高质量发展。"两张皮"现象本意是指同一事物的结果存在两种表象或表现,产教"两张皮"现象所折射出来的是产业与教育两个系统融而不合与合而不深,企业持续动力不足,学校孤掌难鸣,其根本原因是两端发力不均衡。③ 从高校的角度来看,企业的生产设备、前沿科技、生产工艺以及较为充裕的财力资源,对提升应用型本科高校人才培养质量、应用研究水平乃至整体办学实力具有显著的促进作用;从企业的角度来看,高校优质的人才、知识、技术、科研成果以及文化资源等,对企业核心竞争力培育同样不可或缺。从产教融合目标导向来看,融合形态下的高校、企业、政府部门、行业组织之间理应是一种相互依存的共生关系,即合作主体通过不断拓展合作平台、丰富合作内容以及优化合作模式,各自利益诉求都能够得到持续满足,最终实现一体化对称互惠共生。然而,现实中产教融合模式较为单一、合作层次不高、融合深度不够、协同效应不明显甚至虚假融合等问题,已经成为制约产业系统与教育系统协同发展的重要影响因素,④而这些影响因素都是产教融合高质量推进过程

---

① 杰弗里·菲佛,杰勒尔德·R.萨兰基克.组织的外部控制:对组织资源依赖的分析[M].闫蕊,译.北京:东方出版社,2006:2.
② 李玉倩,蔡瑞林,陈万明.面向新工科的集成化产教融合平台构建:基于不完全契约的视角[J].中国高教研究,2018(3):38-43.
③ 姚奇富,朱正浩.从"陌路人"到"深度合作者":基于组织"边界跨越"的产学合作路径探索[J].教育发展研究,2021(19):52-60.
④ 张元宝.地方高校产教融合的困境与出路:共生理论视域下问题的探讨[J].中国高校科技,2021(10):82-86.

中所无法回避的现实问题。

## (二) 研究意义

### 1. 理论意义

(1) 对于拓展产教融合理论具有一定的参考意义

共生(symbiosis)作为一种生物现象,意为合作关系、互利互惠关系,引申为生命共同体。共生理论的提出源于生物界的共生现象,即不同物种生活在一起,相互因对方存在而受益的现象。[①] 共生理论认为,不同物种之间的共生主要受供需关系、共生模式与共生环境影响,共生效应的形成源自高匹配度的供需关系、高效率的互动模式和优越的共生环境。共生不仅是一种生物现象,也是一种社会现象。在社会学研究领域,共生理论重点关注社会组织或个体之间的相互依赖关系,并致力于构建利益相关者之间的合作、共享与互惠机制,因而对研究社会组织之间的跨界合作具有很强的解释力。

产教融合本质上是高校、政府、企业以及行业组织等主体跨界合作共生过程,共生效应越明显,越有利于资源要素整合、价值增益与品牌延伸。产教融合共生效应形成主要取决于合作主体之间的供需关系、合作模式与外部环境。首先,合作主体之间的异质性资源要素兼容性越好、全要素共生度越高,所产生的共生能量就越大,持续共生动力就越强;其次,系统稳定性主要取决于合作模式,即"一体化共生"和"对称互惠共生"是产教融合系统高质量发展的一致方向,也是合作主体利益生成与分配的理想状态;最后,产教融合环境越是趋于理想,对合作主体的激励就越明显,产教融合系统的整体效能就越高。运用共生理论分析产教融合多元主体跨界合作,不仅能够拓展共生理论在社会组织跨界合作中的具体应用,而且在一定程度上也能够为产教融合高质量推进提供理论参考。

(2) 对于丰富学术创业理论具有一定的参考意义

资本是行动者期望在市场中获得回报的资源投资。社会资本是嵌入在社会结构中的,并能够为行动者在目的性行动中获取或动员的资源。[②] 社会资本积累是社会关系网络拓展、社会信任水平提升和社会结构位置优化的综合作用结果。组织或个体的社会资本越丰富,与嵌入在社会结构之中的其他行动者建立联系的初

---

① 李灿.利益相关者、社会责任与企业财务目标函数:基于共生理论的解释[J].当代经济,2010(6):117 – 122.

② 林南.社会资本:关于社会结构与行动的理论[M].张磊,译.上海:上海人民出版社,2005:3 – 4.

始优势就越明显,因而也越有利于自我获取或动员组织结构中的资源。

从高校的角度来看,深化产教融合实质上也是一个学术创业过程,即向外借力——拓展社会资本,向内聚力——深化校企合作,向深蓄力——强化学术资本转化。就社会资本生成而言,高校办学社会资本的多寡与优劣主要取决于高校的社会关系网络、社会信任水平和社会结构位置。换言之,高校的社会关系网络越发达、关系质量越高,关系性社会资本就越丰富,构建产教融合同盟的组织优势就越明显;高校的社会信任水平越高,形成产教共同体的基础就越牢靠,认知性社会资本就越丰富,产教融合生命周期就会越长,赢得合作主体支持的优势就越明显;高校的社会结构位置越优越,其"位势"所带来稀缺性、价值性、不可替代性和难以复制性的资源就越丰富。运用社会资本理论分析高校在产教融合过程中的组织发展因素,不仅能够拓展社会资本理论在组织跨界合作中的具体应用,而且在一定程度对丰富高校学术创业理论具有一定的理论参考价值。

2. **实践意义**

(1) 对于破解高校办学资源"瓶颈"具有实践指导意义

相对于日益增长的高等教育需求而言,任何高校的办学资源总是有限的。我国高校资源供需矛盾突出表现在以下三个方面:一是办学规模快速扩张与办学资源整体不足之间的矛盾;二是办学资源渠道单一与需求多元化之间的矛盾;三是政府有限教育资源供给和非均衡配置之间的矛盾。高校办学资源是由"先赋性"办学资源和"自致性"办学资源两部分构成的。其中,"先赋性"办学资源是高校与生俱来的资源,"自致性"办学资源是高校通过后天目的性行动所获得的办学资源。高校破解办学资源"瓶颈"的关键是在"先赋性"办学资源的基础上,不断争取"自致性"办学资源。从办学资源获取的路径来看,除了政府,行业企业不仅是高校学术资本转化的重要依托,也是获取教育系统外部"自致性"办学资源的重要目标对象。高校在产教融合过程中对行业企业办学资源的资源甄别、整合、转化与生成,实际上是对"自致性"办学资源获取和积累的过程,同时也是对自身办学实力的提升过程。本研究以高校现代产业学院为研究对象,旨在探索产教融合资源集聚与生成的一般性规律。因此,研究成果对于破解高校办学资源"瓶颈"具有一定的实践指导意义。

(2) 对高校全面深化产教融合具有实践指导意义

产教融合是衔接人才链、教育链、产业链、创新链之间的纽带,也是推进产业与教育协同发展的机制。英国传统大学与工业发展之间的互动关系表明,教育与产业融合发展是推动现代社会进步、经济发展以及高等教育自身变革的重要途径。①高校源自产业发展需求而建或重组,高等教育在推动和引领产业发展的同时,又会为自身发展赢得产业领域的广泛支持,而这也正是现代高校实现自力更生和自我超越的重要途径。本研究运用扎根理论研究方法,从实证角度剖析产教融合在共生对象识别、共生关系形式、共生系统运行、共生系统进化四个演化阶段的主要影响因素;运用结构方程模型,剖析各影响因素之间的作用关系与作用机理。对于这些问题的剖析与回答,有助于解决当前我国产教融合动力不足、层次不高、深度不够、协同效应不明显以及融合机制不健全等问题,进而为高校全面深化产教融合及构建产教协同发展长效机制提供实践指导。

## 二、核心概念界定

### (一) 产教融合

产教融合的本质是教育与产业之间的跨界合作与协同共生。1965 年,美国学者福斯特在《发展规划中的职业学校谬误》一文中首次从人才培养角度提出产教融合概念,即技能学习不仅需要从学校拓展到职业,还需要从教育延伸到产业,校企共同参与是技术技能型人才培养的应有模式。②艾伦·克林斯特罗从产教互动模式角度,将产教融合定义为教育活动与社会生产活动的双向结合,兼具人才培养和社会服务。③有学者从大学、产业、政府三重螺旋关系角度,将产教融合定义为政府干预下,高校与企业基于人才、知识、技术以及资本等创新要素的深度结合。④

国内学者主要从宏观、中观和微观三个层面对产教融合内涵进行表征与阐述。从宏观层面来看,产教融合是指产业与教育两个系统之间相互渗透所形成的产教共生体。例如许士密认为,产教融合不仅涉及教育发展与产业升级相互衔接问题,同时也涉及学科专业集群设置与产业集群整体布局相互适应问题。⑤ 从中观层面来看,产教融合是指高校与企业两个组织之间相互融合所形成的校企共生体。例

---

① 徐继宁.英国传统大学与工业关系发展研究[D].苏州:苏州大学,2011.
② FOSTERP J. The vocational school fallacy in development planning [C]. Anderson and Bowman. Education and economic development. London: cass & co, 1966: 142 – 166.
③ KLINGSTRÖM A. Cooperation between higher education and industry [M]. Uppsala: Uppsala University Press, 1987:47.
④ JOHNSON H C G, TORJESEN S, ENNALS R. Higher education in a sustainable society[M]. Switerland: Springer International Publishing Switerland, 2015:147.
⑤ 许士密.依附论视域下地方本科高校产教融合的困境与超越[J].江苏高教,2020(6):49 – 55.

如,曹晔等认为,产教融合系统中的高校与企业是基于合作办学而形成的体制融合,包括双方的人才供需匹配、资源互惠、优势互补、成果共享和组织协同发展等。① 从微观层面来看,产教融合是指教学过程与生产活动相互融合所形成的具有协同与依赖特征的合作关系。例如,陈年友等认为,产教融合既是一个生产与教学衔接问题,同时又是一个校企协同育人问题,包括专业与产业、课程内容与职业标准、教学与生产、毕业证书与职业资格证书、职业教育与终身学习五个方面有机衔接。②

综上分析,我们可以看出产教融合是一个动态发展的概念,其内涵与外延在教育实践中不断丰富与拓展,因此,对产教融合概念的界定也应坚持动态发展的理念。"融合"本质上是融化汇合、合成一体,其结果是出现新的融合体或新的增长点③,这一融合体或新生长点的形成是一个持续协同的过程。因此,本研究采用广义的方式将产教融合定义为政府主导下,教育、产业以及行业组织等主体之间的一体化合作与互惠共生,既包括宏观层面上的系统融合,也包括中观层面上的组织融合,还包括微观层面上的活动衔接,其典型特征是产生新的组织载体,如现代产业学院、行业学院、企业大学、校办企业、技术转移中心、产教融合型企业以及大学科技园等。

### (二) 校企合作

学界对校企合作概念的界定目前主要存在以下三种观点。一是作为一种人才培养模式,即利用企业和学校在资源和环境配置上的不同,通过工学交替、现代学徒制以及"学中做"与"做中学"等方式,使学生将理论应用于实践,将工作与学习结合,并把工作中遇到的问题带回课堂进行讨论与思考的一种人才培养方式。④ 二是作为一种项目合作模式,即以具体项目为载体,以目标任务为驱动的跨界合作,包括技术咨询、成果孵化、技术转让以及科技攻关等。⑤ 三是作为一种资源共享机制,即高校与企业基于各自发展需求,通过异质性资源要素跨界流动、整合、转

---

① 曹晔,吴长汉.普通高等教育与职业教育融合发展基础探论[J].河北师范大学学报(教育科学版),2020,22(6):63-68.
② 陈年友,周常青,吴祝平.产教融合的内涵与实现途径[J].中国高校科技,2014(8):40-42.
③ 欧阳河,戴春桃.产教融合的内涵、动因与推进策略[J].教育与职业,2019(7):51-56.
④ 李进,陈解放,等.上海高校的合作教育理念与实践探索[M].北京:高等教育出版社,2004:42.
⑤ 文益民,易新河,韦林.利益相关者视域下校企合作综合评价指标体系构建研究[J].中国高教研究,2015(9):58-62.

化、生成及成果共享等方式,促成校企双方优势互补与互利共赢的一种互惠机制。① 可以看出,校企合作与产教融合既存在联系又存在区别。就两者联系而言,校企合作是产教融合的起点、重要基础和微观层面上的具体实践,产教融合是校企合作的必然趋势、高级阶段和根本要求,两者都是对大学教学论在高等教育领域之外的一种延伸和拓展。就两者区别而言,校企合作强调的是人才工作模式与人才培养模式之间的匹配度,遵循的是"人才工作模式—校企合作—人才培养模式"的发展逻辑;产教融合强调的是经济模式与办学模式之间的匹配度,遵循的是"经济模式—产教融合—办学模式"的发展逻辑。前者关注的是应用型人才的培养过程和培养方式,后者关注的是应用型高校的办学主体、办学形式以及相关制度安排。② 本研究中的校企合作是一种广义性质的合作,即高校与企业围绕应用型人才培养这一核心任务或有助于应用型人才培养质量提升所开展的各类合作。

### (三) 应用型本科高校

自 20 世纪 80 年代以来,世界高等教育逐渐形成了一股新的潮流,普遍开始重视实践教学、强化应用型人才培养。国内一些本科高校(尤其是新建本科高校)在教育教学改革探索中也逐步开始注重实践环境强化,注重大学生实践动手能力培养,并纷纷向应用型高校转型。事实上,应用型高校主要是相对于研究型高校而言的,它是高等学校的一种类型。目前学界对应用型高校的界定主要有两种方式,一种是基于类型分类的视角,另一种是基于大学价值导向的视角。

基于类型分类视角主要存在以下两种分类方法。一种是基于"应用型人才—应用型教育—应用型高校"的发展逻辑。例如,潘懋元教授把我国高等学校划分为三种类型:第一类是综合性研究型大学,主要以基础学科和应用学科(专业)为主,旨在研究高深学问与培养拔尖创新的研究型人才;第二类是专业性应用型的多科性或单科性大学或学院,主要以各行各业相关的应用学科(专业)为主,旨在学习研究专门知识,培养应用型高级专门人才,并将高新科技转化为社会生产力;第三类是职业性技能型高等院校,主要以各行各业实用性职业技术专业为主,旨在培养在生产、管理、服务第一线从事具体工作的专门技术人才。③ 这种分类方法较为符

---

① 郝少菲,何云峰,王愈.关系契约视域下校企合作运行逻辑解构与建构[J].中国高校科技,2021(8):66-69.
② 石伟平,郝天聪.从校企合作到产教融合:我国职业教育办学模式改革的思维转向[J].教育发展研究,2019(1):1-9.
③ 潘懋元.21世纪国家的核心竞争力:"教育—人才"的合理结构[J].中国高等教育,2005(3):1-2.

合我国应用型高校的发展逻辑,即社会对应用型人才的迫切需求,呼吁高校开展应用型本科教育,一类以应用型人才培养为办学定位的新型高校——应用型高校应运而生。另一种分类方法是基于大学的社会职能进行分类的。例如,陈厚丰在《中国高等学校分类与定位问题研究》中,把我国高等学校划分为研究型、教学研究型、教学型和应用型四种类型。研究型大学全面覆盖大学的三大职能,以培养"拔尖创新型人才";教学研究型高校重在履行人才培养和科学研究两大职能,主要培养"高级专门人才"和少量的"拔尖创新型人才";教学型高校重在履行人才培养和教育教学研究职能,以培养"高级专门人才"为主;应用型高校重在履行应用型、技术技能型人才培养职能。[①] 持有类似分类观点的还有佘远富,他依据大学对三大职能的发挥程度,把我国高等学校划分为教学型、研究型、应用型、教学研究型、教学应用型、研究应用型和综合型七大类,其中应用型高校是一类社会服务职能大于人才培养和科学研究的高校。[②]

基于大学价值导向分类视角主要存在以下两种观点。一是来自《欧洲应用技术大学国别研究报告》的定义,即应用型高校是一种与普通大学并行,以专业教育为主导和面向公众生活的教育类型,肩负着高层次应用型人才培养、开展应用学科研究与技术创新、服务就业、区域经济社会发展以及促进终身学习等多重使命;二是来自《地方本科院校转型发展实践与政策研究报告》的定义,即应用型高校是基于国家实体经济发展需求,服务国家技术技能创新积累,立足现代职业技术教育体系,直接融入区域产业集群发展,集职业技术教育、高等教育、继续教育于一体的新型大学。

综合上述学者观点,本研究认为应用型本科高校是指"以本科教育为主,以学科为依托,以应用型专业教育为基础,以社会人才需求为导向,以服务区域经济社会发展为价值导向,突出学生实践能力和应用能力培养,彰显应用性特色的一类院校"[③]。这类高校通常具有以下五个显著特点:一是以应用为本的办学定位,二是面向行业产业的学科专业设置,三是注重产教融合办学模式,四是服务区域经济社会发展的价值导向,五是强调学科知识和技术成果的应用研究。

---

① 陈厚丰.中国高等学校分类与定位问题研究[M].长沙:湖南大学出版社,2004:207-208.
② 佘远富,陈章龙.基于职能视角的高校分类方法研究[J].现代教育科学,2012(11):19-21.
③ 陈葆华.产教融合视阈下民办本科高校教师教学能力发展研究[J].教育学术月刊,2019(8):97-102.

## (四) 应用型人才

应用型人才主要是相对于学术型人才而言的,是指在一定的理论规范指导下,从事非学术性研究工作,其核心任务是将抽象的理论符号转换成具体操作构思或产品构型,并能够将专业知识和技能应用于所从事的专业社会实践的一类专门的人才类型。[①] 一般而言,依据职业分工的不同,可将应用型人才划分为工程型人才(设计型、规划型、决策型)、技术型人才(工艺型、执行型、中间型)和技能型人才(技艺型、操作型)三种类型。[②] 但随着智能化时代的到来,智能化生产体系的快速发展加速了人才结构的扁平化发展,使中间层人才逐步相互融合,应用型人才结构去分层化现象明显。本研究中的应用型人才特指工程技术人才,即接受过高等学历教育,能够应用基础科学和工程科学理论知识与方法以及各种专门技术技能,将设计、规划、决策物化为工艺流程、物质产品和实施方案,并能在工程一线进行生产、管理、维护等实际操作的本科及以上学历层次人才。[③]

## 三、国内外研究现状

### (一) 关于资源与企业成长的相关研究

1959 年,伊迪斯·彭罗斯在《企业成长理论》一书中,首次详细论述企业资源与企业成长之间的内在逻辑关系。彭罗斯认为,企业是由各种资源要素组合而形成的资源集合体,企业成长与发展主要是受自身资源能力影响。企业的投入除了生产性资源之外,还包括与之相应的生产性服务资源,而企业的竞争优势则是取决于资源的稀缺性、难以模仿性以及资源要素组合方式的差别;企业产出除了产品和服务之外,还包括知识生成,而企业成长的驱动力则是源自企业内部管理者对资源组合的客观知识和经验知识的不断积累,并将这种知识转化为一种有效资源投入。彭罗斯由此得出结论,企业成长是按照"资源—产品—竞争优势—扩大经营—新资源"这一路径演进的。[④] 有学者评论指出,彭罗斯关于企业成长的观点,既与长期占据统治地位的古典经济学资源理论有着明显的不同,又与新古典经济理论完全理性经济人假设下的"最佳规模"静态均衡有着本质的区别,他开启了企业资源与

---

① 潘懋元,石慧霞.应用型人才培养的历史探源[J].江苏高教,2009(1):7-10.
② 薛喜民.高等职业技术教育理论与实践[M].上海:复旦大学出版社,2000:17-18.
③ 宁先圣.工程技术人才观[M].北京:中国社会科学出版社,2007:77.
④ 伊迪斯·彭罗斯.企业成长理论[M].赵晓,译.上海:上海人民出版社,2007:8-12.

企业成长关系研究的一种新范式。①

1984年,沃纳菲尔特在《战略管理》杂志上发表《企业的资源基础观》,进一步发展了彭罗斯的企业成长理论,并开创式提出"资源基础观念"(resource-based view,RBV)。沃纳菲尔特指出,企业是由一系列有形资源和无形资源组成的资源集合体,企业竞争优势的获得是源自企业所掌握的资源,而企业资源正是那些可以被看成是某给定企业优势或劣势的东西,更确切地说是那些半永久性附属于企业的有形和无形资产。② 1991年,巴尼在沃纳菲尔特的研究基础上提出企业战略性资源观点,他指出在企业所拥有的一系列资源中,有些资源具有弹性的外部供给特征,而有些资源的获得则是非弹性的。这些非弹性供给资源往往具有形成时间长、因果关系模糊、路径依赖性强、模仿阻隔效应明显等特征,且难以通过市场买卖而获得。巴尼将这类资源称之为企业的战略性资源,并指出这类资源通常具有价值性、稀缺性、难以模仿性、难以替代性特征。③ 有学者评论指出,企业资源基础理论打开了企业"暗箱",弥补了传统理论忽视企业自身资源特性这一缺陷,但由于企业资源基础理论是一种静态的理论分析框架,缺乏对资源获取过程的动态把握,因而它忽略了资源流动对企业成长的基础性作用。④

作为企业能力理论的两位重要奠基者,美国学者普拉哈拉德和英国学者哈默于1990年在《哈佛商业评论》杂志上联合发表一篇名为《公司核心能力》的文章,迅速引起了企业战略管理理论界的广泛关注。企业能力理论认为,企业的本质是一种能力集合体,能力是一种特殊的企业资源,被特别地组织起来以提高其他资源效率;企业能力通常表现为组织的流程和惯例,它是不同组织流程和惯例的组合;价值性、异质性、不可模仿性、难以替代性、延展性是区分企业核心能力的五个重要指标;积累、保持和增强能力是保持企业竞争优势的关键,而持续学习则是企业获得核心能力的最有效途径。⑤ 有学者评论指出,企业能力理论为研究企业成长开

---

① 陈峥. 基于彭罗斯内生成长论的现代人力资源管理创新[J]. 中央财经大学学报,2010(4):76-81.
② WERNERFELT B. A resource-based view of the firm[J]. Strategic Management Journal,1984,5(2):171-180.
③ BARNEY J. Firm resource and sustained competitive advantage[J]. Journal of Management,1991,17(1):99-120.
④ 刘力钢,刘杨,刘硕. 企业资源基础理论演进评介与展望[J]. 辽宁大学学报(哲学社会科学版),2011(2):108-115.
⑤ PRAHALAD C K, HAMEL G. The core competence of the corporation[J]. Harvard Business Review,1990,68:275-292.

创了新视角,但由于企业能力理论过分强调企业能力的能动作用,忽略了企业资源对企业成长的基础性作用,因而很难解释企业的边界以及企业的诞生等问题。①

作为资源基础理论和企业能力理论的一种补充和发展,社会资本理论认为企业资源不仅来自企业组织的内部,也来自由其他社会组织共同构成的社会网络之中。1992年,罗纳德·伯特首次将社会资本理论运用于企业战略管理研究,并指出企业之间的关系本质上是一种社会资本,它是企业在激烈的市场竞争中最终获得成功的决定性因素。② 1999年,盖比等学者对企业社会资本进行了系统的阐述,并指出企业社会资本是以社会结构为载体,是有助于企业主体目标实现的那些资源。③ 社会资本作为一种嵌入在社会网络结构之中的资源,位置、权威、规则以及占据者在资源分布、位置数、权威层级和占据者数量等方面通常呈现"倒金字塔"形状。换言之,在金字塔结构中的等级越高,位置数量就越少,占据者的数量也就越少,相应的资源就越丰富,权威就越大。④ 因此,社会资本理论认为,企业可以通过"表达性行动"和"工具性行动",不断推动信息和资源在社会关系网络结构中流动,进而实现企业社会网络拓展和社会资本生成。

国内学者从企业利润生成、企业战略、企业软实力以及企业资源构成要素等角度对企业成长进行了探讨。例如,储昭斌从企业利润生成的角度指出,不是所有的潜在资源都能够为企业所用,只有那些能够为企业生产经营所用,能够为企业创造经济利益的,并且是企业直接或间接拥有或控制的资源才是真正服务企业发展的资源。⑤ 林嵩等从企业战略执行的角度指出,企业作为一个经济实体,在向社会提供产品或服务的过程中,所拥有的或所能够支配的能够实现公司战略目标的各类要素都是企业资源。⑥ 解学梅等从企业软实力的角度指出,企业资源是由企业所控制的,并能够执行企业战略目标和提升企业效率的一切生产要素,包括企业文

---

① 谷奇峰,丁慧平. 企业能力理论研究综述[J]. 北京交通大学学报(社会科学版),2009(1):17-22.
② 李巍,陆林,陈妮娜. 企业社会资本对经营绩效的影响分析:基于市场知识能力的视角[J]. 现代管理科学,2010(10):99-101.
③ GABBAY S M, LEENDERS R. CSC: the structure of advantage and disadvantage[M]. Boston: Springer MA,1999:1-14.
④ 林南. 社会资本:关于社会结构与行动的理论[M]. 张磊,译. 上海:上海人民出版社,2005:42-74.
⑤ 储昭斌. 企业资源视角下的核心竞争力分析[J]. 安徽师范大学学报(社会科学版),2015,43(4):524-528.
⑥ 林嵩,张帏,林强. 高科技创业企业资源整合模式研究[J]. 科学学与科学技术管理,2005(3):143-147.

化、社会声誉、品牌、组织能力、信息要素以及企业家精神等。① 毛育晖等从资源要素构成的角度指出,企业资源是企业实施战略活动或经营计划所需的人力、财力、物力的总和,一般包括采购与供应资源、产能与产品资源、市场资源、财务资源、人力资源、技术开发资源、管理经营资源,以及诸如时间、信息之类的无形资源等。② 事实上,企业资源是一个发展的概念,处于不同发展阶段的企业对资源的需求也是不同的。企业作为一类资源集合体,资源是企业生存、发展以及竞争优势形成的基础,这些资源不仅包括企业所掌握的各类有形资源和无形资源,也包括企业的组织能力。

资源的稀缺性和有限性决定了任何社会都必须通过一定的方式对资源进行合理配置和充分利用,以实现资源的最佳效益。人类利用资源的过程实质上是一个对资源不断认识的过程。在传统的农业经济时代,一个国家或地区的发展能力主要依靠劳动力资源和自然资源。正如恩格斯所言:劳动和自然界一起才是一切财富的源泉。③ 但随着经济社会的不断发展,广义的资源观逐步被人们接受,生产力的高低并非完全取决于资源的禀赋程度,而是结合各种资源充分发挥作用的执行能力。④ 人们对企业资源的认识是一个循序渐进的过程,并随着企业理论与实践的发展而不断深入。国内外学者基于资源的特性、功能、构成、利用目的以及分类标准的不同,对企业资源进行了多层次、多类型划分,其中比较具有代表性的观点主要有"层次分类"与"要素分类"。

"层次分类"观点认为,企业资源是由不同效用和功能的资源要素构成的,它们对企业竞争优势形成的作用及其方式各不相同。例如,格兰特把企业资源划分为基础资源和优势资源两个层次,其中基础层次资源(如资金、设备、员工技能等)是维系企业正常运营的基本资源,具有竞争优势的资源(如企业核心能力)是企业区别其他竞争对手的关键能力。⑤ 储昭斌从资本、文化和能力三个维度,把企业资源划分为核心层的社会资本、价值文化和整合能力,中间层的人力资本、行为文化、

---

① 解学梅,刘丝雨.协同创新模式对协同效应与创新绩效的影响机理[J].管理科学,2015,28(2):27-39.

② 毛育晖,毛超,熊飞.企业营销、研发和人力资本投入产出效率:以中小板高新技术企业为例[J].中南财经政法大学学报,2014(4):143-150.

③ 中共中央马克思恩格斯列宁斯大林著作编译局.马克思恩格斯选集(第三卷)[M].北京:人民出版社,1972:508.

④ KATHURIA R. Competitive priorities and managerial performance: a taxonomy of small manufactures[J]. Journal of Operations Management,2000,18(6):627-641.

⑤ GRANT R M. The resource-based theory of competitive advantage: implications for strategy formulation[J]. California Management Review,1991,33(3):114-135.

制度文化和组织能力,表面层的物质资本、物质文化和个体能力。其中,企业核心竞争力形成的关键在于企业资源核心层中的社会资本、价值文化和整合能力。①王核成认为,企业是由四类不同层次资源组成的"金字塔"集合体,从"金字塔"顶端往下依次是企业文化资源层、知识与信息资源层、人力和财力资源层、基础资源层(主要包括市场资源、技术资源、财务资源和物力资源)。②可以看出,"层次分类"观点是以资源的效用和价值为基本依据,基础性资源是维持企业生产和运行的基本保障,核心资源是企业形成竞争优势的关键所在。

"要素分类"观点认为,企业资源是由不同属性和特征各异的资源要素构成的集合体,对不同资源要素进行合理配置和有效整合是实现企业效益最大化的基本途径。例如,米勒的"二要素论"指出,权力类资源和知识类资源是企业资源的两种基本类型,其中权力类资源是指企业所拥有并能够有效支配的资金、物质、设备和人力等要素,企业对这类资源通常拥有明确的法定权,难以轻易被竞争对手获得;知识类资源是企业所掌握的核心知识、技术与技能,知识的特性决定了这类资源很难被外界所模仿,因而企业对这类资源往往具有独享权。③巴尼的"三要素论"指出,物力资本、人力资本、组织资本是企业资源的三种主要类型,它们通过协同配合共同推动企业发展。④霍尔斯普尔等的"四要素论"指出,除了物力资源、财力资源、人力资源,知识资源也是企业成长所不可或缺的资源要素。⑤希特等的"多要素论"指出,企业的发展是源于多种资源的共同作用,这些资源一般包括财务、物质、技术、创新、商誉、人力以及组织等资源要素。⑥此外,国内学者对企业资源分类也进行了较为深入的探讨。例如,袁青燕把企业资源划分为人力资源要素、物力资源要素、资金要素和信息要素四种类型。⑦林嵩等把企业资源分为物质资本资源(包

---

① 储昭斌. 企业资源视角下的核心竞争力分析[J]. 安徽师范大学学报(社会科学版),2015,43(4):524-528.

② 王核成. 基于动态能力观的企业竞争力及其演化研究[D]. 杭州:浙江大学,2005.

③ MILLER D, SHAMSIE J. The resource-based view of the firm in two environments: the hollywood film studios from 1936-1965[J]. Academy of Management Journal,1996,39(3):519-543.

④ BARNEY J B. Firm resources and sustained competitive advantage[J]. Journal of Manangement,1991,17(1):99-120.

⑤ HOLSAPPLE C W, JOSHI K D. Organizational knowledge resources[J]. Decision Support Systems,2001,31(1):39-54.

⑥ HITT M A, IRELANDR D, HOSKISSON R E. Strategic Management[M]. New York: West Publishing Company,1995:12-13.

⑦ 袁青燕. 价值网的竞争优势形成机理研究[D]. 南昌:江西财经大学,2013.

括厂房设备、地理位置、原材料获取途径等)、人力资源(包括培训、经验、判断、智力、关系、经理和工人的见识等)和组织资本资源(包括企业正式的组织结构、正式和非正式的规划、控制和协调系统以及企业内部的非正式关系、企业和环境的非正式关系)。[①] 蔡莉等把企业资源划分为人力资源、财务资源、物质资源(含技术资源)和社会网络资源。[②] 可以看出,"要素分类"观点将企业资源视为一个由各类资源要素所组成的有机整体,企业竞争优势的形成源自对各类资源要素进行有机组合。事实上,尽管不同学者对企业资源分类的侧重点各不相同,但其目的都是更好地认识企业资源,进而更好地服务企业发展。

企业是由各种资源和能力组成的集合体,不同类型资源对企业竞争优势的获得与保持所发挥的作用也不尽相同。巴尼认为,企业控制的能够使一个企业制定与执行提高生产效率和效益的所有资产、能力、组织过程、企业特性、信息、知识等都是企业的重要资源。但在企业的这些资源中,有些资源是具有弹性的外部供应,有些资源的供应则是非弹性的,而企业的竞争优势就是根植于这些非弹性供应的资源。这些非弹性供应资源往往都具有三个显著特征:一是形成时间长,具有路径依赖性;二是因果关系模糊,难以被竞争对手所复制或模仿;三是难以通过市场买卖获得。[③] 在此基础上,巴尼进一步将企业战略性资源特征概括为价值性、稀缺性、难以模仿性和难以替代性。[④]科利斯从企业资源的价值角度指出,企业资源的价值在于它是一种顾客需求的、稀缺的、不可模仿并能够获得的资源。而判断一种资源是否具有价值主要有三个标准:一是能否产生出顾客需要并愿意为其支付的商品或服务;二是是否处于短缺供应状态,而且竞争对手不可能模仿;三是是否能够获得资源竞争优势所产生的利润。企业资源的价值正是形成于这三方面的交叉区域,即为顾客所需、竞争对手难以复制、利润能为公司所获得。[⑤] 国内学者刘啟仁等从企业竞争力的角度指出,企业的核心资源是企业控制的,能够决定企业战

---

[①] 林嵩,张帏,林强.高科技创业企业资源整合模式研究[J].科学学与科学技术管理,2005(3):143-147.

[②] 蔡莉,尹苗苗,柳青.生存型和机会型新创企业初始资源充裕程度比较研究[J].吉林工商学院学报,2008,24(1):36-41.

[③] BARNEY J B. Resource-based theories of competitive advangace: a ten-year retrospective on the resource-based view[J]. Journal of Manangement,2001,27(6):643-650.

[④] BARNEY J B. Firm resources and sustained competitive advantage[J]. Journal of Manangement,1991,17(1):99-120.

[⑤] 大卫·J.科利斯,辛西娅·A.蒙哥马利.公司战略:企业的资源与范围[M].王永贵,杨永恒,译.大连:东北财经大学出版社,2001:32-42.

略制定并有效执行的,与企业内部其他资源和竞争对手的资源相比更具优势,更能够发挥企业效率与效能的所有战略性资本、文化和能力。[①] 可以看出,无论是核心资源、优势资源还是价值资源,企业一旦掌握了这些资源,也就具备了相应的竞争优势。

### (二) 关于资源与高校发展的相关研究

办学资源是高校谋求生存和发展的物质基础,也是高校战略发展的基本保障和关键要素。[②] 现代高校是一个典型的资源消耗型社会组织,越是高水平的高校,其所需要的办学资源种类与数量就越多。[③] 一般而言,办学资源是指高校在办学过程中所消耗的人力、物力、财力等资源要素的总称。[④] 宋华明等指出,高校办学资源是一个具有特定内涵的范畴,具体指向服务于高校办学的人力、财力、设备、学科专业、师资、课程、环境、文化、制度、政策、信息以及机会等资源,它是高校各项事业得以高效运行的基础。[⑤] 聂永成认为,高校办学资源不仅包括高校内部人力、物力、财力等资源要素,还包括高校外部相关教育政策、法律法规以及资源分配、保障与评价体制机制等资源。[⑥] 荀振芳等认为,在所有办学资源要素中,办学经费无疑是高校最核心的资源要素。办学经费获取及其配置方式不仅是影响高校办学模式选择的一个重要因素,也是衡量高校办学水平的一项重要指标,世界一流大学的一个共同特征是办学经费充足且筹资渠道多元。[⑦] 事实上,作为一类资源依赖性社会组织,高校的生存与发展离不开资源的基础性支撑,一所高校所掌握的资源总量,既是自身办学实力的一种外在表现,也是综合竞争力和生存优势的综合反映。从资源基础理论的角度来看,一所高校办学竞争力的形成过程,实质上就是对教育系统内部和外部各类办学资源(特别是稀缺性办学资源)进行争夺、转化、嫁接、整合、运用和动态生成过程。[⑧]

---

① 刘啟仁,袁劲,黄建忠,等.产品竞争模式、税收调整与企业核心竞争力[J].世界经济,2023(2):159-182.
② 李宏波.基于核心竞争力理论的民办高校发展战略研究[M].北京:新华出版社,2016:87.
③ 别敦荣.论我国大学治理[J].山东高等教育,2016(2):1-7.
④ 李进才.高等教育教学评估词语释义[M].武汉:武汉大学出版社,2016:102.
⑤ 宋华明,范先佐.高校教育资源优化与办学经济效益[J].教育与经济,2005(3):7-10.
⑥ 聂永成.新建本科院校转型分流的价值取向研究[D].武汉:华中师范大学,2016.
⑦ 荀振芳,李双辰."双一流"建设背景下高水平行业特色型大学的资源配置与发展[J].高等教育研究,2019(11):57-60.
⑧ 杨小秋,曲中林.地方本科院校转型发展对于资源的依赖与获取[J].黑龙江高教研究,2018(5):74-77.

作为一类获致、集聚和加总各类办学资源的集合体①,高校发展同企业成长一样都是源于资源的基础性作用。一种观点认为,高校办学资源是由不同层次的资源要素组成的整体性和系统性资源集合体。例如,刘献君将高校办学资源划分为基础性资源、发展性资源和衍生性资源三个层次。其中,基础性资源是高校履行基本职能所需要的各类资源要素,包括人力资源、财力资源、物质资源等;发展性资源是高校动态提升各项业务能力所需要的各类资源要素,包括学术资源、市场资源和政府资源等;衍生性资源是由基础性资源和发展性资源衍生而来的资源,包括观念资源、文化资源和制度资源等。② 林韧卒等把高校办学资源划分为核心资源和基础性资源两个层次。其中,核心资源是指高校办学的根本性和主体性资源,包括高校的人力资源、制度资源、学术资源、文化资源和声誉资源;基础性资源是高校办学基础性和派生性资源,包括财力资源、物力资源和信息资源。③ 刘正花把高校办学资源归纳为核心层资源、基础性资源、辅助性资源、服务性资源四个层次。其中,核心层资源主要是指高深知识及其知识体系,基础性资源主要是指知识载体,辅助性资源主要是指获取知识的工具,服务性资源主要是指承载知识的载体及工具,它们共同构成了高校办学资源的集合体。④

另一种观点认为,高校办学资源是由不同性质和属性的资源要素组成的集合体。例如,赵庆年等把高校办学资源划分为财力资源、人力资源、学科专业资源以及学生生源资源四种类型。⑤胡敏把高校办学资源归纳为财力资源、物力资源和人力资源。其中,财力资源主要是指高校的办学经费,它是高校生存与发展的核心资源要素;物力资源主要是指高校办学所需的土地、校舍、设施设备等;人力资源主要包括高校的师资、行政人员、教辅人员、后勤人员、学生以及与其紧密相连的智力成果及其载体。三类办学资源之间紧密相连,并可以在一定条件下实现相互转化,财力资源可以通过购买和交换等方式转化为人力资源和物力资源,物力资源和人力资源同样可以通过一定的方式获取财力资源。⑥ 党学民等把高校办学资源归纳为

---

① 缪文卿.论大学组织生成及其与社会的关系[J].教育研究,2015(11):64-68.
② 刘献君.论高等学校社会服务的体系化[J].高等教育研究,2014(12):1-6.
③ 林韧卒,李鸿飞,高军,等.基于综合改革策略的高校内部办学资源优化配置研究[J].中国高教研究,2014(7):32-37.
④ 刘正花.简论大学办学资源[J].煤炭高等教育,2009,27(4):13-15.
⑤ 赵庆年,祁晓.高等学校分类管理:内涵与具体内容[J].教育研究,2013,34(8):48-56.
⑥ 胡敏.高校资源配置的府学关系及其"放管服"改革[J].苏州大学学报(教育科学版),2017,5(3):46-53.

能动资源、财物资源和特殊资源。其中,财物资源又可分为动财物和不动财物,能动资源主要是指学校的人力资源,特殊资源主要包括时间、环境、信息、政策、法规等要素。① 李进才认为,在人力、财力和物力资源之外,教学理念、教学模式以及教学经验等无形资源也是高校办学的必备资源。② 李志义认为,高校办学资源主要包括有形办学资源和无形办学资源两种类型:有形办学资源主要包括高校的物力资源、师资资源、学生资源、财力资源、校友资源、社会资源和政府资源;无形资源主要包括高校的声誉资源、文化资源、制度资源和学术资源。③ 此外,还有学者依据资源的获取渠道不同,把高校办学资源划分为政府资源、企业资源、校友资源以及科研院所资源;依据资源的形态特征不同,把高校办学资源划分为动态资源和静态资源;依据资源的空间特征不同,把高校办学资源划分为教育内部资源和教育外部资源;依据资源的依附形式不同,把高校办学资源划分为组织资源和个体资源;依据资源的利用状态不同,把高校办学资源划分为现实资源和潜在资源等。

### (三) 关于高等教育与产业协同发展的相关研究

产业与教育协同发展一直是西方高等教育领域的关注焦点。在理论探索方面,有学者指出,国家创新体系是经济与科技组织所组成的创新网络,企业、高校、科研机构、培训机构以及中介组织是国家创新体系的基本组成部分。④ 高校作为创新源和知识库,不仅处于经济社会发展的基础位置,而且在国家创新体系中居主导地位,并发挥着不可替代的作用。企业作为经济发展的主体,成功的关键不在于找到或创造新的事物,而在于组织社会资源实现生产要素重新组合。⑤ 随着"知识产业化"与"产业知识化"的融合发展,以及高校外部竞争与社会压力的日趋激烈,与政府、工业建立普遍联系与合作关系,借助知识生产、教学、科学研究等优势,主动谋取外部资源,建立创业型大学,或将成为产教新型关系的一种常态。⑥ 在这种新型产教关系模式下,重塑"大学-产业-政府"三螺旋关系,成为推动多元主体

---

① 党学民,张海玉.素质教育研究与探索[M].沈阳:辽宁民族出版社,2002:150.
② 李进才.高等教育教学评估词语释义[M].武汉:武汉大学出版社,2016:102.
③ 李志义.论地方高校发展中战略层面的五种关系[J].中国大学教学,2015(5):7-13.
④ G.多西,C.弗里曼,R.纳尔逊,等.技术进步与经济理论[M].钟学义,沈利生,陈平,等译.北京:经济科学出版社,1992:17.
⑤ 约瑟夫·熊彼特.经济发展理论[M].何畏,易家详,等译.北京:商务印书馆,2017.
⑥ 伯顿·克拉克.大学的持续变革:创业型大学新案例和新概念[M].王承绪,译.北京:人民教育出版社,2008:124.

协同发展的关键所在。① 在实践探索方面,"实用主义"教育思潮下的合作教育办学实践为产教融合发展提供了有益土壤,并形成了以"双元制""官产学""TAFE""教学工厂"等为代表的产教协同育人模式,以及以美国硅谷、英国剑桥科技园、印度班加罗尔等为代表的产教一体化发展模式。② 在路径探索方面和合作治理体系下,逐步形成了董事会模式、行业指导委员会模式、企业本位模式、院校本位模式,以及基于博弈与协调的 EBM(Epsilon-Based Measure)网络模型、TRA(Theory of Reasoned Action)行为模型和效用最大化模型等。③

进入 21 世纪以来,随着我国高等教育体制改革的持续推进以及应用型教育规模的持续扩大,产教融合逐步成为学界的关注热点,无论是实践层面还是理论层面,都被赋予了更深层次的时代特征。以"产教融合"为篇名,在中国知网(CNKI)数据库按照"精确"检索模式进行检索,合计检索文献 10 531 篇(检索时间为 2022 年 8 月 25 日),其中 CSSCI 期刊来源 305 篇。以 305 篇文献为分析单位,借助 CiteSpace 软件和 Excel 工具对文献数量的年度变化趋势、作者群分布、高频关键词以及关键词共现网络进行可视化分析,能够较为直观地反映该领域研究的整体情况及未来发展趋势(图 1-1)。

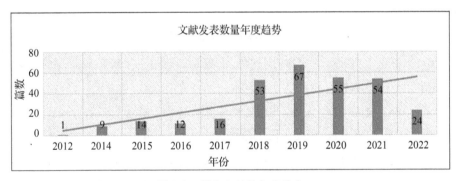

**图 1-1 样本文献的年度分布**

### 1. 样本文献的年度分布情况

产教融合既是我国职业教育领域人才培养改革的热点问题,也是我国普通高

---

① 亨利·埃茨科维兹.三螺旋创新模式:亨利·埃茨科维兹文选[M].陈劲,译.北京:清华大学出版社,2016:9.
② 德里克·博克.走出象牙塔:现代大学的社会责任[M].徐小洲,陈军,译.杭州:浙江教育出版社,2001:74.
③ Y.巴泽尔.产权的经济分析[M].费方域,段毅才,译.上海:上海人民出版社,1997.

等教育领域发展应用型教育的关注焦点。按照图1-1所显示的文献年度变化趋势,可将我国高等教育与产业协同发展相关研究划分为三个发展阶段:一是初步探索期(2012—2017年),这一阶段的相关研究文献较少,相关成果主要是介绍国外有关产教协同发展的做法(如"双元制"教育体系)及国内深化产教融合的理论认知,研究主要采用定性的思辨研究方法进行理论探讨与借鉴;二是快速增长期(2018—2019年),这一阶段的文献呈现快速增长的态势,特别是《国务院办公厅关于深化产教融合的若干意见》(国办发〔2017〕95号)出台与实施,极大地激发了学界的研究热情,这也是该阶段相关文献呈现出井喷式增长的一个重要原因;三是平稳发展期(2020—2022年),这一阶段的文献数量总体上保持平稳发展,研究主题主要围绕人才培养、职业教育、应用型教育、产教融合模式、产业转型升级、产教融合企业、资源共享等相关理论应用与创新及本土化实践等方面不断向纵深方向推进。

2. 样本文献的主要作者群分布情况

随着学界对产教融合的持续关注,该研究领域的学者队伍也在不断壮大。表1-1统计了样本文献中发文数量在2篇及以上的32位作者,表1-2统计了论文被引频次超过100次的10位作者。

表1-1 样本文献的主要作者群分布

| 作者 | 篇数 | 作者 | 篇数 | 作者 | 篇数 | 作者 | 篇数 | 作者 | 篇数 |
| --- | --- | --- | --- | --- | --- | --- | --- | --- | --- |
| 李玉倩 | 6 | 石伟平 | 2 | 尹 辉 | 2 | 苏志刚 | 2 | 沈 洁 | 2 |
| 李梦卿 | 4 | 陈 锋 | 2 | 张根华 | 2 | 郝天聪 | 2 | 庄西真 | 2 |
| 陈万明 | 4 | 谢笑珍 | 2 | 秦咏红 | 2 | 戴 彬 | 2 | 李校堃 | 2 |
| 蔡瑞林 | 3 | 张建云 | 2 | 彭建平 | 2 | 韩宝平 | 2 | 李 鹏 | 2 |
| 李 克 | 3 | 施晓秋 | 2 | 王 辉 | 2 | 谢 雯 | 2 | | |
| 方益权 | 2 | 刘志敏 | 2 | 王淑涨 | 2 | 刘燕楠 | 2 | | |
| 钟书平 | 2 | 白逸仙 | 2 | 谢志远 | 2 | 温 辉 | 2 | | |

表1-2 样本文献高频次引用作者群分布

| 作者 | 被引频次 | 文章名称 |
| --- | --- | --- |
| 柳友荣等 | 413 | 应用型本科院校产教融合模式及其影响因素研究 |
| 陈年友等 | 378 | 产教融合的内涵与实现途径 |
| 马树超等 | 219 | 高职教育深化产教融合的经验、问题与对策 |
| 石伟平等 | 147 | 从校企合作到产教融合:我国职业教育办学模式改革的思维转向 |
| 陈星等 | 142 | 依附中超越:应用型高校深化产教融合改革探索 |
| 庄西真 | 136 | 产教融合的内在矛盾与解决策略 |
| 王丹中等 | 130 | 产教融合视阈下高职院校协同育人机制探索 |
| 季跃东 | 121 | 基于产教融合的高职创业教育机制研究 |
| 祁占勇等 | 112 | 改革开放40年来我国职业教育产教融合政策的变迁与展望 |
| 郝天聪等 | 100 | 从松散联结到实体嵌入:职业教育产教融合的困境及其突破 |

通过表1-1和表1-2可以看出,我国产教融合研究领域的核心作者群正在逐步形成,但相关研究成果的主题还比较分散。此外,该研究领域中的高引用率作者与高产出作者匹配度较低。换言之,高引用率作者在同一研究主题中并未形成一系列具有连续性特征的研究成果,而高产出作者的论文引用率并不高,这也是一个值得深思的问题。

3. 样本文献的主要研究机构与收录期刊分布情况

研究机构发表的论文成果数量,可以侧面反映该机构对某一研究领域的关注程度。期刊收录的集中度,在一定程度上能够代表某一研究领域的研究动态和发展演进脉络。按照文献第一作者所在单位进行统计,表1-3分别列出了该研究领域发表论文数量前10位的一级研究机构名称和收录数量前10位的期刊名称。

表1-3 主要研究机构与收录期刊分布情况

| 位次 | 研究机构名称 | 位次 | 期刊名称 |
| --- | --- | --- | --- |
| 1 | 温州大学 | 1 | 中国高校科技 |
| 2 | 浙江大学 | 2 | 中国高等教育 |
| 3 | 温州职业技术学院 | 3 | 高等工程教育研究 |
| 4 | 南京邮电大学 | 4 | 中国高教研究 |
| 5 | 教育部学校规划建设发展中心 | 5 | 现代教育管理 |
| 6 | 常熟理工学院 | 6 | 教育发展研究 |
| 7 | 温州医科大学 | 7 | 江苏高教 |
| 8 | 清华大学 | 8 | 传媒 |
| 9 | 南京航空航天大学 | 9 | 国家教育行政学院学报 |
| 10 | 华东师范大学 | 10 | 学位与研究生教育 |

通过表1-3可以看出,在论文发表数量前10位的研究机构中,除了地方应用型高校之外,综合性大学和教育部学校规划建设发展中心也位列其中,说明产教融合作为一项国家战略规划已经得到了社会的广泛关注;在文献收录数量前10位的期刊中,90%的期刊源自教育类期刊,这说明该研究领域相关研究成果的理论性、学术性以及创新性水平较高,紧跟时代发展步伐并顺应高等教育未来发展方向。

4. 样本文献高频关键词分布情况

关键词是对文献内容和中心思想的高度概括,通过对高频关键词进行分析,可以清晰地了解某一研究领域的研究内容、研究方向和研究热点。关键词共现网络分析是一种基于文本内容的技术分析,关键词在共现网络中的中心性越强,该关键词与其他关键词共同出现的概率就越高,该关键词在共现网络中的影响力自然就越大。[①]通过 CiteSpace 软件对样本文献的关键词进行分析,可以得到图1-2 所显示的高频关键词知识图谱。

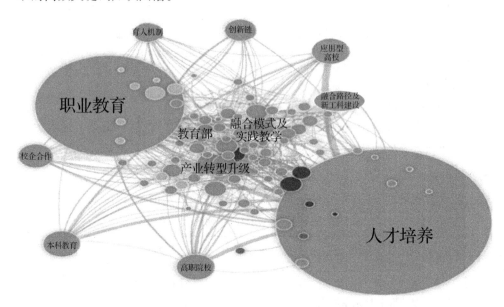

**图 1-2 样本文献高频关键词共现知识图谱**

通过图1-2可以看出,近年来该领域的研究主要围绕职业教育与人才培养两大热点问题展开。其中,职业教育主要涉及高职院校、校企合作、育人机制、创新

---

① 陈悦,陈超美,刘则渊,等. CiteSpace 知识图谱的方法论功能[J]. 科学学研究,2015,33(2):242-253.

链、教育部、融合模式及实践教学等研究主题;人才培养主要涉及应用型高校、本科教育、创新链、产业转型升级、融合路径及新工科建设等研究主题。

### 5. 关于产教融合资源互动研究

依据合作性质、内容、目标以及知识交互方式的不同,国外一些学者把产教融合资源互动方式主要归纳为四种基本类型。一是依据合作性质的不同,可分为研发合作、研发服务、学术创业、人力资源转移、非正式交互、产权商业化、合作发表学术论文七种类型;①二是依据合作途径的不同,可分为研究外包(research contracts)、合作研发(research joint ventures)、许可授权(licensing)、咨询服务(consulting)、附属企业(university spinoffs)、学术合作(publications)以及专利合作(patents)等;②三是依据合作目标的不同,可分为合作专利申请、信息交流、发表论文或研究报告、校企会议、招聘毕业生、许可授权服务、建立合作研发组织、技术咨询以及人才交流等;③四是依据知识交互方式的不同,可分为合作研发、研究外包、人才流动、合作培训以及学术资本转化等。④合作主体的不同需求催生出不同的合作方式,同时也衍生出资源互动方式和途径的差异。

国内学者基于我国应用型高校办学实际,对产教融合及其资源互动方式也进行了较为深入的探讨。例如,杨华勇等依据技术成熟等级度,将校企之间的互动方式归纳为两种基本类型。一是高校发现新方法、新技术,主动寻求与企业进行合作实施;二是针对企业实际需求,高校提出解决问题的方法,与企业合作共同实施新技术开发。⑤李维勇等把产教融合资源互动模式归纳为合作研发、合作共建、学生实习实训、教师企业研修、联合专业建设、联合课程开发、联合教材编写、共建实训基地、设立基金、提供就业信息、提供就业岗位、技术开发、课题研究、兼职教学以及

---

① PERKMANN M, WALSH K. University-industry relations and open innovation: towards a research agenda [J]. International Journal of Management Reviews, 2007, 9(4): 259-280.
② WANG Y D, HU D, LI W P, et al. Collaboration strategies and effects on university research: evidence from Chinese universities [J]. Scientometrics, 2015, 103: 725-749.
③ COHEN W M, NELSON R R, WALSH J P. Links and impacts: the influence of public research on industrial R&D[J]. Management Science, 2002, 48(1): 1-23.
④ SCHARTINGER D, RAMMER C, FROHLICH J. Knowledge interactions between universities and industry in Austria: sectoral patterns and determinants[J]. Research Policy, 2002, 31(3): 303-328.
⑤ 杨华勇,张炜,吴蓝迪. 面向中国制造2025的校企合作教育模式与改革策略研究[J]. 高等工程教育研究,2017(3):60-65.

各类协同育人合作等。① 兰小云基于校企合作实践指出,实习实训、"订单式"人才培养、共建"双师型"师资队伍、联合开展各类应用性技术服务项目、共建行业(产业)学院、共建技术研发实体以及共建科教园区等模式,既是校企合作的实践探索,也是全面深化产教融合的应有之义和必然要求。② 此外,还有学者提出产教融合资源互动的技术转移模式、知识交易模式、合资研发模式、利润分成模式、政府指令模式、政府推动模式、企业主导模式、高校主导模式、共建共享模式、虚拟合作模式③,以及松散型模式、较紧密型模式、紧密型合作模式等④,这些资源互动方式为教育与产业之间的资源整合提供了现实途径。

### 6. 关于产教融合发展的影响因素研究

产教协同发展对高校课程体系建设、课程资源开发、科技成果转化、技术技能型人才培养、"双师型"师资团队建设、创新创业教育、办学条件改善、应用研究以及社会影响力提升等方面具有一定的促进作用。有学者认为,高校共享企业资源的能力主要取决于合作目标的达成度,其中信任、承诺、整合和互利行为,被认为是合作能否取得成功的关键性因素⑤,而"互利互惠"与"相似的决策过程"对增进同盟成员之间的互信,具有显著的促进作用。⑥ 产业与教育之间的互利行为不仅受到管理决策、资源配置公平性、文化差异以及合作伙伴特征等因素影响,同时还受到外部的经济因素、制度因素和道德因素制约。通过对澳大利亚、荷兰等国家产教融合实证研究发现,沟通、理解、信任及合作参与者是决定产业与教育双方合作取得成功的四个关键性因素,其中有效沟通是推动其他三个因素的基础,也是产教融合成功的一致性预测指标。⑦通过对意大利 197 所高校产教融合参与者进行实证研究发现,科研成果转化水平和科研人员的流动性是影响双方合作频次和持续性的

---

① 李维勇,杜庆波,汤昕怡. UPD 视域下产教融合集成平台建设的研究与实践[J]. 中国职业技术教育,2021(28):45-50.
② 兰小云. 行业高职院校校企合作机制研究[D]. 上海:华东师范大学,2013.
③ 周静珍,万玉刚,高静. 我国产学研合作创新的模式研究[J]. 科技进步与对策,2005(3):70-72.
④ 卢仁山. 不同产学研合作模式的利益分配研究[J]. 科技进步与对策,2011,28(17):96-100.
⑤ NUMPRASERTCHAI S, IGEL B. Managing knowledge through collaboration: multiple case studies of managing research in university laboratories in Thailand[J]. Technovation, 2005,25(10):1173-1182.
⑥ BSTIELER L, HEMMERT M, BARCZAK G. The changing bases of mutual trust formation in inter-organizational relationships: a dyadic study of university-industry research collaborations[J]. Journal of Business Research, 2017,74:47-54.
⑦ PLEWA C, KORFF N, JOHNSON C, et al. The evolution of university-industry linkages: a framework[J]. Journal of Engineering & Technology Management, 2013,30(1):21-44.

一个重要因素。① 基于安达卢西亚737家企业和765所高校的问卷数据分析发现，企业规模、企业成立时间、企业战略执行水平、企业员工流动性是影响企业深度参与产教融合的重要因素。② 此外，还有学者指出，"地理接近""组织接近""技术接近"也是影响产业与教育之间形成良性互动关系的重要因素。③

国内学者结合当前我国高校办学实践，对产教融合影响因素也进行了系统梳理与探讨。例如，肖荣辉从制度建设层面指出，合作机制、激励机制与约束机制不健全是制约产业与教育深度融合的主要因素。④ 柳友荣等研究发现，个体内部因素、外部环境因素、双方耦合因素是影响产教融合高质量发展的主导因素。其中，个体内部因素主要包括产教融合意识、组织协调能力、组织研发能力、优质资源、知名度和权威性，外部环境因素主要包括产教融合氛围、政策支持和市场环境；双方耦合因素主要包括文化耦合、制度耦合、知识和技术耦合、沟通渠道、合作经历和合理利益分配。⑤ 有学者指出，企业经济动力、高校科研资源规模、科研成果供需匹配度、企业规模、企业性质、产业类型、用工状况、沟通渠道、文化差异、互惠关系、沟通机制、外部环境、合作模式⑥，以及政府缺位、经费短缺、合作模式单一、合作不深入、共生动力不足、质量保障体系滞后、评估体系不健全、产权归属不清等因素是当前影响我国产教融合高质量发展的主要因素。⑦ 还有学者指出，当前我国高校利用产教融合开展工程训练整体不平衡，应用型高校整体好于研究型高校，行业背景高校整体好于其他类型高校，由于受经济、安全及成本等因素的影响，企业一般不愿意接纳学生实习实训，即使接纳了学生，往往也难以安排实质性锻炼岗位。⑧

---

① MUSCIO A. University-industry linkages: what are the determinants of distance in collaborations? [J]. Papers in Regional Science, 2013,92(4):715-740.

② RAMOS-VIELBA I, FERNA'NDEZ-ESQUINAS M, ESPINOSA-DE-LOS-MONTEROS E. Measuring university industry collaboration in a regional innovation system[J]. Scientometrics. 2010,84:649-667.

③ JOHNSTON A, HUGGINS R. Drivers of university-industry links: the case of knowledge-intensive business service firms in rural locations[J]. Regional Studies, 2015,50(8):1330-1345.

④ 肖荣辉.政校企协同视域下应用型高校产教融合路径重构[J].黑龙江高教研究,2023,41(5):143-148.

⑤ 柳友荣,项桂娥,王剑程.应用型本科院校产教融合模式及其影响因素研究[J].中国高教研究,2015(5):64-68.

⑥ 钟珊.基于共词分析的产教融合实践及其创新模式[J].武汉理工大学学报(社会科学版),2019,32(4):181-186.

⑦ 周凤华.发挥企业重要办学主体作用的历史逻辑与现实需求：兼论产教融合型企业的内涵和特征[J].职教论坛,2020,36(6):25-31.

⑧ 吴国兴,符跃鸣,李忠唐.上海市高校工程训练的现状、问题与发展[J].实验室研究与探索,2013(9):149-153.

兼具专用技能与技能投资策略的企业更倾向于参与产教融合,而其他非投资策略企业的参与动力主要是来自技能提升需求,即通过提升企业整体技能水平以达到降低企业生产成本的目的。①

## 7. 关于产教融合教育价值研究

产业与教育在资源特征上具有明显的异质性和互补性,②产教融合对提升高校应用型人才培养质量、知识创新水平、办学竞争力以及充盈办学经费等方面具有重要的促进作用。例如,有学者研究发现,企业深度参与高校办学不仅有助于提升应用型人才技术与技能水平,还能有效降低毕业生的失业率。有的学者基于英国高等教育相关数据分析发现,企业是高校获取办学经费、政策支持、科研成果转化与应用、互补性专业知识、实习实训场所以及新设备的重要渠道,这些异质性资源对提升高校综合办学实力、社会服务水平以及社会声誉具有显著的促进作用。还有学者研究发现,高校通过深化产教融合等途径能够从企业获得科研经费、实验设备、企业不公开的数据、科研成果转化、学生实习与就业机会,提升学校的社会知名度。还有学者指出,教师群体作为产教融合系统中的最活跃要素,参与产教融合能够为教师个体发展带来直接或间接利益。③ 例如,有学者研究发现,产业界资源对增加教师个人收入、积累社会资本、提高社会知名度与影响力、检验科研成果的市场应用性、发表学术论文、了解产品工艺与前沿技术、为研究生购买实验设备以及获得资金支持等方面都具有重要的现实意义。④

随着我国产教融合战略的持续推进,国内学者主要从人才培养、"双师型"师资队伍建设、专业与课程建设、科研成果转化等方面对产教协同发展的价值进行了深入探讨。例如,杨华指出,高校通过与企业合作不仅能够促进资源要素双向流动,还能够有效推动教育体制改革和人才培养模式改革。⑤ 黄明福等指出,以基础研究和学术发展为主导的传统办学资源配备,已经难以有效支撑复合型拔尖创新

---

① 徐佩玉. PPP 模式下职业教育产教融合的关键维度、价值意蕴及实施路径[J]. 教育与职业,2020(23):13-20.

② SHERWOOD A L, BUTTS S B, KACAR S L. Partnering for knowledge: a learning framework for university-industry collaboration[C]. Midwest Academy of Management, Annual Meeting. 2004:1-17.

③ DIETZ J S, BOZEMAN B. Academic careers, patents, and productivity: industry experience as scientific and technical human capital[J]. Research Policy, 2005,34(3):349-367.

④ FRANCO M, HAASE H. University-industry cooperation: researchers' motivations and interaction channels[J]. Journal of Engineering & Technology Management, 2015(36):41-51.

⑤ 杨华. 职业教育产教融合的学理参照、价值主线与路径建构[J]. 教育与职业,2018(20):12-18.

人才培养,特别是应用型人才培养,需要建立企业实践创新基地、校企联合"双导师"制度以及产学研深度融合的多元化协同育人模式。① 为实现这一发展需求,产业系统与教育系统必须建立长效的共生关系,在共建专业、共建平台、共育师资、协同教学、合作就业等方面创新人才培养模式。② 此外,还有学者指出,产教融合在有效促进"双师型"师资队伍建设、学科与专业课程体系建设、丰富实践教学、提升办学综合水平之外,还能够实现高校人才培养成本向企业让渡③,以及激发办学活力与学术创业等。④ 可以看出,随着产教融合的不断深入,产业界已经成为我国高等教育不可忽视的社会力量,它既是高校寻求政府之外办学资源的重要目标载体,也是解决学生实习与就业、师资队伍培养、学科与专业建设以及实践教学体系建设的重要依托。

### (四) 研究评述

通过对现代企业、高校办学、高等教育与产业协同发展研究现状、问题以及影响因素等相关文献梳理,可以看出已有研究成果在企业资源、企业竞争力以及企业成长理论应用等方面的研究已经取得了丰硕的理论成果;在高校办学资源获取、整合、转化以及生成等方面取得了不少前瞻性的理论成果;在产教协同发展内涵、模式、影响因素以及价值方面进行了深入探究。产教共生性依赖关系已经得到广泛共识,相关研究趋向多元并进,并逐步走向纵深。一是从产教融合必要性、必然性及合法性等"应然"研究,逐步转向"应然"与"实然"并重;二是从对国外相关理论成果的借鉴与吸收,逐步转向自觉本土化应用与创新,并扎根于我国高等教育办学实际。前人的研究成果为本研究提供了坚实理论依据,但同时我们也发现,现有研究对产教融合高质量发展方面关注不多,尤其是通过实证方法剖析其影响因素及其作用机理的研究更少。展望未来,相关研究呈现以下发展趋势:一是政府、高校、企业"三螺旋"关系得到学界普遍共识,"应用型转型""知识溢出""协同创新""成果转化"等热点词汇逐步呈现出"渐弱型"研究前沿;二是产教结合方式一直是学界追崇的热点,"技术迭代""协同育人""学术创业""校企合作""现代职教体系"

---

① 黄明福,王军政,何洪文,等.大系统导向的复合型创新拔尖人才培养模式研究[J].高等工程教育研究,2019(1):178 – 183.
② 孙雷.新工科背景下产教融合育人路径探析[J].江苏高教,2021(1):74 – 77.
③ 秦芬.产教深度融合的政策分析与推进策略[J].教育与职业,2020(15):13 – 20.
④ 周蕾.理工科大学助力城市创新生态系统建设的路径和机制:以纽约康奈尔理工学院为例[J].高等工程教育研究,2022(2):122 – 128.

"工匠精神"等热点词汇呈现出"平缓型"研究前沿;三是基于"命运共同体"的新型产教关系逐步成为该研究领域的新热点,"大学科技园""现代产业学院""混合所有制""产教融合型城市""产教融合型企业""协同创新中心"等产教融合新型组织模式呈现出"渐强型"研究前沿。这些研究成果不仅拓展了产业与教育互惠共生研究的新视域,而且在一些理论应用问题上也取得了许多的新突破。前人的这些理论成果和实践经验为本研究提供了坚实理论依据和良好的研究基础,也为现阶段全面深化产教融合、校企合作提供了理论指导和实践支持。但同时我们也清楚地看到,有关产教融合理论与实践研究还存在一些不足,值得深入反思,具体可归纳为以下几个方面。

1. 研究主题多元分散,缺乏系统性研究

产教融合前期相关研究重点关注的是高校与企业之间的资源共享与整合,无论是理论探讨还是实践探索都体现了较强前瞻性和探索性。但后期相关研究,从内容上看基本上是对前期已有研究的不断重复或进一步深化,缺乏系统性、延续性和有针对性的研究成果;从理论应用上看,关于产业与教育之间的共生关系与协同发展相关研究更多地借鉴了国外相关理论,如委托代理理论、教育成本分担理论、EBM 模型、理性行为理论(TRA)、效用最大化模型等,本土化的理论体系构建及研究范式尚不完善。2017 年,《国务院办公厅关于深化产教融合的若干意见》(国办发〔2017〕95 号)颁布与实施,虽然在一定程度上激发了学者对产教融合研究的兴趣,但研究视角往往只是从某个侧面或某一热点问题反映产教融合过程中的某些具体问题,研究主题较为分散。此外,在我国主要依靠财政供养的公办性质高校,对产教融合过程中的成本投入、收益分配以及产权归属等问题的实践探索尚处于起步阶段,相关研究依然停留在问题提出、意义阐述以及机制探索等方面,系统的研究成果尚未形成。

2. 研究内容深度不够,研究成果创新不足

已有相关研究成果重点从公益性视角关注产教融合过程中企业对教育的支持,强调企业的社会责任,缺乏对营利性组织本质属性的深刻认识,研究尚停留在表面上的应然性讨论。产教融合作为教育与产业跨界共生与互惠共赢一种重要途径和可靠方式,但已有研究成果多数尚停留在应用型人才协同培养模式探讨上,尚未触及知识生产范式转变等深层次问题。国内外产业学院(行业学院)的兴起,虽然在一定程度上激发了学者对知识协同创新的关注,但研究视角多被限定在一个固定的、僵化的制度框架之中,研究结论往往归因于政府行政权力主导下的教育体

制问题或社会问题,研究结果缺乏追求独特性的创新精神。

3. **注重思辨和逻辑推理,缺少实证支持和验证**

已有研究成果在研究方法上多数采用的是主观性的思辨研究和应然性推理研究,缺乏实证研究的支持和验证。特别是关于产教融合影响因素方面的理论成果,涉及个案研究、数据分析以及模型建构等实证研究方法的较少,且不成系统,未能在实践探索的基础上对存在的问题进行深层次的思考。此外,已有研究成果对当前我国传统产业结构优化与转型升级的关注还不够,缺乏对产业界的系统性调研和分析,尚未形成系统的、科学的、完善的且具有可行性、实操性、时效性、针对性的产教融合理论与实践探索。

## 四、研究方法与思路

### (一) 研究方法

科学是随着方法的发展而不断跃进的,方法学上每前进一步,我们便仿佛上升了一级阶梯,于是我们就展开了更广阔的眼界,看见从未见过的事物。[1] 就教育管理方法论而言,它从根本上关涉一个研究者或研究团队从事教育管理研究的立场问题,关涉一个专业共同体或者一个学科观察问题的方式和视角问题。研究立场不同,教育管理研究的关注点、选题乃至结论就会不同[2]。科学且合适的研究方法是开展科学研究的基础,也是衡量学术水平的一项重要指标。任何一种科学研究方法都是使自己符合自己研究对象所具有的内在特性。[3] 正如美国著名教育家伯顿·克拉克所言,没有任何一种研究方法能够揭示一切,宽阔的论述必须是多学科的……[4]作为一种研究手段,研究方法没有高低贵贱之分,对于一项研究究竟需要采用什么样的研究方法,主要取决于特定的研究对象。[5] 产教融合研究既是一个教育实践问题,又是一个跨学科课题;既涉及教育管理学领域,又涉及经济学领域;既需要理论研究,又需要观照教育现实。因此,本研究综合运用了文献分析法、访谈法、问卷法、扎根理论研究法,以及结构方程模型分析法等多种研究方法。以下

---

[1] 胡建华,陈列,周川,等.高等教育学新论:新世纪版[M].南京:江苏教育出版社,2006:489.
[2] 张新平.教育管理学导论[M].上海:上海教育出版社,2006:132.
[3] 叶澜.关于我国教育实验科学性问题的思考[J].教育研究,1992(12):41-47.
[4] 伯顿·克拉克.高等教育新论:多学科的研究[M].2版.王承绪,徐辉,郑继伟,等译.杭州:浙江教育出版社,2001:2.
[5] 付八军.高等教育研究方法:目的抑或手段[J].高教发展与评估,2019,35(1):18-20.

简述其中几种方法。

1. 文献分析法

文献分析法是根据一定的调查研究目的,通过研究文献来获得调查资料,从而系统、全面地了解和掌握所研究问题的一种方法,具有资料收集灵活、便捷、超越时空限制、成本低等优点。[①] 本研究通过查阅已有相关文献资料,对产教融合内涵、演进脉络、发展模式、影响因素、推进策略以及办学意义等主题词进行综述,对共生理论、社会资本理论以及产业与教育共生关系进行分别阐述。在此基础上,进一步搜集、整理有关江苏省产教融合方面的有关资料、政策法规、质量报告、统计年鉴以及相关历史记录等,并对这些资料进行归纳、比较、分析和总结,力求使研究结论更加科学、严谨和完善。

2. 访谈法

访谈法是一种研究性交谈,是研究者通过口头谈话的方式从被研究者那里收集第一手资料的一种质性研究方法[②],具有适用范围广、应答率高、研究深入、方式灵活等优点。[③] 本研究基于现状、问题、原因、对策这一研究思路,设计半结构化访谈提纲,采用线上和线下相结合的方式进行个别访谈。国内产教融合主要有产教融合研发、产教融合共建、项目牵引、人才培养与交流以及现代产业学院五种常见模式,其中现代产业学院模式最具代表性。按照江苏省应用型本科高校举办现代产业学院的整体分布,兼顾个案选择的代表性和资料搜集的便利性原则,本课题将研究对象选定为"江苏省2020年省级重点产业学院建设点"中的南京工业大学"2011膜产业学院"与"智能建造产业学院"、常州工学院"智能制造产业学院"与"电机产业学院"、常熟理工学院"光伏科技学院"与"医药生物技术学院"、盐城工学院"新能源学院"、南京工程学院"腾讯云人工智能学院"、金陵科技学院"电子竞技产业学院"、江苏理工学院"中兴通讯信息工程学院"、淮阴工学院"传动装备智能制造学院"、江苏海洋大学"生物医药产业学院"、江苏科技大学"海洋工程装备制造产业学院"、南京传媒学院"江苏直播电商与数字经济产业学院"。访谈对象主要包括高校的相关管理人员、一线教师和学生,企业的相关管理人员与兼职教师,政府部门的分管领导与实际参与人员。在访谈的基础上,对所获得的第一手资

---

① 荆玲玲.社会研究方法[M].哈尔滨:哈尔滨工程大学出版社,2016:186-196.
② 陈向明.质的研究方法与社会科学研究[M].北京:教育科学出版社,2000:167-168.
③ 李浩泉,陈元.教育研究方法[M].成都:西南交通大学出版社,2018:80.

料进行整理、归纳和综合分析,全面了解和掌握江苏省产教融合整体概况、主要成效、突出问题、影响因素以及相关建议等相关内容,力求使研究内容与研究结论更加真实可靠。

3. 扎根理论研究法

扎根理论(grounded theory)是由巴尼·G.格拉斯和安塞尔姆·L.斯特劳斯两位学者提出的"从资料中自下而上建构理论的一种质性研究方法"[1],其目的在于针对一些理论解释空白的研究领域,通过广泛搜集经验资料来建构新理论。[2] 扎根理论研究方法是建立在对调查资料分析、比较、鉴别、概括和归纳的基础上,通过不断提炼新知、凝聚概念、识别范畴、形塑理论解释框架,发现行为主体之间作用过程与互动模式。[3] 本研究首先通过访谈法广泛搜集江苏省产教融合相关材料,进行开放式登录(一级编码);其次,通过对饱和材料进行不断归纳、分析和比较,进行主轴编码(二级编码),并不断缩小材料范围,形成产教融合影响因素的初始构念与理论雏形;再次,通过对二级编码中的每一个概念类属进行详尽比较和归纳,进行选择性编码(三级编码),探析产教融合影响因素的"核心类属";最后,建构产教融合影响因素模型,并对影响因素的内在作用机理进行学理性阐释。

4. 结构方程模型分析法

结构方程模型是量化研究中的重要工具,是通过线性方程测量观测变量与潜变量,以及潜变量之间相互关系的一种统计方法,被广泛应用于教育学、心理学、社会学以及经济、市场、管理等多个研究领域。结构方程模型分析法的优点在于它融合了因素分析和路径分析的多元统计技术,具有较高的识别度,能够准确地评估与阐释变量之间的作用机理,进而弥补了传统回归分析和因子分析的不足,同时也克服了传统统计方法难以处理那些不能够直接观测或测量的变量的困境。[4] 本研究在运用扎根理论建构产教融合影响因素模型的基础上,首先对产教融合共生识别、共生形成、共生运行、共生进化四个演化阶段中的14个主要影响因素进行定义,并形成研究假设;其次,通过李克特量表(Likert scale)对定义变量进行测量,运用

---

[1] 凯西·卡麦兹.建构扎根理论质性研究实践指南[M].边国英,译.重庆:重庆大学出版社,2009:1.
[2] STRAUSSAL A L. Qualitative analysis for social scientists[M]. Cambridge: Cambridge University Press, 1987:6.
[3] SUDDABY R. From the editors: what grounded theory is not[J]. Academy of Management Journal, 2006, 49(4):633-642.
[4] 吴明隆.结构方程模型:AMOS的操作与应用[M].2版.重庆:重庆大学出版社,2010:27.

SPSS 22.0 和 Amos 22.0 软件对数据信度、效度、区分度以及模型拟合度进行检验；最后，通过探索性因子分析和验证性因子分析，对理论模型中因变量与潜变量之间的作用关系与作用机理进行剖析与阐释。

### （二）研究思路

按照现状分析、问题剖析、原因透析、机理解析与对策辨析这一研究思路，分别从研究背景、核心概念界定、国内外研究现状与发展趋势以及研究的理论基础阐释出发，通过现状分析、影响因素模型建构与作用机理剖析三个研究阶段，最后从共生的角度提出应用型高校产教融合机制创新的对策与建议。第一部分是导论。重点阐述课题的研究背景与意义、核心概念、国内外研究现状与趋势以及研究方法与思路。第二部分是研究的理论基础。理论是人们关于现象知识的理解论述，是用以解释现象背后内在作用机理的一套系统。本研究以共生理论和社会资本理论为研究的理论基础，从共生要素、共生条件、共生原理三个维度阐述共生形态下，产教融合合作主体共生机制构建的基本原理及方法；从认知性社会资本、关系性社会资本、结构性社会资本三个维度阐述组织之间形成共生关系的物质基础与条件。第三部分是产教融合现状分析。制定半结构化访谈提纲，以江苏省 14 个应用型本科高校举办的省级重点产业学院为研究对象，通过走访相关高校、企业及政府相关部门，全面了解合作主体的合作基础、合作模式、资源投入、利益诉求、组织构架、治理模式、政策环境以及影响因素等信息。第四部分是产教融合影响因素分析。结合访谈资料，运用扎根理论研究方法，通过开放式编码、主轴编码和选择性编码三个步骤，建构产教融合影响因素模型，并对模型进行学理性阐释。第五部分是产教融合影响因素作用机理分析。基于产教融合影响因素模型，定义变量并形成研究假设，运用 SPSS 22.0 和 Amos 22.0 进行探索性因子分析与验证性因子分析，剖析产教融合影响因素的作用机理。第六部分是应用型本科高校产教融合机制创新对策分析。针对产教融合影响因素及其作用机理，结合典型案例的经验与启示，从共生识别、共生形成、共生运行、共生进化、共生环境五个方面提出应用型本科高校产教融合机制创新对策与建议。图 1-3 从研究思路、研究过程、研究方法三个维度，勾画出本研究的基本技术路线图。

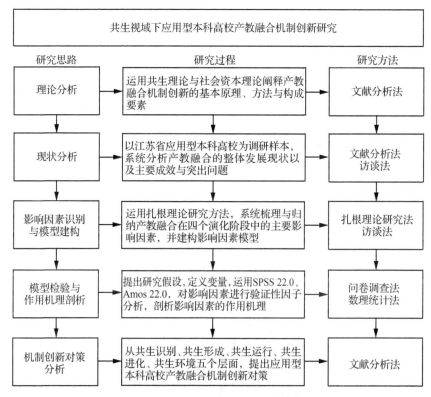

图1-3 研究技术路线图

# 第二章

# 产教融合理论分析

科学的理论是支撑科学研究的前提条件,也是确保研究结论具有科学性和说服力的重要客观依据。正如著名社会学家皮埃尔·布迪厄所言:没有理论的具体研究是盲目的,没有具体研究的理论则是空洞的。产教融合既是一个实践性很强的教育问题,又是一个涉及多学科交叉的理论性问题。研究共生视域下产教融合机制创新,如果没有科学的理论基础作为支撑,研究结果也必将是空洞的、缺乏说服力的。本研究选择共生理论与社会资本理论作为研究的理论基础,从共生基本要素、共生条件、共生进化原理、关系性社会资本、结构性社会资本、认知性社会资本等维度,阐述产教融合的理论基础及其适用性;从应用型人才培养、应用研究和服务地方产业发展的职能选择与定位,分析应用型高校深化产教融合的现实基础;从产教融合萌芽期、初创期、实践探索期、快速发展期、深化内涵期五个发展阶段,阐释产业与教育之间多重关系与特征;从应用型人才培养、教育资源获取、师资队伍建设、办学经费筹集、学术创业、科研成果转化六个方面,阐述应用型本科高校深化产教融合的办学意义。

## 第一节 研究的理论基础

理论是人们关于现象知识的理解论述,是解释现象背后内在作用机理的一套系统,是具有某种特定逻辑关系结构的具体陈述。科学理论是由逻辑上相互联系的概念和命题组成的解释系统,这些概念和命题并非简单叠加,而是一个由特定结构组成的严密连贯的解释系统。① "社会研究指的是一种以经验的方式,对社会世界中人们的行为、态度、关系,以及由此所形成的各种社会现象、社会产物所进行的科学探究活动。"②换言之,社会研究是通过运用比较科学的理论与合适的研究方法搜集研究资料、分析社会现象,进而更好地理解现象与本质之间的内在关系。科学理论与社会研究之间紧密相连,且又相互依存、互为根本。正如布迪厄等所言:每一项研究工作都同时既是经验性的,又是理论性的……最抽象的概念困惑如果不通过系统地联系经验现实,也不可能得以充分地澄清。③ 选择共生理论和社会资本理论作为分析产教融合的理论基础,从共生基本要素、共生条件和共生进化原理三个维度阐述共生形态下组织间的资源互动、整合与生成问题;从关系性社会资本、结构性社会资本和认知性社会资本三个维度阐述组织跨界合作对象选择的现实基础和条件。

## 一、共生理论

共生(symbiosis)作为一种生物现象,意为合作关系、互利互惠关系,引申为命运共同体。1879年,德国真菌学家德贝里首次提出生物学领域中的共生概念,即不同种属之间相互利用对方和自身特性共同生活、相互依赖,并形成紧密的互利关系。④ 共生概念的提出很快引起了生物学研究领域的广泛关注,并催生了共生理论体系的逐步完善。20世纪中叶,随着经济全球化和一体化的快速推进,人们逐步开始意识到共生不仅是一种生物现象,也是一种社会现象和社会关系形式。⑤ 一些社会学家认为,在科技发达的现代社会中,随着劳动者和劳动工具知识化进程的不断加快,人与人之间、组织与组织之间,甚至国与国之间已经形成了一个相互依赖的命运共同体。因此,有学者提出用共生理论来设计现代社会整体运行系统,通过把管理者、劳动者,社会政治、经济、文化以及国家法律法规等因素综合加以考虑,能够更好地提升劳动者在生产过程中的主动性、自律性、适应性、积极性和创造

---

① 王姝彦,徐禄.试论科学理论的公理化方法及其意义[J].社会科学战线,2020(5):29-35.
② 风笑天.社会学研究方法[M].北京:中国人民大学出版社,2001:2.
③ 布迪厄,华康德.实践与反思:反思社会学导引[M].李猛,李康,译.北京:中央编译出版社,1998:37.
④ AHMADJIAN V, PARACER S. Symbiosis: an introduction to biological association [M]. England: University Press of New England, 1986:1-10.
⑤ 赵玲玲,王国勇.论群众工作与社会工作的关系:基于社会共生论视角的分析[J].社会科学研究,2021(2):145-152.

性。① 在社会学研究领域,共生理论重点关注社会组织之间的相互依赖关系,并致力于构建利益相关者之间的互惠互利机制,因而对研究组织之间的跨界合作具有一定的启示意义。

### (一) 共生的基本要素

**1. 共生单元**

共生单元是构成共生系统的基本能量产成和交换单位,也是形成共生关系的基本物质条件。共生单元通常包括"质参量"和"象参量"两个基本要素,"质参量"是一组决定共生单元本质属性和内在关系特征的参量要素,"象参量"是一组反映共生单元外部基本特征与性状的参量要素。② 共生单元的"质参量"往往不是唯一的,而是由若干个"质参量"要素共同组成的,在特定时空条件下起决定作用的那个"质参量"是共生单元的"主质参量"。共生单元的"象参量"同样也不是唯一的,它也是由若干个"象参量"要素共同组成的。对于任何共生单元来说,"质参量"既是诱发共生关系形成的先决条件,也是引起"象参量"变化的决定性因素,但"象参量"也能够通过量的积累对"质参量"产生显著影响。因此,在一定时空条件下,"质参量"和"象参量"相互作用不仅是共生关系形成与发展的必备条件,也是推进共生单元协同进化的原生动力。

**2. 共生模式**

共生模式是指共生单元之间相互作用方式及其结合形式,它是共生单元相互作用强度、能量交换以及物质信息交流关系的综合反映。对于任何一个共生系统来说,共生单元之间通常存在行为共生和组织共生两种基本模式。行为共生模式主要包括"寄生""偏利共生""非对称互惠共生""对称互惠共生"四种类型;组织共生模式主要包括"点共生""间歇共生""连续共生""一体化共生"四种类型。③ 按照行为共生和组织共生的不同组合,共生单元之间理论上存在 16 种共生形态(表2-1)。但从共生系统稳定性和发展趋势上来看,共生具有一定的趋向性,即表2-1中的($S_{16}$)对称互惠共生和一体化共生是共生系统发展的一致方向,也是共生单元之间相互作用的一种理想形态。

---

① 袁纯清. 共生理论:兼论小型经济[M]. 北京:经济科学出版社,1998:3-5.
② 袁纯清. 共生理论:兼论小型经济[M]. 北京:经济科学出版社,1998:7.
③ 袁纯清. 共生理论:兼论小型经济[M]. 北京:经济科学出版社,1998:8.

表 2-1　共生模式组合一览表

| 行为维度 | 组织维度 | | | |
| --- | --- | --- | --- | --- |
| | 点共生模式 $M_1$ | 间歇共生模式 $M_2$ | 连续共生模式 $M_3$ | 一体化共生模式 $M_4$ |
| 寄生 $P_1$ | $S_1(M_1P_1)$ | $S_2(M_2P_1)$ | $S_3(M_3P_1)$ | $S_4(M_4P_1)$ |
| 偏利共生 $P_2$ | $S_5(M_1P_2)$ | $S_6(M_2P_2)$ | $S_7(M_3P_2)$ | $S_8(M_4P_2)$ |
| 非对称互惠共生 $P_3$ | $S_9(M_1P_3)$ | $S_{10}(M_2P_3)$ | $S_{11}(M_3P_3)$ | $S_{12}(M_4P_3)$ |
| 对称互惠共生 $P_4$ | $S_{13}(M_1P_4)$ | $S_{14}(M_2P_4)$ | $S_{15}(M_3P_4)$ | $S_{16}(M_4P_4)$ |

### 3. 共生环境

共生环境是指共生单元之外的所有影响因素。对于任何共生系统来说，共生单元之间的物质、信息、能量交换总是离不开一定的外部环境。环境对共生系统的影响是不可避免的，通常包括正向的、中性的和反向的环境要素。[①] 一般而言，正向的外部环境对共生系统能够产生积极促进作用；反向的外部环境能够对共生系统产生消极抑制作用；中性外部环境对共生系统的作用是微乎其微的，既不会产生明显的促进作用，也不会产生明显的抑制作用。共生系统与外部环境之间的作用是相互的，即共生系统在演化过程中也会对外部环境产生一定的影响，这种影响也包括正向的、中性的和反向的三种类型。依据共生系统与环境之间相互作用关系的不同组合，共生系统与外部环境之间理论上存在 9 种关系形态（表 2-2）。相对于共生单元和共生模式来说，共生环境对共生系统的影响是外在的，但又是难以抗拒的。但是从发展的角度来看，共生系统可持续发展需要有与之相应的正向共生环境予以支持和保障，以促进共生单元之间以及共生系统与环境之间形成良性互动与双向激励。

表 2-2　共生系统与环境相互作用关系一览表

| 共生系统 | 外部环境 | | |
| --- | --- | --- | --- |
| | 反向 | 正向 | 中性 |
| 正向 | 双向激励 | 共生激励 | 共生激励/环境反抗 |
| 中性 | 环境激励 | 中性 | 环境反抗 |
| 反向 | 共生反抗/环境激励 | 共生反抗 | 双向反抗 |

---

[①] 赵敏,张绍清.走向跨域共生的区域教师研修共同体研究[J].中国教育学刊,2023(2):84—89.

## (二) 共生条件

**1. 共生必要条件**

共生必要条件是指两个及以上共生单元之间形成共生关系所必备的基本条件。假设 A 和 B 是两个存在潜在共生关系的共生单元,那么 A 和 B 形成共生关系的必要条件至少包括以下两个方面。一是 A 和 B 两个共生单元之间至少存在一组能够相互兼容的质参量。所谓兼容,这里是指能够相互表达或者存在某种对应关系,也就是说 A 和 B 之间至少存在一组能够相互影响、相互作用的介质。二是 A 和 B 两个共生单元之间至少能够生成一个可以自主活动的共生界面。[①] 共生单元之间的物质、信息、能量交流总是需要依靠一定的渠道或媒介,共生界面的作用就是为共生单元之间的资源要素双向流动提供载体或平台。共生必要条件表明,不是所有存在潜在共生关系的共生单元之间都能够形成共生关系,共生关系的形成有赖于共生单元的内在特质以及能够相互表达的渠道与介质。

**2. 共生充分条件**

共生必要条件为共生关系形成提供了基础条件,但并不必然能够形成共生关系,共生关系的真正形成还有赖于共生充分条件。具体而言,假设 A 和 B 两个共生单元已经具备了共生关系形成的必要条件,那么共生充分条件主要表现为以下两个方面。一是 A 和 B 在共生界面上能够顺利进行双向互动。也就是说,共生单元 A 和 B 双方进行物质、信息、能量互动的动力应大于阻力。二是能够产生共生净能量。假设 A 和 B 两个共生单元在共生关系未发生时所产生的能量值为 $E_a$ 和 $E_b$,共生效应下所产生的总能量值为 $E$,共生系统新增能量值为 $E_s$。那么,在投入总量不变的情况下,当 $E = E_a + E_b + E_s, E_s > 0$,则认为共生系统产生了共生净能量。[②] 共生充分条件表明,不是所有存在潜在共生关系的主体之间都能够实现有效共生。在特定的环境条件下,只有当共生系统的能量生成大于能量消耗时,才有可能形成共生效应,否则共生系统终将因能量衰竭而不得不迫使共生单元寻找新的共生对象。

**3. 共生的稳定条件**

共生过程是共生单元依托共生界面进行物质、信息和能量交换的过程,实际上

---

[①] 翁默斯,王孙禺.创业型大学支撑区域创新发展的概念框架与实践路径:一个共生视角[J].清华大学教育研究,2022,43(2):103-109.

[②] 毛才盛,田原.地方应用型本科院校产教融合发展路径:共生理论视角[J].教育发展研究,2019,39(7):7-12.

也是共生单元之间信息相互裸露的过程,共生单元内部结构对共生系统的稳定性具有决定性作用。一般而言,在不完全信息条件下,共生系统会因信息量递增而产生一些内部结构的变化,表现为共生单元的进入或退出,并由此形成了共生稳定的匹配条件和分配条件。① 一是共生稳定的匹配条件。该条件认为亲近度和关联度是影响共生关系稳定的两个关键要素,即在完全信息条件下,同类共生单元的亲近度越高,共生系统越稳定;异类共生单元的关联度越高,共生系统越稳定。在不完全信息条件下,信息丰度最高的共生单元会优先进入共生系统,但随着信息丰度的不断提高,那些亲近度或关联度低的共生单元将会被亲近度或关联度高的所取代。共生稳定的匹配条件实际上反映的是共生单元之间质参量的内在联系,即质参量相互表达程度高或者质参量之间存在着某种依赖关系的共生单元之间的匹配度会更高。二是共生稳定的分配条件。该条件认为共生单元在共生过程中投入与收益分配或者说共生过程的能量产出和能量耗损是影响共生关系稳定的决定性因素。假设共生单元 $A$ 和 $B$ 之间形成了一个二维共生系统,要实现 $A$ 和 $B$ 共生关系稳定或者说可持续共生,则 $A$ 和 $B$ 在共生过程中的能量耗损和利益分配需要满足以下条件:

$$\frac{E_{SA}}{E_{CA}} = \frac{E_{SB}}{E_{CB}} = K$$

其中,$E_S = E_{SA} + E_{SB}, E_C = E_{CA} + E_{CB}$

$E_S$ 表示共生单元在共生过程中的能量生成,$E_C$ 表示共生单元在共生过程中的能量耗损,$K$ 表示共生稳定的分配系数。理想的状态是 $K$ 为恒定系数,即共生单元 $A$ 和 $B$ 同时实现了各自收益的对称分配,且这种分配机制对所有共生单元的共生行为都具有一致的激励作用。② 但是在现实社会中,由于利益相关者的多元诉求与利益博弈,因此,绝对的对称分配往往只是一种理想状态。但是也正是人们对利益分配帕累托最优的不懈追求,为推动共生系统由低级向高级演化提供了不竭动力。③

---

① 袁纯清.共生理论:兼论小型经济[M].北京:经济科学出版社,1998:21-22.
② 袁纯清.共生理论:兼论小型经济[M].北京:经济科学出版社,1998:23-24.
③ 宋瑾瑜,张元宝.共生理论视域下产业学院共生发展的困境与路径选择[J].教育与职业,2021(23):58-63.

### (三) 共生基本原理

**1. 质参量兼容原理**

质参量兼容反映的是共生单元之间存在某种依赖关系,或者说,因互补性供需而存在某种对应关系。这种对应关系既可以是线性的或非线性的,也可以是连续的因果关系或非连续的因果关系,还可以是随机性关系。不同的对应关系形成了不同的共生模式,例如,随机性兼容关系对应的是点共生,非连续因果关系对应的是间歇共生,连续因果关系对应的是连续共生或一体化共生。[①] 质参量兼容原理既揭示了共生关系形成的内在本质规律,也揭示了质参量兼容方式与共生模式选择之间的因果联系。它为研究社会领域中的组织共生现象以及人才、知识、技术、资本等资源要素跨界流动、转化与整合提供了理论依据。

**2. 共生能量生成原理**

产生共生"净能量"是共生单元之间形成稳定共生关系的充分条件之一,也是共生系统正向进化的内在本质特征。生态领域中的共生能量生成通常表现为共生单元的生存能力增强或数量扩展。袁纯清教授认为,共生能量生成主要取决于共生系统全要素共生度和共生界面特性,其数理模型可表述为

$$E_s = f(\delta_s, \rho_s, \eta_s) \text{ 或 } f\left(\frac{\delta_s^m}{\lambda}, \rho_s, \eta_s\right)$$

其中,$E_s$、$\lambda$、$\rho_s$、$\eta_s$ 分别表示共生能量、共生界面特征系数、共生密度和共生维度。[②] 共生能量生成原理揭示了能量生成与系统演化之间的内在作用机理和基本规律,它对人们认识社会共生现象和把握共生规律具有重要的指导意义。具体而言,一是任何共生系统的共生能量生成都需要满足全要素共生度 $\delta_s > 0$ 这一基本条件。在共生密度和共生维度恒定的情况下,全要素共生度越高,共生系统所产生的共生能量就越大,反之,则越小。但需要注意的是共生系统全要素共生度并不等于单要素共生度的简单加总,而是由系统所有单要素共生度和共生界面特质共同决定的。二是在全要素共生度恒定的情况下,共生系统的共生密度和共生维度是共生能量生成的两个重要影响因素,表现为共生密度和共生维度都存在某个临界值,一旦超过这一临界值,共生能量生成将会随之减少。[③] 三是对于任何一个共生

---

[①] 宋瑾瑜,张元宝.高职院校与企业合作共生体系构建研究[J].教育与职业,2022(12):55-61.
[②] 袁纯清.共生理论:兼论小型经济[M].北京:经济科学出版社,1998:65.
[③] 辛杰,屠云峰,张晓峰.平台企业社会责任的共生系统构建研究[J].管理评论,2022,34(11):218-232.

系统来说,既可以通过一定的激励机制达到提升全要素共生度水平和减少共生界面阻力的目的,也可以通过合理的制度安排实现共生密度和共生维度的边际效应。

3. 共生系统进化原理

共生理论认为,对称互惠共生是共生单元供需关系最稳定、互动效率最高的一种作用方式,也是共生系统协同进化的一致方向。影响共生系统向对称互惠共生方向发展的核心要素是"关键共生因子"。所谓"关键共生因子"是指具有最大单要素共生度的某个共生单元。换言之,共生系统中的"关键共生因子"分配的对称性越高,共生系统所产生的共生能量就越多,越有利于共生系统向更高层级进化。对称互惠共生不仅是组织发展的一种状态,更是组织发展的一种机制,这种机制既是一种基于利益分配的帕累托最优,也是一种基于多元主体协同发展的资源优化与整合。共生系统进化原理不仅揭示了自然界共生系统进化的内在本质,同时也为人们认识社会共生现象及其演化规律提供了理论依据。人类社会发展同样遵循对称互惠共生的组织规则,任何不稳定或低效的非对称互惠共生终将被高效、稳定的对称互惠共生所取代。① 此外,也正是由于非对称互惠共生模式的存在,才为共生系统向更层级跃进提供了不竭动力。

### (三) 共生理论对研究产教融合的适用性

产教融合系统中的高校、企业、政府以及行业组织等合作主体虽然在组织属性上存在着本质的区别,但在目标和利益追求上却存在着必然的耦合性。行业企业发展和竞争优势形成离不开高等教育在人才、知识与技术等方面的基础性支撑;高校主动融入地方经济社会,有效对接企业需求并引领产业发展,能够为其亲近业界、贴近知识前沿以及形成产教共同体创造有利的外部条件;政府推动区域经济发展离不开实体经济的高质量发展,也离不开高校的正向赋能。高校与企业因城市而兴,城市因高校和企业而盛,城市为高校和企业发展提供了滋养的沃土,高校和企业为城市建设贡献了人才与资本。事实上,产教融合本质上是组织间的跨界共生过程,在这一过程中系统的稳定运行与高效发展,不仅取决于各方资源要素投入,也取决于合作模式选择,还取决于外部社会环境支持。

第一,从质参量兼容的角度来看,资源的互补性、异质性以及利益实现方式的耦合性,为产教融合系统中高校、企业、政府、行业组织之间形成稳定的共生关系提

---

① 徐亮,崔英锦.审思与超越:文化共生视域重构师生互动的逻辑理路与实践进向[J].吉林师范大学学报(人文社会科学版),2023,51(2):67-74.

供了物质基础。四者基于质参量兼容的不同表达方式,为产教融合系统组织共生与行为共生的多元化发展提供了现实途径。首先,高校、企业、政府、行业组织之间既存在互补型共生关系,也存在供需型共生关系。四者的质参量关联度越是紧密,产教融合系统所产生的合作收益就越高,相应的互利共赢效应就会越明显。其次,产教融合系统中的物质、信息、能量生成,既有利于合作内容的持续丰富,也有利于合作深度的不断拓展。最后,企业作为一类营利性社会组织,追求利益最大化是其永恒不变的目标。高校在获取和使用企业资源的同时,也应该不断满足企业的合理诉求。这就需要高校在现代大学精神与资源依赖之间把握合理的分寸,既不能因资源依赖而丧失学术自由和大学自治,也不能因固守"象牙塔"而游离于区域经济社会发展之外。

第二,从合作模式选择的角度来看,产教融合模式反映的是多元主体之间相互作用方式、作用强度以及物质、信息、能量供需关系。从组织模式上来讲,从"点共生""间歇共生""连续共生"到"一体化共生"可视为产教融合中高校、企业、政府、行业组织之间持续深化合作的过程。从行为模式上来讲,高校、企业、政府、行业组织四者之间根据合作目标与具体合作内容,既可以选择"寄生"模式,也可以选择"偏利共生"模式,还可以选择"互惠共生"模式,不存在绝对的最优。例如,在现代产业学院共建初期,由于缺乏相对独立运行能力,政府、企业、行业组织对高校更多的是一种扶持和支持。但从可持续发展的角度来看,一体化共生模式和对称互惠共生模式是产教融合系统发展的必然趋势。

第三,从共生环境的角度来看,产教融合共生环境既包括宏观层面上的国家政治制度、经济制度以及文化制度等因素,也包括中观层面上的教育政策、产业政策以及产教协同发展政策等因素,还包括微观层面上的区域社会经济、产业结构以及高等教育利益相关者等因素。这些外部环境因素有些是正向积极的,有些是中性的,有些是反向消极的;有些是通过直接方式作用的,有些是通过间接方式作用的;有些是能够产生显著影响的,有些则是微乎其微。外部环境因素对产教融合高质量发展的影响是外在的,具有波动性、不确定性和难以抗拒性等特征,并随着时空条件变化而变化。但从环境与共生系统的相互作用关系来看,外部环境越是趋于理想,对合作主体的激励作用就会越明显,相应的合作水平、合作层次以及资源要素互动效率就会越高,因而也越有利于产教融合高质量推进。

## 二、社会资本理论

社会资本理论作为社会学领域中的一种新理论范式,它是继人力资本理论和物质资本理论之后,又一个解释社会现象的全新理论。社会资本理论从行动者互动的社会本质揭示了个体之间、组织之间以及个体与组织之间的相互作用关系,为分析组织的社会资本生成与优势积累提供了一个新视角和理论依据。社会资本理论认为,社会资本生成对组织或个体拓展与积累社会资源具有正向的促进作用①,组织或个体的社会资本越丰富,获取与使用外部资源的优势就越明显。② 社会资本不仅自身具有资源特性,而且能够为行动者获取社会结构网络之中的其他资源创造初始优势。③

### (一) 社会资本理论的内涵

社会资本理论作为一门交叉学科理论,涉及经济学、社会学、心理学、政治学以及组织行为学等多门学科。1916 年,利达·汉尼范在《乡村学校社区中心》一文中首次使用"社会资本"这一概念,他认为社会资本是一种社会关系,这种关系有利于行动者的资源获取与需求满足。④ 1977 年,格伦·劳瑞将社会资本引入经济学研究领域,指出社会资本是促进或帮助获得市场中有价值的技能或特定的人之间自然形成的一种较为稳定的社会关系。⑤ 1980 年,皮埃尔·布迪厄在《社会资本随笔》一文中,将社会资本定义为实际或潜在资源的集合,这些资源与由相互默认或承认的关系所组成的持久网络有关,而且这些关系或多或少是一种制度化的⑥,标志着社会资本理论正式进入社会学研究领域。此后,一些学者诸如詹姆斯·科尔曼、罗伯特·D.帕特南、弗朗西斯·福山、林南等学者先后对社会资本内涵与外延作了进一步拓展,概括起来主要有以下几种观点。

---

① 李旭,李雪.社会资本对农民专业合作社成长的影响——基于资源获取中介作用的研究[J].农业经济问题,2019(1):125-133.
② LAURSEN K, MASCIARELLI F, PRENCIPE A. Regions matter: how localized social capital affects innovation and external knowledge acquisition[J]. Organization Science, 2012,23(1):177-193.
③ 刘建军.论中国社区精神[J].广西师范大学学报(哲学社会科学版),2021,57(1):22-42.
④ 陆迁,王昕.社会资本综述及分析框架[J].商业研究,2012(2):141-145.
⑤ 李孔岳.社会资本的演化逻辑:理论回顾、困境与展望[J].经济学动态,2008(10):42-45.
⑥ BOURDIEU P, WACQUANT L. Invitation to reflexive sociology [M]. Chicago: University of Chicago Press,1992:119.

1. 关系网络视角下的社会资本

社会资本的本质是一种与身份密切相关的社会资源,这种资源被嵌入在制度化的社会关系网络之中,当关系网络被动用时,它才会以某种资源的形式为行动者所用。持该观点的学者主要以皮埃尔·布迪厄为代表,他指出资本通常包含经济资本、文化资本和社会资本三种形式,其中社会资本实质上是一种实际的或潜在的资源集合体,持久的关系网络是获取和使用这种资源的基础。布迪厄将这种网络称之为"制度化关系网络"。具体而言,主要包括三个方面:一是这种关系网络不是自然赋予的(如血缘关系),而是通过投资策略进行象征性建构而形成的,并能够为行动者带来利益回报的关系网络;二是这种被制度化的网络,通过行动者有意识的投资策略,能够使其更加稳固并成为一种可靠的资源获取渠道;三是这种关系网络可以通过团体会员制建立联系,形成体制化和制度化。[1] 由此可见,在社会关系网络视域下,社会资本生成是源自个体或组织之间的某种特定关系,行动者有意识的人际关系投资行为可以使这种特殊关系更加稳固,当这种特殊关系形成一定的制度化和体制化时,行动者便获得了相对稳定的资源渠道。

2. 结构功能视角下的社会资本

社会资本是由嵌入在社会结构中的资源要素构成的,这些资源要素能够为组织内部的行动者实现特定目标提供某种便利。持该观点的学者主要以詹姆斯·科尔曼为代表,他在《社会理论的基础》一书中把社会资本定义为一种以社会结构资源为特征的资本资产,它由构成社会结构的各种要素组成,并存在于人际关系结构之中,人们通过将自己的一部分权力让渡于他人,以换取对他人资源的控制。[2] 为区分社会资本、物力资本、人力资本三者之间的不同,科尔曼指出,社会资本主要存在义务与期望、信息网络、规范与有效惩罚、权威关系、多功能社会组织、有意创建的组织六种基本形式。[3] 实际上,科尔曼关于社会资本的观点在一定程度上是对布迪厄关于个体社会资本观点的一种继承,但在研究对象上他将个体社会资本扩展到组织的社会资本,进一步丰富了社会资本的内涵和外延。

3. 社会信任视角下的社会资本

信任是社会资本构成要素的核心部分,它根植于个体之间、组织之间以及个体

---

[1] 姜振华.社区参与城市社区社会资本的培育[M].北京:中国社会出版社,2008:35.
[2] 詹姆斯·科尔曼.社会理论的基础:上[M].邓方,译.北京:社会科学文献出版社,1992:330.
[3] 詹姆斯·科尔曼.社会理论的基础:上[M].邓方,译.北京:社会科学文献出版社,1992:333-366.

与组织之间所形成的关系网络之中,是实现社会关系网络目标的一种重要机制。持该观点的学者主要以弗朗西斯·福山和罗伯特·D.帕特南为代表。弗朗西斯·福山认为,社会资本是建立在社会特定群体成员之间的信任普及程度。① 信任是组织或个体之间形成特定群体的前提条件,也是社会资本生成的基础。文化是信任的先决因素,那些效能高的社会组织往往都有着共同的伦理价值观,其原因就在于先天道德共识已经赋予了成员之间相互信任。罗伯特·D.帕特南认为,社会资本是由一系列的信任、网络和规范构成的,这种具有组织性的网络能够通过推动群体间的协调和一致行动,促进集体合作意愿达成,减少机会主义产生,进而达到提升社会整体效率之目的。② 概而言之,社会信任是一种市场交换机制、一种社会秩序工具、一种社会关系黏合剂③,组织或个体所赢得的社会信任水平越高,越有利于其在工具性行动中获取好的资源。

4. 行动者视角下的社会资本

社会资本本质上是一种嵌入在社会关系网络之中的资源,它是行动者目的性和期望获得回报的资源投资。持这该观点的学者主要以林南为代表,他指出社会资本是期望在市场中获得回报的资源投资,是行动者在目的性行动中被获取或被动员的,嵌入在社会关系网络中的资源。④ 这一界定主要包含以下三个方面内涵:一是资源嵌入,即行动者的位置、权威、规则以及代理人正式化的程度是资源结构性嵌入的基本遵循;二是嵌入在社会网络结构中,即嵌入在等级制和网络结构中的社会资源,至少部分资源是由成员之间所形成的某种规范性互动原则或者说同质性原则所提供的机会而定;三是社会行动,即社会行动者的结构性网络位置可能会对他们的目的性行动产生一定的限制,但即便是占据优势结构位置的行动者也不能轻易地从他们的位置上直接获益,他们还必须对他们所期望的结果发起目的性行动。⑤

## (二) 社会资本与组织跨界合作

### 1. 关系性社会资本与组织跨界合作

社会资本理论中的关系强度命题指出:关系越强,行动者在目的性行动中获取

---

① 弗兰西斯·福山.信任:社会道德与繁荣的创造[M].李宛蓉,译.内蒙古:远方出版社,1998:34.
② 罗伯特·D.帕特南.使民主运转起来:现代意大利的公民传统[M].王列,赖海榕,译.南昌:江西人民出版社,2001:99.
③ 孙士杰.学校社会资本生成研究[D].重庆:西南大学,2010.
④ 林南.社会资本:关于结构与行动的理论[M].张磊,译.上海:上海人民出版社,2005:39.
⑤ 林南.社会资本:关于结构与行动的理论[M].张磊,译.上海:上海人民出版社,2005:49-51.

社会资本越有可能正向地影响表达性行动的成功;关系越弱,行动者在工具性行动中越有可能获取异质性社会资本。① 关系强度通常反映在行动者之间互动频率、感情强度、互惠交换、亲密程度、时间跨度、感情投入、紧密程度以及承认的义务上。② 关系越强,越有可能形成资源共享或资源交换行为,因而也越有利于行动者与他人之间建立联盟或合作关系。这是因为即使他人有再多的优质资源,如果自我与他人之间缺少相应的关系质量,他人可能不会对自我的愿望做出回应。关系越弱,越有利于行动者触及组织外部更大范围的异质性资源。这是因为"弱关系"能够跨越更大的社会距离,发挥不同群体之间异质性资源的互补效应。从这个意义上来说,在异质性资源集聚过程中,组织所促成的"弱关系"似乎具有更大的优势。但从组织的功利性行为来看,"弱关系"容易导致关系的维持缺乏明显感情基础,最弱的关系往往无法使组织之间产生互动的动力,因而也难以形成关系效应。因此,以关系强度为基础的社会资本生成必然遵循从"无关系"到"有关系",从"弱关系"到"强关系"这一发展逻辑。

2. 结构性社会资本与组织跨界合作

社会资本理论认为,行动者初始位置既可以通过先天遗传获得(先赋位置),也可以通过后天努力获得(自致位置)。初始位置越好,行动者获取和使用嵌入在社会关系网络之中资源的机会就越多。林南从优质资源空间分布的角度指出,位置强度与资源集聚主要源自以下三方面原因:一是嵌入在社会关系网络中的资源通常呈"倒金字塔"形状分布,结构等级越高,优质资源的聚集效应就越明显;二是行动者占据的位置越靠近或相似程度越高,彼此之间建立互动关系的可能性就越大;三是与自我位置相近位置的占有者往往拥有相似的特征资源,进而有利于自我动用更为丰富的资源。③ 伯特从社会关系网络的角度指出,在社会网络关系丛中"结构洞"的存在,使一些行动者之间无法建立直接的联系。行动者跨越"结构洞"的路径是借助连接不同资源群体的桥梁——社会桥,行动者的位置越靠近社会关系网络社会桥,他所获取的社会资本就越好。这是因为社会桥是连接不同群体之间的位置枢纽,占据桥梁位置的行动者在工具性行动中就越容易接触到异质性社

---

① 林南.社会资本:关于结构与行动的理论[M].张磊,译.上海:上海人民出版社,2005:56.
② GRANOVETTER M. S. The strength of weak ties[J]. American Journal of Sociology, 1973,78(6):1360 – 1380.
③ 林南.社会资本:关于社会结构与行动的理论[M].张磊,译.上海:上海人民出版社,2005:62 – 63.

会资本,进而为其获取更好的资源提供便利。① 由此可见,组织在纵向的社会网络结构中,位置等级越高,动员组织外部资源的优势就越明显;在横向的社会网络结构中,"社会桥"位置优势越明显,动员组织外部异质性资源的优势就越明显。

#### 3. 认知性社会资本与组织跨界合作

社会资本理论自诞生以来,信任始终是社会资本理论关注的重点。安东尼·吉登斯认为,信任是对个体或组织可依赖性所持有的信心,在一系列给定的后果或事件中,这种信心表达了对诚实或他人爱的信念,或是对抽象原则(技术性知识)正确性的信念。② 彼得·M.布劳指出,社会信任不仅是社会关系得以持久存在的基础,也是增进社会成员凝聚力、降低社会运行成本以及提升社会整体效率的关键所在。③ 弗朗西斯·福山指出,社会资本是由社会或社会的一部分普遍信任所产生的一种力量④,信任的本质是一种根植于社会制度和社会结构之中的社会关系⑤。作为一种社会关系,社会信任是社会资本的一种重要表现形式,并集中体现在义务与期望这两个因素之中。⑥ 换言之,人际信任关系是在义务与期望的交换过程中产生的,这种基于个体的信任关系通过社会关系网络传播而催生社会规范,进而将个体信任转化成为一种群体的社会信任。⑦ 从这个意义上来说,信任既是社会资本生成的先决条件,也是社会资本运行的基础,它不仅决定组织的社会资本存量,也影响组织在目的性行动中动员其他组织资源的机会。

### (三) 社会资本理论对研究产教融合的适用性

社会资本理论不仅适用于分析行动者的社会资本生成与资源获取,也同样适用于分析组织间的跨界合作、组建同盟及其资源互动。高校、政府、企业、行业组织作为产教融合系统中的四个核心主体,他们在合作对象识别与选择过程中同样会受到组织的社会资本影响。

---

① 罗纳德·伯特.结构洞:竞争的社会结构[M].任敏,李璐,林虹,译.上海:上海人民出版社,2017:18-22.
② 安东尼·吉登斯.现代性的后果[M].田禾,译.南京:译林出版社,2000;30.
③ 彼得·M.布劳.社会生活中的交换与权力[M].李国武,译.北京:商务印书馆,2008;155.
④ 弗朗西斯·福山.信任:社会美德与创造经济繁荣[M].彭志华,译.海口:海南出版社,2001;30.
⑤ 林聚任,等.社会信任和社会资本重建:当前乡村社会关系研究[M].济南:山东人民出版社,2007;146.
⑥ 安东尼·吉登斯.现代性的后果[M].田禾,译.南京:译林出版社,2000;139.
⑦ 付宜强.企业社会资本理论海内外二十年发展述评:1997—2018[J].东岳论丛,2018(12):157-169.

第一,从关系性社会资本的角度来看,高校、政府、企业、行业组织可被视为嵌入在区域社会网络结构之中的不同节点,连接四者之间的直接或间接关系连线构成了产教融合关系网络。就高校与企业而言,两者在共生对象识别与选择过程中,既会受到彼此社会关系网络规模影响,又会受到关系主体之间的关系质量影响。产教融合关系网络规模越大,所形成的资源渠道就越丰富;主体之间的关系质量越高,越有可能形成资源共享和互惠发展机制。在产教融合网络中,政府部门与行业组织占据重要"结构洞"位置,四者之间的关系性社会资本积累与跨界同盟组建,同样遵循从"无关系"到"有关系",从"弱关系"到"强关系"的发展逻辑。

第二,从结构性社会资本的角度来看,高校、政府、企业、行业组织的结构性资本是由其在各自子系统乃至整个社会系统中所处的位置决定的。"先赋位置"和"自致位置"是影响各主体社会结构位置的两个基本要素。就高校与企业而言,高校的纵向结构位置通常表现为一所高校在高等教育系统层级结构中的位置,它是由高校的隶属关系、办学类型、办学性质、办学层次、办学形式以及办学规模等综合要素决定的;企业的纵向结构位置通常表现为企业在行业系统层级结构中的位置,它是由企业的属性、规模、类型以及综合竞争力等要素决定的。高校与企业横向结构位置通常表现为与其他利益相关群体所结成的关系网络及其结构位置,它是由网络节点之间的连接方式决定的。高校与企业在社会网络结构中的位置优势越明显,越有利于它们与其他利益相关群体建立制度化同盟关系,进而为自身争取更为广泛的外部支持或成为其他组织首选合作对象奠定基础。

第三,从认知性社会资本的角度来看,社会信任作为一种非正式制度,它不仅是高校、政府、企业、行业组织的生存之本,也是任何社会组织历经跌宕起伏历史变迁而依然繁华昌盛的一个重要前提条件。就高校与企业而言,高校的社会信任源自其长期办学过程中所形成的社会评价,是一种基于"专家系统"的普遍信任,包括办学综合实力、人才培养质量、知识创新能力、社会服务水平以及社会声誉等。企业的社会信任是源自其诚信经营与社会责任履行。高校与企业之间的信任关系是在双方投入、收益以及失信概率的反复博弈过程中形成的,这种信任关系反过来又会对彼此建立长期合作关系产生积极或消极的影响。从这个意义上来讲,企业与高校的社会信任既是它们赢得社会支持的先决条件,也是实现两者关系从合作到共生的基础。

综上分析,我们可以看出关系性社会资本为优质资源要素跨组织互动提供了基本通道,结构性社会资本为高校与政府部门、企业、行业组织建立同盟关系奠定了位次优势,社会信任是高校动员产教融合同盟成员各类资源的先决条件。换言之,在高校、企业、政府、行业组织等利益相关群体所组成的产教融合关系网络中,高校的关系网络越发达、社会信任水平越高、结构位置优势越明显,在共生对象识别与选择过程中,就越有可能成为龙头企业、行业组织以及政府部门的首选合作对象,因而也越有利于其在目的性行动中动员和使用同盟资源。

## 第二节 产教融合的现实基础

自20世纪80年代以来,世界高等教育最显著的变革之一就是高等教育的市场化。它既是知识经济时代背景下,高校对国家和社会需求的一种自然反应,也是高校在办学资源不足的现实中实现自我发展与自我超越的一种理性选择。① 美国硅谷、日本筑波、印度班加罗尔、北京中关村等产教一体化发展现象表明,高等教育与产业发展是一种鱼与水的关系,高等教育为产业发展提供了人才、知识和技术支撑,反过来产业发展也为高校人才培养、科研成果转化以及办学资源筹集提供了可靠的途径。正如一些学者所言,随着高等教育规模持续扩张与政府有限财政供给之间的矛盾不断加剧,高校面对的外部竞争与社会压力日趋激烈,与政府、产业界以及行业企业等主体建立普遍联系与合作关系②,借助知识生产、教育教学、科学研究、社会服务等优势,广纳社会资源已经成为世界高等教育市场化背景下的一种普遍现象和一致发展趋势。③

教育是一个永恒的概念,应用型教育是工业化发展进程中的一个历史概念。所谓历史概念,是指应用型教育是工业化进程中的历史必然产物。纵观世界高等教育发展历程,应用型高校兴起与蓬勃发展无不折射出知识创新、技术进步以及社会前进的步伐。美国学者约翰·S.布鲁贝克曾指出,世界高等教育发展遵循两种哲学逻辑,一种是政治论哲学逻辑,一种是认识论哲学逻辑。④ 政治论哲学逻辑强

---

① 孙丽娜."资源依赖"理论视角下的美国创业型大学发展模式研究[D].长春:东北师范大学,2016.
② 李建强,陈鹏.吸引社会资源:高校发展建设的有效举措[J].教育发展研究,2003(8):25-27.
③ 伯顿·克拉克.大学的持续变革:创业型大学新案例和新概念[M].王承绪,译.北京:人民教育出版社,2008:124.
④ 约翰·S.布鲁贝克.高等教育哲学[M].王承绪,郑继伟,张维平,等译.杭州:浙江教育出版社,2001:13.

调高等教育发展应以政治、经济、社会发展需要为出发点和落脚点;认识论哲学逻辑则强调高等教育发展应遵循高等教育自身发展逻辑,体现大学自治、学术自由和教授治学的本性。① 作为一个古老而又不断自我创新和自我超越的社会组织,大学依靠改变自己的形式和职能以适应不断发展的社会环境,同时又通过保持自身的连贯性以及使自己名实相符来保持自身的发展活力。② 大学职能关系着大学办学定位和发展前景,它是大学为应对不断变化的社会环境而进行自我调适的结果,也是社会需求与大学自身发展逻辑相结合的产物。③ 大学职能的产生及其历史演变是高校组织特性的一种自然折射,也是政治哲学逻辑下高等教育坚持传承与创新的一种延伸。应用型高校何以能够与业界开展广泛而深入的合作,以及如何在产教融合过程中彰显自身特色并引领产业发展,这与应用型高校的职能选择与定位是分不开的。

## 一、大学职能及其历史演变

大学是一个历史范畴,是人类社会发展到一定阶段的历史必然产物。何为大学?大学为何?《大学》曰:"大学之道,在明明德,在亲民,在止于至善。"约翰·亨利·纽曼回答:大学是一个教授广泛性学问之处所,本质是知识传播、理智与自由培植。④ 卡尔·雅斯贝尔斯说:大学是一个由学者和学生构成的、竭力寻求真理事业的共同体。⑤ 梅贻琦先生认为:"所谓大学者,非谓有大楼之谓也,有大师之谓也。"对于学生和家长来说,大学是学生心智开发和能力培养的主要场所,也是他们能够过上几年快乐时光、活跃智慧、发展性格和成就理想的一个地方;对于深谙职业发展之道的企业经理来说,大学是挑选才智出众的大学生和培养合格专业人才的中心地带;对于政府来说,大学是他们推动经济发展的助力器和实现社会目标的工具;对官员和基金会决策者来说,大学是他们处理复杂问题时赖以获取建议的知

---

① 刘振天.从外延式发展到内涵式发展:转型时代中国高等教育价值革命[J].高等教育研究,2014(9):1-7.
② 伯顿·克拉克.高等教育新论:多学科的研究[M].王承绪,徐辉,郑继伟,等译.杭州:浙江教育出版社,2001:22.
③ 解德渤.大学"第四职能"的生发逻辑与结构分析:大学组织特性的视角[J].教育学术月刊,2014(3):101-107.
④ 约翰·亨利·纽曼.大学的理想(节本)[M].徐辉,顾建新,何曙荣,译.杭州:浙江教育出版社,2001:1.
⑤ 卡尔·雅斯贝尔斯.大学之理念[M].邱立波,译.上海:上海人民出版社,2006:19.

识宝库。① 大学职能正是在这种期待中产生的,是大学作为一个社会组织在社会分工中所特有的专门职责。② 自中世纪大学诞生至今,大学无论是从数量和规模上,还是功能和使命上都得到了相当程度的丰富和发展。现代大学已经成为社会的轴心,并承载着培养人才、发展科学、传承文化和服务社会(直接参与社会经济、技术、文化等方面的发展与问题的解决)等重要使命,这也是现代大学与其他社会组织广泛开展合作的现实基础。

### (一) 大学人才培养职能的确立

培养人才是大学存在之根本,也是大学的核心职能。从大学的发展史来看,古希腊时期柏拉图的"阿加德米"学园、中国殷商时代的"右学"都被认为是高等教育的早期形式。但这些古老的教育形式与现代意义上的大学相差甚远,真正与现代大学存在"血缘"关系的,还是起源于欧洲的中世纪大学。③ 作为一种具有行会性质的社会组织,大学最早被定义为一个由教师和学生组成的社会团体,专门为当时社会培养所需的神职人员、政府官员、法官、律师以及医生等社会精英。例如,被公认为世界上最古老的大学——博洛尼亚大学(创建于1088年),除了早期开设的民法和教会法,到14世纪初,还增设了医学(1316年)和神学(1360年),一度吸引了来自欧洲各国学生达五千人之多。④ 再如,被誉为"大学之母"的法国巴黎大学,不仅吸引了来自欧洲各地的求学者,还吸引了包括阿贝拉尔、索尔兹伯里的约翰、托马斯·阿奎那、罗吉尔·培根、奥卡姆的威廉等一大批杰出哲学家的加盟。美国学者威尔·杜兰特在《世界文明史:信仰的时代》中曾写道:自亚里士多德以来,没有一个教育机构能与巴黎大学所造成的影响相比拟,巴黎大学的三个世纪几乎构成了公元1100—1400年的世界哲学史。⑤ 事实上,到中世纪末,欧洲大陆上建立起来的80所大学(意大利20所、法国19所、德国14所、英国5所、西班牙4所、葡萄牙2所等)都是以博洛尼亚大学和巴黎大学为基本原型。⑥ 博洛尼亚大学的产生是源于封建主与城市之间因长期税务纠纷,而主动寻求法律以及法律顾问解决税务争

---

① 德里克·博克.走出象牙塔现代大学的社会责任[M].徐小洲,陈军,译.杭州:浙江教育出版社,2001:18.
② 陈桂生.教育原理[M].2版.上海:华东师范大学出版社,2000:234.
③ 胡建华,陈列,周川,等.高等教育学新论:新世纪版[M].南京:江苏教育出版社,2006:236-237.
④ 彭未名,赵敏,杜建华,等.大学的边界[M].广州:华南理工大学出版社,2013:2-5.
⑤ 威尔·杜兰特.世界文明史:信仰的时代[M].台湾幼狮文化,译.成都:天地出版社,2017:22.
⑥ 贺国庆.中世纪大学和现代大学[J].河北师范大学学报(教育科学版),2004(2):22-28.

端的需求。一批学生聚集于当时的资深法学者周边,以更好地研习罗马法、教会法以及教养学科,这样便产生了博洛尼亚大学最初的办学形式。巴黎大学产生的原因与博洛尼亚大学不同,巴黎城市的繁荣以及当时对宗教研习者的特别资助,曾一度吸引欧洲各地牧师、僧侣、神职人员云集巴黎。巴黎也因此被神话化为实施高水平神职人员教育的唯一场所和具有普遍意义的神学研修中心。① 可见,无论是博洛尼亚大学、巴黎大学,还是中世纪后期欧洲大陆上的其他大学,其创办及发展都带有一种明显的专业性特征。这种专业性教育在满足教会、王公贵族以及市政当局对各类人才(神职人员、法官、律师、医生、政府官员等)需求的同时,也为大学自身发展创造了外部环境。②

进入19世纪,尽管大学的职能发生了变化,但培养人才依然是大学的核心职能。在纽曼看来,大学的使命和目的就是通过开展适宜的理智训练,不断发展个体的理性和智慧,为社会培养出良好的公民。也正因如此,纽曼始终强调:大学乃是教授普遍知识的地方。③ 到20世纪初,西班牙著名学者奥尔特加·加塞特依然强调:大学的使命就是把普通人培养成为有文化修养的人,并使他们能够达到时代所要求的标准,继而成为优秀的专业人员。④ 换言之,大学的职能就是利用人类已有的经验和智慧结晶,通过最直接的知识传授和训练,把普通人培养成为符合社会需求的社会精英。

随着时代的发展,今天的大学早已超越了传统的"象牙塔",并从社会的"边缘"步入社会的"轴心",成为推动社会发展与进步的中心机构。大学的职能也与时俱进,并得到了不断丰富和发展,但人才培养这一核心职能始终没有式微,反而得到了进一步加强。正如英国著名教育家阿什比所言:近七个世纪以来,大学的职能在不断地增加,大学已经从单纯培养专业人员的机构变成了一个多目标机构。⑤ 但从高等教育自身发展来看,无论从发生学角度还是就现实而言,大学首先是以满足社会对高级专业教育的需求或作为实施高级专业教育的场所而建立起来的,专业性教育是大学的本质所在。⑥ 美国著名学者亚伯拉罕·弗莱克斯纳在论述现代

---

① 胡建华,陈列,周川,等.高等教育学新论:新世纪版[M].南京:江苏教育出版社,2006:238-239.
② 张荣.大学职能的历史发展及其规律性[J].云南行政学院学报,2012(5):150-155.
③ 约翰·亨利·纽曼.大学的理念[M].高师宁,何克勇,何可人,等译.北京:北京大学出版社,2016:1.
④ 奥尔特加·加塞特.大学的使命[M].徐小洲,陈军,译.杭州:浙江教育出版社,1983.
⑤ 阿什比.科技发达时代的大学教育[M].滕大春,滕大生,译.北京:人民教育出版社,1983:148.
⑥ 朱国仁.高等学校职能论[M].哈尔滨:黑龙江教育出版社,1999:57.

大学时也曾指出:直到霍普金斯大学谨慎地打开校门时,大学才成为有意识地致力于追求知识、解决问题、审慎评价成果和培养真正的高层次人才机构。① 在这一点上,南京师范大学吴康宁教授的观点更加直接和鲜明,他指出:人才培养是大学存在之本,大学的科学研究与社会服务应当有助于人才培养,对于现代大学的科学研究和社会服务不仅应对其自身水平进行专业性评价,而且应对其人才培养贡献度进行教育评价,唯有如此大学作为教育机构才会名至实归。② 综上观点,我们可以看出培养人才是由大学的本质属性决定的。尽管随着时代的发展,社会赋予大学的角色和使命都在发生着不断变化,但培养人才这一核心职能是永恒的、不可替代的,它是大学存在之根本。

### (二) 大学科学研究职能的确立

大学科学研究这一职能从产生到确立经历了一个漫长的发展历程。从中世纪欧洲大学诞生到19世纪前,大学职能都是围绕专业人才培养进行知识传授和知识保存这一既定模式与方向,几乎不涉及知识创新,更谈不上学术探究和科学研究。这一点在纽曼的《大学的理想》一书中表现得淋漓尽致,纽曼说:大学的目的在于传播和推广知识而非扩张知识;如果大学的目的是科学和哲学发现,我不明白大学为什么应该拥有学生;如果大学的目的是进行宗教训练,我不明白它为什么会成为文学和科学的殿堂。③ 这一时期的大学之所以与科学研究并未发生实质性联系,主要与当时宗教思想统治分不开。英国著名学者亚·沃尔夫在分析这一历史原因时曾指出:中世纪对自然现象缺乏兴趣,漠视个人主张,其根源在于一种超自然的观点、一种向往未来世界的思想占支配地位。教会对天恩灵光所启示的真理拥有绝对的权威,相比之下,理性之光则黯然失色。……经院哲学家无疑是聪明的唯理智论,他们从不试图运用,也不允许其他人运用更为宽广的理性。④

进入19世纪,以柏林大学诞生为标志,发展知识正式成为大学继人才培养之后的另一项重要职能。尽管威廉·冯·洪堡的教育思想在高等教育发展史上并非

---

① 亚伯拉罕·弗莱克斯纳.现代大学论:美英德大学研究[M].徐辉,陈晓菲,译.杭州:浙江教育出版社,2001:17.
② 吴康宁.人才培养:强化大学的根本职能[J].江苏高教,2017(12):1-4.
③ 约翰·亨利·纽曼.大学的理想:节本[M].徐辉,顾建新,何曙荣,等译.杭州:浙江教育出版社,2001:1-2.
④ 亚·沃尔夫.十六、十七世纪科学技术和哲学史[M].周昌忠,苗以顺,毛荣运,等译.北京:商务印书馆,1985:1-13.

一时偶然,但他在柏林大学的实践及其对德国、欧洲乃至整个世界高等教育的影响,足以作为开启高等教育新时代的标志。① 正如约翰 S. 布鲁柏克所言:高等教育应该开展科学研究的思想早在弗朗西斯·培根和夸美纽斯身上就出现了,但是柏林大学是实际开展科学研究的先锋。② 通过研究进行教学的思想是19世纪西方大学发展史中的一个重要转折点,它改变了科学仅仅作为注释或解释神学而存在的历史,推动了科学的独立自主发展。洪堡指出:大学与学术是分不开的,学术就意味着探索和研究。③ 他基于这一"新人文主义思想"在柏林大学推行了一系列教育改革,不仅吸收了传统大学研讨班和讲座制办学形式,还建立了柏林大学自己的研究所。据史料记载,在1820—1869年的五十年间,柏林大学的研讨班和研究所数量从12个发展到27个。④ 研究所作为大学内设机构的出现,不仅使大学知识创新与科学研究这一职能得到实体化和制度化,也使教师和学生由传统的知识授受关系逐步发展成为研究过程中的合作者和参与者关系。活动是职能的客观基础,职能是活动作用的必然表现。科学研究活动进入大学,大学活动范围也随之拓展,这一拓展使大学职能由单一的人才培养转向研究与教学统一。⑤ 研究与教学统一思想对高等教育的影响,一方面表现在对德国本土大学的影响上。约瑟夫·本·戴维在《科学家在社会中的角色》一书中对此进行了深刻的描述:到19世纪中期,德国科学家不是大学教师就是大学中的研究者,研究工作已经成为大学学历的必备资格,也是教授职能的一部分。教授们不再私下传授研究技能,而是在大学实验室和讨论班里进行。⑥ 另一方面,表现在对世界其他国家高等教育的影响上。到19世纪中期以后,以柏林大学为首的德国高校成为世界各国大学的效仿对象。美国、英国、法国、日本等发达国家不仅把柏林大学作为本土大学改革的参考样本,还把发展知识明确为大学的一项基本职能。当时,如果一名美国或英国的科学家没有在德国留学一段时间,师从某一位德国著名学者,那么他所接受的教育则被认为是

---

① 朱国仁.高等学校职能论[M].哈尔滨:黑龙江教育出版社,1999:110.
② 约翰 S. 布鲁柏克.教育问题史[M].吴元训,译.合肥:安徽教育出版社,1991:462.
③ 陈洪捷.洪堡的大学理念:如何解读,如何继承[N].社会科学报,2017-07-13(6).
④ 朱国仁.高等学校职能论[M].哈尔滨:黑龙江教育出版社,1999:111.
⑤ 胡建华,陈列,周川,等.高等教育学新论:新世纪版[M].南京:江苏教育出版社,2006:236-244.
⑥ 约瑟夫·本·戴维.科学家在社会中的角色[M].赵佳苓,译.成都:四川人民出版社,1986:104-239.

不全面的。①

进入20世纪,随着科学技术的突飞猛进,大学的科学研究职能和作用愈发明显。在过去的几十年中,人类知识总量正在以几何级数的速度增长,许多能够改变人类历史的重大发现和发明不少都是在大学里产生的。迄今为止,影响人类生活方式的重大科技成果70%来源于大学。② 世界各国大学,特别是重点大学已经成为名实相符的科学研究中心和知识创新中心。③ 时至今日,科学研究已经成为衡量一所大学办学实力的一个重要标尺,开展科学研究也已经成为大学所无法回避的社会责任。如果以洪堡创办的柏林大学为时间起点,在过去的两个世纪里,人类知识进步与大学发展始终是紧密地联系在一起。这也说明了人类知识的发展离不开大学这一载体,而大学只有充分发挥其知识创新这一职能,才能实现自我发展和推动社会进步。

### (三) 大学社会服务职能的确立

如果说直接作用于社会生产实践的应用研究是提升大学社会服务能力的基础,那么20世纪之前的大学对提升社会生产力水平的作用可以说是微乎其微的。尽管19世纪大学已经把以发展知识为目的的科学研究作为大学的一项重要职能,但此时大学科学研究职能主要关注的是"纯学术"的研究。约瑟夫·本·戴维就曾指出,19世纪大学的科学研究,无论是社会科学方面还是自然科学方面,大学的一些研究成果并不是对外界需求做出的反应,而是从"纯学术"的关注中产生的。④大学的这些"纯学术"研究对于学科独立与发展有着重要的推动作用,但科学技术发展的推动力则更多地来自大学组织之外。因此,有学者指出,20世纪之前的大学固然摆脱了古典知识的支配和神学的束缚,但过于追求"纯学术"研究,使大学自身封闭于象牙之塔,这也限制了大学社会服务职能的充分发挥。⑤

大学服务社会这一思想萌芽于欧洲,形成于美国。例如,19世纪中期,德国新建的一些技术性专科学校已经开始重视科学研究的应用性和实用性,但这些活动多为自发性的个别现象,大学的社会服务思想并未得到普遍接受和广泛认可。大

---

① BEN-DAVID J. ZLOCZOWER A. Universities and academic systems in modern societies[J]. European Journal of Syciology, 1962,3(1):45-84.
② 马连湘. 大学与区域经济社会发展的良性互动[J]. 中国高等教育,2007(11):50-52.
③ 朱国仁. 高等学校职能论[M]. 哈尔滨:黑龙江教育出版社,1999:111.
④ 约瑟夫·本·戴维. 科学家在社会中的角色[M]. 赵佳苓,译. 成都:四川人民出版社,1986:244.
⑤ 朱国仁. 高等学校职能论[M]. 哈尔滨:黑龙江教育出版社,1999:113.

学社会服务这一职能的正式确立肇始于20世纪初的美国高等教育改革。1862年，美国政府正式通过《莫里尔法案》，开启了政府运用经费资助手段影响大学发展之先河，也开启了大学直接为社会经济服务之先河。① 美国各州在"赠地学院运动"中兴办了一批赠地学院(land-grant universities)，并开设了相应的实用课程和专业，其中最具代表性的是威斯康星大学。威斯康星大学第五任校长约翰·巴斯科姆在1877年大学毕业典礼上曾郑重宣布：威斯康星大学将通过加强与社区联系，致力于社会进步工作。② 在这种实用主义哲学和进步主义思潮影响下，威斯康星大学第十任校长查尔斯·范海斯提出：大学应当是为本州全体人民服务的机构，服务应该成为大学的唯一理想，大学的边界就是州的边界。③ 大学向社会提供服务的思想很快得到了美国州立大学的普遍接受，并为后来世界其他国家高校所普遍效仿。1912年，查尔斯·麦卡锡在《威斯康星理念》一书中，把威斯康星大学的办学实践总结为"威斯康星思想"(wisconsin idea)。威斯康星思想诞生是世界高等教育史上的又一个重要里程碑，它彻底改变了传统大学的"象牙塔"形象，推动了高等教育融入经济社会的步伐，开创了世界高等教育的一个新时代，同时也标志着服务社会正式成为大学继教学(人才培养)、科学研究之后的第三大职能。④ 如果说洪堡是19世纪高等教育改革的先驱，那么范海斯无疑是20世纪高等教育新思潮的开拓者。⑤ 自20世纪以来，随着大学社会服务职能内涵和外延的不断拓展，大学已经与经济社会发展融为一体，现代大学已经由封闭的"象牙塔"迈入社会的"轴心"，并成为助推社会发展的"服务站"。正如德拉高尔朱布·纳伊曼所言：现代大学既是社会经济发展的轴心，又是文化发展的轴心，也应该成为周围社会发展的源泉，因此也应该完全向社会开放。⑥ 随着知识经济时代的到来，现代大学服务社会这一职能的彰显比以往任何时候都要突出，这既是时代赋予大学的重要使命，也是社会发展对大学的迫切需求。

---

① 胡建华,陈列,周川,等.高等教育学新论:新世纪版[M].南京:江苏教育出版社,2006:246.
② 朱国仁.从"象牙塔"到社会"服务站":高等学校社会服务职能演变的历史考察[J].清华大学教育研究,1999(2):35-41.
③ 刘晓光,董维春."威斯康星思想"的形成:制度视角的解答[J].南京农业大学学报(社会科学版),2010,10(3):126-133.
④ 陈学飞.美国高等教育发展史[M].成都:四川大学出版社,1989:65-73.
⑤ 陈建国.威斯康星思想与我国地方高校转型发展[J].高等教育研究,2014,35(12):46-53.
⑥ 德拉高尔朱布·纳伊曼.世界高等教育的探讨[M].令华,严南德,译.北京:教育科学出版社,1982:167.

综上分析,大学职能的演变大致上经历了纽曼时代的"单职能大学"、洪堡时代的"双职能大学"和范海斯时代的"三位一体大学"三个发展阶段,大学的职能实现了由单一职能到多元职能的转变。[1] 徐辉指出:现代大学的重大变化之一就是高校职能的不断分离,如果说从早期的任一单所大学就能窥探大学的整体职能,那么现代大学的整体职能应该是各级各类高等学校职能之总和。[2] 随着现代高校类型的分化与多样化,高校的整体职能出现了分配现象。所谓职能分配,是指各级各类高等教育机构对大学的全部职能进行选择性的分担。[3] 换言之,高等教育系统中的各级各类学校的职能并不是千篇一律的,高等学校的整体职能是由各种类型高等学校职能所共同构成的。国外一些学者对此也有类似的观点,如克拉克也曾指出:并非所有的高等学校都必须一样,一些高校可能专注于某一套职能,而其他高校则侧重于另一套职能。[4] 由此可见,不同类型高校在人才培养、科学研究和社会服务等职能定位上理应有所侧重,这既是社会对高校需求的必然结果,也是高校走特色办学之路的必然选择。

## 二、应用型高校的职能选择与定位

### (一) 应用型高校注重应用型人才培养

人类社会实践活动不外乎两个方面,一是认识世界,二是改造世界。[5] 认识世界是一个科学原理的探究过程,属于科学研究中的基础研究范畴,与之相对应的是学术型人才培养。学术型人才是一类致力于将自然科学和社会科学领域的客观规律转化为科学原理的专门性人才,其工作性质是运用各种抽象的价值符号系统或特有的概念、范畴体系,构建某个学科或某一领域的定理、定律、学说以及创造新知识。改造世界是一个将科学原理应用于生产实践并为社会创造价值的过程,属于科学研究中的应用研究范畴,与之相对应的是应用型人才培养。应用型人才是一类利用科学原理为社会谋取直接利益的专门性人才,其核心是"用",本质是"学以

---

[1] 史秋衡,季玟希.中华人民共和国成立70年来大学职能的演变与使命的升华[J].江苏高教,2019(6):1-7.
[2] 徐辉.高等教育发展的新阶段:论大学与工业的关系[M].杭州:杭州大学出版社,1990:125-126.
[3] 朱国仁.高等学校职能论[M].哈尔滨:黑龙江教育出版社,1999:148.
[4] KERR C. The great transformation in higher education,1960—1980[M]. New York: State University of New York Press,1991:64.
[5] 李继怀,樊增广.现代高等工程教育的嬗变:从回归到卓越[M].沈阳:辽宁大学出版社,2013:148.

致用","用"的基础是掌握相应的知识和能力,"用"的对象是社会实践,"用"的目的是满足社会需求,推动社会进步。①

从职业分工的角度来看,应用型教育属于高等教育范畴中的技术教育,强调以职业发展需求为导向,以技术科学为学科基础,以适应社会生产力发展为目标。"职业"是在社会分工中劳动者运用专业知识、技能从事生产性或服务性的专业活动;"技术"是基于生产实践经验和自然科学原理基础上发展起来的操作方法和技能体系②,两者同属于实践范畴。"职业"源于技术性劳动分工与生产实践,强调以培养劳动者的职业能力与职业素养为目标,服务社会发展,并为社会创造价值。"技术"回答的则是"做什么""怎么做"以及做出来的效用是什么等问题。因此,有学者提出应用型人才可进一步划分为工程型人才、技术型人才和技能型人才三种基本类型。③ 其中,工程型人才是一类致力于将学术性人才所发现的科学原理转化为可以直接运用于社会生产实践的工程设计、运行决策等专门性人才④,属于应用型人才中的设计型、规划型和决策型人才;技术型人才是一类能够将工程型人才的工程设计、规划、决策转化为物质形态或非物资形态的产品、服务以及对社会运行产生具体作用的专门性人才,属于应用型人才中的工艺型、执行型和中间型人才;⑤技能型人才主要是指依靠熟练的操作技能和必要的专业知识,在生产一线或工作现场从事为社会谋取直接利益的专门性人才,属于应用型人才中的技艺型和操作型人才。⑥ 一般而言,应用型人才"金字塔"结构的顶层主要对应的是少量的开拓新技术、新工艺的战略性应用型人才,其培养主体一般是一些具有硕士点或博士点的综合性高校;"金字塔"结构的中间层主要对应的是一般意义上的工程型人才,其培养主体一般是普通应用型本科高校;"金字塔"结构的中下层主要对应的技术型和技能型人才,其培养主体一般是高职高专类院校,这类人才的市场需求量往往比较大,主要从事产品生产链中后端的技术性生产与加工环节。

从知识和能力结构上来看,应用型人才不仅需要具备一定的理论基础和专业知识,还需要具备扎实的实践知识、技术能力和实践经验。因此,产教融合与校企

---

① 吴中江,黄成亮.应用型人才内涵及应用型本科人才培养[J].高等工程教育研究,2014(2):66-70.
② 杨沛霆,赵红洲,王兴成.领导与科学[M].济南:山东人民出版社,1985:3-10.
③ 薛喜民.高等职业技术教育理论与实践[M].上海:复旦大学出版社,2000:17-18.
④ 周海涛,董志霞.笔谈:高校毕业生就业理性分析[J].大学教育科学,2006(6):93-102.
⑤ 董显辉.中国职业教育层次结构研究[D].天津:天津大学,2013.
⑥ 严雪怡.国际教育标准分类(ISCED)[J].职教通讯,1997(8):47-50.

合作一直被视为应用型人才培养的主要模式。第一,在招生上注重与行业企业建立联合招生机制,即联合行业、用人单位共同制定招生方案,由行业协会依据区域企业人才需求规模与学校签订细分行业招生计划;第二,在人才培养过程中注重引入行业人才培养标准,并与行业企业共同制定人才培养方案及教学模块,属于典型的"协同式"培养;第三,在教学模式上通常采用"双导师制",聘请行业企业具有一定技术职称的工程师共同授课、共同培养;第四,在毕业论文选题上倡导"真题真做",毕业论文选题主要来源于企业生产实际问题,部分学生直接由企业导师命题,成果接受企业鉴定;第五,在人才培养质量上注重把就业率、就业质量、企业满意度及创新创业成效等指标作为衡量人才培养质量的重要标准。这种专业设置与产业需求、课程内容与职业标准、教学过程与生产过程相互衔接的一体化协同育人模式,既保证了应用型人才培养的质量,也破解了人才供需的结构性矛盾,毕业生更受社会欢迎,也更加切合企业用工需求。

综上,应用型高校把应用型人才作为人才培养职能的基本定位,这既是现代高校职能分离与有限承担的一种必然,也是应用型高校走产教融合特色之路的理性选择。人力资源战略管理理论认为:人力资源是企业生产活动中最活跃的因素,它是企业一切资源中的最重要资源,也是提升和培育企业核心竞争力的关键性要素。① 特别是随着信息化时代的到来及专业分工的进一步细化,人才不仅是现代企业的一种战略性资源,也是现代企业核心竞争力的制高点。② 作为应用型人才培养的主阵地,应用型高校不仅满足了"产业链"人才供给体系的完整性,同时也为企业提升人力资源整体水平提供了强有力的支撑,这也为应用型全面实施产教融合战略奠定了坚实的基础。

### (二) 应用型高校注重应用研究

知识创新、科研成果、科研能力是衡量一所高校综合办学水平高低的一项重要指标,也是一所高校能否实现可持续发展的一个重要"度量衡"。③ 依据科学研究同社会实践和物质生产之间的关系,人们通常把高校科学研究划分为基础研究和应用研究两种类型。德里克·博克在《走出象牙塔:现代大学的社会责任》一书中指出,在一个科学研究十分依赖于公共经费资助的世界里,高校基础研究为了知识

---

① 李燕萍,李锡元.人力资源管理[M].武汉:武汉大学出版社,2012:4.
② 柳建敏.试论企业文化在现代企业管理中的作用[J].经济师,2017(3):223-225.
③ 袁秀.试论大学基础研究与应用研究的关系[J].中国高校科技,2019(3):17-20.

而探索知识的最高目标的理想是危险的,这是因为公众主要兴趣不是科学自身最终发现了什么,而是一种作为创造新产品、发现疾病、新疗法或解决社会问题新答案的手段。① 但这并不代表高校的基础研究不重要,恰恰相反。基础研究在知识积累过程中发挥着极为重要的作用,任何实用性的发明和创造都是源自对基础研究的不断积累和应用,区别在于不同类型高校科学研究工作的定位和分工不同而已。应用型高校的科学研究聚焦于科技活动中的技术开发研究与技术应用研究,它与研究型高校的科学研究定位存在着根本性区别。首先,应用型高校贴近产业生产实践,重点关注新技术、新工艺在各行各业中的应用方式和方法。它是以社会生产实践为主要研究对象,聚焦技术应用与问题解决,具有鲜明的实践导向。其次,应用型高校的科学研究主要包括面向工业发展的技术理论研究、面向产业转型升级的共性技术开发研究、面向企业生产实践或产品工艺的技术应用研究三个层面,具有鲜明的技术导向和应用特征。再次,应用型高校与工业、产业、行业、企业紧密相连,既体现经济社会的发展方向又能满足其发展需要,具有鲜明的工业化、行业化和产业化特征。因此,从应用型高校科学研究定位来看,以技术开发与成果应用为特征的应用研究,既是应用型教育的属性使然,也是应用型高校主动服务区域经济社会发展和推动科技进步的应有之义。

科学技术活动是一种与科技知识生产、发展、传播及应用有着密切关系的组织活动,也是一个从基础理论研究到成果应用的全部过程,包括基础研究、应用研究、实验与发展研究、成果应用四个阶段。② 基础研究也称纯科学研究,V. 布什在《科学:没有止境的前沿》一书中对基础研究是这样描述的:基础研究是不考虑应用目标的研究,它产生的是普遍的知识和对自然及其规律的理解。③ 换言之,基础研究没有明确的直接目的,它所产生出来的知识具有高度概括性和不可预见性的特点。如果非得说基础研究是一种带有目的性的探索活动,那么基础研究的唯一目的就是生产某种知识,④这种知识旨在认识自然现象和揭示自然规律。应用研究是一种以创造与研制新产品、新品种、新技术、新方法、新流程、新规范为目标的研究活

---

① 德里克·博克.走出象牙塔:现代大学的社会责任[M].徐小洲,陈军,译.杭州:浙江教育出版社,2001:172.
② 全国中等职业学校财经类专业教材编写组.工业企业统计[M].北京:高等教育出版社,1998:159-160.
③ V. 布什.科学:没有止境的前沿[M].范岱年,解道华,等译.北京:商务印书馆,2004:51.
④ 文剑英.基础研究和应用研究划界的社会学分析[J].自然辩证法研究,2007(7):79-83.

动。① 相对而言,应用研究的目的性更为明确,这种目的性具体表现为发展基础研究成果的实用价值或者为达成某一预定目标而采取的新方法和新途径。实验与发展研究是根植于基础研究和应用研究的基础上,为发展某种新产品、新材料、新工艺、新技术,或是对已有产品的工艺和技术进行实质性改进而进行的探索性工作。② 成果应用是对实验与发展研究的有效延伸,它是将实验与发展研究过程中所形成的成果,直接转化为能够为社会创造直接价值的产品、工艺、技术的科技活动。可以看出,基础研究、应用研究、实验与发展研究、成果应用共同构成了科学技术活动的一个完整序列。其中,基础研究阶段是整个科技活动的源头,应用研究阶段和实验与发展研究阶段是连接理论与产品之间的中间环节,成果应用阶段则是一切科技成果转化的最终目标。

事实上,应用型高校科学研究重点关注的是科学技术活动中的成果应用阶段,即对科技成果的实际应用和对技术的进一步开发,为社会创造直接财富。从产学研协同发展的角度来看,应用型高校在知识分工与协作过程中,实质上是利用自身与产业之间的紧密联系,沿着技术应用与创新方向获取科学技术活动全部知识链条中的一个片段;从科技创新活动整个过程来看,成果应用是科学技术活动的终端环节,它已经跨越了基础研究与应用研究之间的"死亡之谷",以及应用研究和实验与发展研究之间的"达尔文之海"③,其研究往往更具有针对性、目的性和实用性,这也是应用型高校全面深化产教融合的一个重要现实基础。

### (三) 应用型高校注重服务地方产业发展

美国多元化大学为什么能够存在?历史可以给我们一个答案,与周围社会环境和谐相处则是另一个答案。除此之外,它在维护、传播和研究真理方面的作用简直是无与伦比的;在探索新知识方面的能力是毋庸置疑的;纵观整个高等院校发展史,在服务文明社会众多领域方面所做的贡献也是无与伦比的。④ 现代高校是以城市或地方为依托而产生的,只有在为地方经济社会发展服务中才能寻求到更加崇高的价值。衡量一所现代高校办学是否取得成功的重要标准,不仅仅是看它在人才培养方面的综合水平,还要看它是否真正融入了地方经济社会以及服务社会

---

① 成素梅,孙林叶.如何理解基础研究和应用研究[J].自然辩证法通讯,2000(4):50-56.
② 黄伟.我国科技成果转化绩效评价、影响因素分析及对策研究[D].长春:吉林大学,2013.
③ 余维新,顾新,熊文明.产学研知识分工协同理论与实证研究[J].科学学研究,2017(5):737-745.
④ 克尔.大学的功用[M].陈学飞,陈恢钦,周京,等译.南昌:江西教育出版社,1993:44-45.

的能力。可以说,自"威斯康星理念"诞生以来,高校的发展是一个伴随其社会服务职能不断拓展的过程,特别是现代高校,社会服务职能更是发挥得淋漓尽致,这也是高校在漫长的时代变迁过程中依然存在并不断发展壮大的一个重要原因。[①] 高校社会服务的内涵有广义和狭义之分。广义上的高校社会服务是指高校作为学术组织为社会做出的直接或间接的所有贡献;狭义上的社会服务是指某一具体高校在保证人才培养和知识创新的前提下,依托教学、科研、人才、知识、技术及学科与专业等优势,直接或间接向社会提供具有服务性质的,并能够促进经济和社会发展的各类活动。[②] 应用型高校的社会服务不仅体现在为地方经济社会发展培养与输送应用型人才上,还体现在通过产教融合、校企合作以及产学研协同发展等方式引领和推动地方产业发展上。首先,作为工业化进程中的历史必然产物,应用型高校服务地方产业发展是其办学理念的应有之义;其次,以技术开发与成果应用为特征的应用研究定位,为应用型高校服务地方产业链乃至整个产业集群发展提供了能力保证;再次,专业链与产业链的适切性、人才链与创新链耦合性以及城市集群与学科集群、产业集群的内聚性,为应用型高校服务地方产业发展提供了现实途径。

一般而言,学科是高校办学要素中的核心组成部分,学科之间往往存在一定的内在关联性,表现为具有上下游关系的学科之间可以形成一条学科链,具有交叉关系的学科之间可以形成一个学科群,学科链与学科群交叉融合能够生成一个学科网络。[③] 应用型高校之所以能够与地方产业发展始终保持紧密的联系,主要是因为其专业群、学科链、学科群及学科网络与产业链、产业集群及产业生态之间存在一定的对应关系。具体而言,综合型应用型高校服务产业发展的优势在于其具有多学科链、学科群以及由此形成的学科网络,它的服务面向往往更为广泛,服务方式与途径也更加多样;产业链型应用型高校通常具有较为完整的学科链,它与产业链之间存在着紧密的对应关系,并能够通过技术服务和人才培养推动产业链发展;行业型应用型高校一般具有一个或几个相对优势学科,通常与某一个行业或者几个行业紧密相连,并能够形成多个合作平台,推动行业的整体发展。应用型高校学科与产业之间的这种对应关系表明,应用型高校与地方经济社会之间是一种"鱼"

---

[①] 朱正伟,周红坊,马一丹,等.面向新工业革命的工科教师专业发展新阐释[J].高等工程教育研究,2019(2):79-85.

[②] 眭依凡,汤谦凡.我国高校社会服务30年发展实践研究[J].中国高教研究,2008(11):18-22.

[③] 张民.基于社会服务产出类型的工科大学分类法研究[J].高等工程教育研究,2011(6):47-53.

与"水"的关系。事实上,与产业界建立紧密联系并融入现代产业化进程也是世界应用型教育高质量发展的一个普遍规律,它既避免了应用型教育脱离产业经济发展的危险,也为应用型高校贴近产业需求、顺应产业发展方向和争取产业支持奠定了基础。

概而言之,应用型高校在人才培养、科学研究和社会服务上的职能选择与定位,为其全面深化产教融合提供了现实基础。应用型高校注重应用型人才培养定位,满足了产业链人才供给体系的完整性,它是企业高素质人才队伍储备的根基;应用型高校注重应用研究定位,填补了科学技术活动全部知识链条中的一个重要片段,它是实现科学研究从理论成果到实际应用并为社会创造直接财富的重要途径;应用型高校注重服务地方产业发展定位,打通了学科集群与地方产业集群的互通关系,满足了地方产业发展需求,顺应了地方产业发展方向。

## 第三节 我国产教融合的历史沿革

产业与教育协同发展是伴随着国民经济发展和产业结构转型升级需求逐步发展起来的。如果以清末洋务运动时期的高等实业教育为时间起点,我国产教融合发展大致经历了萌芽期、初创期、实践探索期、快速发展期和内涵建设期五个发展阶段。作为社会经济发展、科技进步以及高等教育结构改革的历史产物,我国高等教育与产业之间的关系在各个历史发展时期都带有鲜明的时代特征,这既是高等教育主动适应地方经济社会发展的内在需要,也是高等学校高质量推进人才培养、科学研究和社会服务的理性选择。

### 一、产教融合萌芽期

19世纪中后期至20世纪初,以"求强"和"求富"为目的的洋务运动推动了我国军工、冶炼、交通运输及纺织等民族工业和民营资本的初步发展。民族资本主义工业是一种新的经济因素,是社会生产的一种全新方式,机器大工业代替了传统以手工技术为基础的工场手工业,催生了我国的实业教育。在"中学为体,西学为用"的思想指导下,全国各地陆续开办了一批农、工、商、矿等实业学堂,以满足工业发展对管理人才和专业技术人才的需求,如福州马尾船政学堂、江南制造局机器学堂、上海机器学堂、天津电报学堂等。这些实业学堂既是我国早期职业教育的最初雏形,也是教育与实业相结合的实践萌芽。1902年,实业教育被纳入"壬寅学制"体系,1904年,"癸卯学制"正式颁布实业学堂章程。① 据统计,1907—1909年,在清政府学部备案的各类实业学堂数分别为137所、189所、254所,在校生规模分别为8 693人、13 616人、16 649人。② 辛亥革命后,民国政府颁布《实业学校令》和《实业学校规程》,正式拉开了我国职业教育的序幕,并正式确立职业教育的社会地位。1917年,中华职业教育社成立,黄炎培先生提出办好职业教育,必须与教育界、职业界进行沟通和联络。③ 在这种"大职教教育主义"影响下,截至1925年,全国职业院校总数已达1 548所,其中1921—1925年新增706所,职业教育一度进入新中国成立前的巅峰发展时期。但在此后的二十多年中,由于国内形势受到内忧外患的不断冲击,职业教育也随之进入沉寂时期。截至1949年,全国职业院校仅有564所,在校生总数规模不到8万人,曾经一度占主流地位的职业教育渐趋式微。④

这一时期教育与实业之间的合作已初见端倪,但多数只停留在学生参与工厂生产见习这一层面。例如,福州马尾船政学堂依托造船厂,让学生一边在学堂进行理论学习,一边深入船厂进行实践操作,以便其更好地熟悉各种轮机和工具的操作细节,成为通晓设计原理并熟练掌握机械构造和生产过程的技术工程师。⑤ 再如,近代实业教育家周学熙提出"工学并举"的办学思想,要求学生半日课堂学习、半日工厂实习锻炼⑥,这种将生产实践与课堂理论学习融为一体的"厂校一体化"实业教育模式,不仅满足了工厂用工需求,同时也为学校提供了大量实践教学资源。但这一时期的学校基本上是由政府举办的,学校与企业之间实际上是一种在政府直接或间接主导下,带有校企自发性质的浅层次、松散型合作关系。⑦ 除少数"校办企业"或"工厂学校"之外,产教融合思想仅仅体现在"工学结合"的实业教育人才培养方式上。例如,1947年,政府颁布的《修正职业学校章程》第四章第二十六

---

① 王哲.清末民初实业教育制度化过程与启示[J].职业技术教育,2017(30):65-68.
② 陈选善.职业教育之理论与实际[M].北京:中华职业教育社,1933:14-16.
③ 钱彩琴,刘楠楠.黄炎培与中国职业教育[J].中国档案,2018(11):80-81.
④ 袁雄.高等职业教育要义[M].南昌:江西高校出版社,2010:39-40.
⑤ 林庆元.福建船政局史稿[M].福州:福建人民出版社,1999:115-132.
⑥ 陈德第,蔺玉堂.最早的高校校办工厂在河北工厂发现[N].光明日报,2003-03-02.
⑦ 卢彩晨,叶子凡.中国共产党领导职业教育校企合作百年回顾与展望[J].职业技术教育,2021(25):19-25.

条规定,各科学校选址均应适合所设学科之环境,以便于学生实习为原则①。这种"厂校一体化"人才培养模式在一定程度上缓解了学校师资不足的问题,也为学校办学节省了大笔建设经费(如学生实习实训场所)和办学成本,同时也为学生学习技术技能和积累实践经验奠定了坚实的基础。

## 二、产教融合初创期

1950年6月,周恩来总理在全国高等教育大会上提出,面对需要人"急"、需要才"专"这一紧迫现实,为了便于实际联系和适应国家建设需要,由企业部门举办短期培训班或专科学校是必要的、合理的。② 同年,教育部颁布《专科学校暂行规程》明确提出,设立专科学校,培养通晓理论并能够实际运用的专门技术技能型人才,③标志着我国以应用为导向的职业教育步入发展正轨,同时也吹响了大力培养技术技能型人才的号角。截止到1952年,我国高等专科学校在校生规模占全国大学生总数的31.3%。1958年,按照教育为无产阶级政治服务,教育与生产劳动结合的教育工作方针,大力提倡两种教育制度和劳动制度相结合,即"全日制教育"与"半工半学"制相结合,"八小时劳动制"与"四小时劳动制"相结合,一时间全国各类半工半读学校如雨后春笋大量涌现,一些带有职业特征的高等专科学校或调整或停办或转为半工半读学校。据统计,1958年全国半工半读在校生规模约为200万人,到1965年达到443.3万人,七年间增长了121.65%。"文化大革命"期间,由于受到左倾思想的影响,我国高等教育遭受到严重摧残,应用型教育与职业学校基本上处于停滞状态或半停滞状态。④ 改革开放后,邓小平在1978年的全国科学大会上提出,各行各业都要支持教育事业,大力兴办教育事业。同年,国务院批转教育部《关于专科学校改为学院审批权限的请示》进一步明确为加强基础理论教学和加速培养专门人才……高等学校仍然有必要区分学制较长的大学、学院和学制较短的专科学校。⑤ 至此,国内以培养应用型人才为办学定位的职业学校在经历新中国成立之初的经济复苏、"文化大革命"以及"文化大革命"后的拨乱反

---

① 璩鑫圭,唐良炎.中国近代教育史资料汇编:学制演变[M].上海:上海教育出版社,2007.
② 周恩来.在全国高等教育工作会议上的讲话[A]//中共中央文献编辑委员会.周恩来选集[C].北京:人民出版社,1984:19.
③ 教育部.专科学校暂行规程[J].人民教育,1950(5):70-71.
④ 吴玉琦.中国职业教育史[M].长春:吉林教育出版社,1991:77.
⑤ 李进主.新中国高等职业教育发展纪实[M].上海:上海教育出版社.2013:7-8.

正几个历史时期,逐步从初创期的阵痛迈入发展期的实践探索。

这一时期我国高等教育处在一个特殊的历史发展阶段,教育与产业之间的关系带有一定的政治色彩。"大政府"管理模式下的强干预行为,使行政权力成为连接学校与实业之间的唯一"指挥棒",有限的教育资源配置与使用完全按照政府指定的计划执行。但也不可否认,这种计划模式在特定历史时期对推动应用型教育与产业结合以及职业学校与企业合作具有一定促进作用。例如,"半工半读"制度催生的开门办学,以及由此形成的"厂中校"和"校中厂"等办学模式,学校教师多数来源于企业,专业建设与企业需求高度匹配,学生实践能力得到有效提升,校企"双主体"地位得到有效发挥,进而也激发了企业参与学校人才培养的积极性。[①]但这一时期应用型教育与产业之间以及职业学校与企业之间的合作基本上是在政府行政权力主导下的一种计划行为。企业为学校办学提供师资、实践课程、实习场所、办学经费并积极参与学校治理等,实际上是一种政府行政命令下的计划行为或者说是一种被动行为,产业与教育结合以及各类资源要素跨界互动,缺乏应有的自主性。

## 三、产教融合实践探索期

职业教育是产教融合的实施主体,产教融合是推动职业教育高质量发展的必由之路,尤其是高等职业教育。我国严格意义上的高等职业教育肇始于20世纪80年代初期。成立于1980年的南京金陵职业大学是我国第一所真正意义上的现代高等职业学校,也标志着我国高等职业教育正式迈入实践探索新阶段。1983年,《国务院批转教育部、国家计委关于加速发展高等教育的报告》(国发〔1983〕)提出,扩大高等教育规模,调整高等教育内部结构,采用适当收费、走读以及自主择业等方式,增加高等专科学校和短期职业大学在高等教育中的比例。1986年,全国职业教育工作会议提出,高等职业学校和部分广播电视大学、高等专科学校应统一划归高等职业教育,并将已经成立的118所职业大学统称为高等职业技术学院。[②] 1995年,《国家教育委员会关于推动职业大学改革与建设的几点意见》(教职〔1995〕12号)提出,职业大学应围绕应用型人才培养特征,加强与产业部门联合,积极推行校企合作,探索产教结合办学模式,增强办学活力与自我发展能力。与此

---

① 潘建华.我国职业教育校企合作的有效性研究[D].上海:上海师范大学,2017.
② 袁雄.高等职业教育要义[M].南昌:江西高校出版社.2010:42.

同时,《关于若干城市分离企业办社会职能分流富余人员的意见》(国经贸企〔1995〕184号)、《国务院关于调整撤并部门多属学校管理体制的决定》(国发〔1998〕21号)等文件进一步对各类职业院校的隶属关系进行了全面调整,撤销原机械工业部、国内贸易部等九部委所属高校的隶属关系,统一划转由地方政府管理,分离企业办社会的职能。1996年,《中华人民共和国职业教育法》实施,进一步明确了我国高等职业教育的法律地位,同时也为我国高等职业教育多元化办学体制提供了法律依据。至此,我国高等职业教育制度得到基本确立,行业与企业等社会组织共同参与职业教育办学的共识基本形成。

这一时期我国处于社会主义市场经济的初步探索阶段,经济体制综合改革以及企业市场化逐步弱化了政府的计划调控力度,同时也打破了政府、院校、企业三者的关系模式。特别是在1992年之后,随着政企分开权责机制的建立以及国务院机构调整,多数院校脱离了原行业的隶属关系。在缺少政府与行业主管部门的"庇佑"下,院校与行业企业之间的关系逐步从"结合"走向"分离",且在各自轨道上渐行渐远,学生的生产实习、社会实践、半工半读以及教育经费保障出现不同程度下滑。① 企业在自主经营和自负盈亏的双重压力下,追求利益最大化成为企业开展一切经济活动的根本目标。这一时期产业与教育结合由计划经济时代的政府全面干预模式转向互利共赢的市场交换模式。产业与教育之间的关系模式也由政府或行业统包、统办转向主动寻求合作,包括联合办学、校企合作人才培养以及各类技术咨询与服务等。

## 四、产教融合快速发展期

1999年是我国高等教育发展史上具有特殊意义的一个年份,各类关于高等教育综合改革重大政策密集出台,这也为我国职业教育产教融合实现跨越式发展奠定了坚实的基础。《面向21世纪教育振兴行动计划》提出,除了对现有高等专科学校、职业大学和成人高校进行改革、改组、改制和选择部分符合条件的中专院校进行改办(也称为"三改一办"),部分本科高校可以设立高等职业技术学院。同年,教育部、国家计委《关于印发〈试行按新的管理模式和运行机制举办高等职业技术教育的实施意见〉的通知》(教发〔1999〕2号)提出,加快专科教育向高等职业教育转变的步伐,安排10万人计划专门用于职业教育招生。至此,我国高等职业教育

---

① 余世诚,牟杰.中国石油高等教育发展史:1953—1999[M].东营:石油大学出版社,2002:387.

进入突飞猛进扩张期,各类高职院校如雨后春笋蓬勃发展。据统计,1999—2006年,我国高职高专院校总数从474所增加到1147所,占全国高等院校的比例从44.3%增长到61.4%,在校生总数占全国高等院校的比例从21.8%增长到54.3%,招生规模占全国高等院校的比例从26.4%增长到52.2%。[①] 此外,为进一步推动高职院校快速发展和实现高等教育大众化,政府还出台了一系列配套政策,如《教育部关于印发〈关于加强高职高专教育人才培养工作的意见〉的通知》(教高〔2000〕2号)、《关于颁布〈高等职业学校设置标准(暂行)〉的通知》(教发〔2000〕41号)、《教育部关于全面提高高等职业教育教学质量的若干意见》(教高〔2006〕16号)等,这些文件对高职院校办学条件、经费来源、人才培养以及师资队伍建设等方面都做了明确规定,也为高等职业教育全面深化产教融合指明了发展方向。

这一时期我国高等教育规模处于快速扩张期,高等教育毛入学率已经达到22%[②],按照美国学者马丁·特罗15%~50%的划分标准,我国高等教育已经初步实现大众化。但同时也面临教育资源摊薄的困境,政府有限的财政资源已经难以满足高等教育快速扩张的步伐,特别是职业教育在规模扩张后面临着巨大的生存压力。为了突破办学资源"瓶颈",与企业广泛开展合作,借助企业教育资源大力开展应用型人才培养是这一时期产教融合的一个鲜明特征。具体而言:一是与企业开展"订单式"人才培养,借助企业实践教学资源优势,提升应用型人才培养质量;二是共建校内实习实训基地,通过合作共建形式将企业生产车间建于校内,为学生提供实习实训场地与协同育人平台;三是共建校外实习基地,依据应用型人才培养方案和教学安排,定期安排学生进入企业进行教学实习、认识实习、生产实习和毕业实习;四是广泛开展社会服务,借助高校人才、知识、技术等创新资源,为企业提供各类技术咨询服务、人才储备、员工素质培训以及智力支持等。这一时期我国高等教育快速发展,尤其是高等职业教育的快速发展,推动了产教融合与校企合作实践探索步伐。高校与企业在基地共建、资源共享、人才共育、人员互聘以及平台共用等方面迈出了坚实的一步。但总体而言,这一时期产教融合的实践探索与高等教育外延式发展模式相似,具有明显的粗放式特征,整体合作层次偏低、合作模式单一,各类异质性资源要素跨界互动效率不高。

---

① 廖策权,刘进.新时期高等职业教育内涵建设研究[M].成都:西南交通大学出版社.2017:6.
② 翁阳,于晶波.中国高等教育已初步实现大众化[EB/OL].(2007-10-09)[2022-10-09].http://news.cctv.com/education/20071009/100295.shtml.

## 五、产教融合内涵建设期

为贯彻落实《国务院关于大力发展职业教育的决定》(国发〔2005〕35号)精神,2006年11月,教育部、财政部联合出台《关于实施国家示范性高等职业院校建设计划 加快高等职业教育改革与发展的意见》(教高〔2006〕14号)提出,充分发挥示范性院校的引领和带动作用,加速推进高等职业院校聚焦质量和内涵,走特色发展之路。党中央在"十一五"规划中专项安排20亿元资金,用于重点支持100所示范性高职院校,这标志着我国高等职业教育全面迈入以质量提升为特征的高质量发展期。产教融合是职业教育基本属性、典型特征、重要办学模式和未来方向,也是推进职业教育高质量发展的必由之路。① 职业教育高质量发展对产教融合提出了更高要求,同时也牵引和带动产教融合迈入内涵建设期。为进一步推进职业教育高质量发展,2010年7月,《教育部 财政部关于进一步推进"国家示范性高等职业院校建设计划"实施工作的通知》(教高〔2010〕8号)提出,在100所国家示范性高职院校的基础上,立项建设100所左右国家骨干高职院校。截止到2015年,200所国家示范性(骨干)高职院校建设已全面完成。据统计,建设期内中央财政共计投入45.5亿元,地方财政投入89.7亿元,带动行业企业教育投入高达28.3亿元②,有效地推动了产业与教育的深度融合。2019年,李克强总理在政府工作报告中提出,为输出更多高技能型人才和解决未来结构性失业问题,高职院校扩招100万人;次年,李克强总理在两会期间政府工作报告中再次提出,高职院校未来两年完成扩招200万人的任务。③ 与此同时,国家出台《国务院关于印发国家职业教育改革实施方案》(国发〔2019〕4号)配套政策,从校企"双元"协同育人、产教融合型企业认证、高水平实训基地以及协同治理等方面,进一步明确了产教融合的未来发展方向。

此外,为有效解决高校办学定位同质化、毕业生就业难和就业质量低,以及人才培养结构与质量不适应经济结构调整、产业转型升级等产教供需结构性问题。2015年11月,《教育部 发展改革委 财政部关于引导部分地方普通本科高校向应

---

① 王振洪,惠朝阳,田宏忠,等.落实"三融"战略赋能职业教育高质量发展[J].中国职业技术教育,2023(12):5–14.
② 高靓.高职教育已成高等教育半壁江山[N].中国教育报,2016-06-29(1).
③ 李克强.李克强主持召开国务院常务会议:确定《政府工作报告》重点任务分工;要求狠抓政策和工作落实完成全年经济社会发展目标任务[N].人民日报,2020-05-30(3).

用型转变的指导意见》(教发〔2015〕7号)提出:以产教融合为突破口,将行业企业全方位深度参与作为应用型高校转型发展的基本路径和推动力;加强专业体系与产业链、创新链有机衔接,建设以适应产业先进技术为重点产教融合平台建设;以产业转型升级、技术进步和社会建设需求为导向,深化人才培养模式改革与师资队伍转型;以服务创新驱动发展战略为导向,推动试点高校全面深化产教融合,并融入区域行业技术创新体系。[①] 在这一政策引导下,地方应用型普通本科高校作为产教融合的新生力量和重要主体,面向区域经济社会发展和行业产业发展需求,对接产业链与创新链,优化专业结构并迅速调整专业布局,全面融入产教融合战略之中。在高职院校和应用型普通本科高校共同驱动下,产教融合全面进入内涵建设期。

这一时期我国高等教育处于扩招与提质并行阶段,职业院校、应用型普通本科高校与区域产业协同发展是这一时期产教融合的一个显著特征。高校通过人才培养、知识生产、技术创新以及社会服务不断赢得社会信任,并得到了产业界的广泛支持。高校与企业之间的合作更加广泛、内容更加丰富、形式更加多样、层次更加深入,资源共享、优势互补、互利共赢的良性互动局面正逐步形成。具体而言,一是共建技术研发中心,联合企业共同开展科研成果转化和技术转移,推动学术资本转化;二是共建教师企业研修基地,利用企业实践资源不断强化"双师型"师资队伍建设;三是与企业共建行业或产业学院,整合校企优质资源,形成资源积聚与放大效应;四是共建多元一体化人才培养基地,实现从招生、培养到就业的一体化发展;五是联合产业群,共建产业园,如常州西太湖科技产业园与职教园联合国内外近千家知名企业,形成了集专业集群、名师集聚、教学质量、共享平台以及机制创新等为一体的产教深度融合发展模式。[②]

综上,产教融合是职业教育和应用型教育高质量发展的必然产物。我国产教融合发展先后经历了从教育与生产劳动结合、产教部分结合、有限结合到深度融合,教育的不同发展阶段衍生出产教之间的融合方式、融合层次以及发展成效的差别。总的来说,从合作内容来看,产教融合是一个从单一的协同育人为主到政、产、学、研、用一体化发展,并逐步实现多元主体协同发展的过程;从合作层次来看,产

---

① 王强. 高等教育走进"重技重能"时代:专家解读《关于引导部分地方普通本科高校向应用型转变的指导意见》[N]. 中国教育报,2015-11-17(3).
② 姜俊华. 产城融合视角下苏澳合作园区创新发展研究[J]. 常州工学院学报,2018,31(1):71-76.

教融合是一个从浅层次"粗放式"合作到资源共享、优势互补、互利共生、校企一体,并逐层深入的发展过程;从资源跨界互动上来看,产教融合是一个从资源要素单一到丰富,资源流动从单向、双向到多边交流,并呈现合作主体共生共荣的发展过程;从合作成效上来看,产教融合是一个从单向依赖到互惠发展,并走向深度融合的共生过程。当前我国产教融合实践已经从单要素、浅层次、粗放式发展迈入多要素、高质量、精细化发展阶段。对我国职业教育与应用型教育历史发展脉络以及不同发展时期产教融合特征分析,有利对现阶段我国产教融合发展的总体成效以及突出问题有一个更为清楚的认识。

## 第四节 产教融合的现实意义

办学核心竞争力是一所高校在长期办学过程中所形成的,能使高校在竞争中保持可持续发展,建立在战略性资源基础上的获取、整合以及生成办学资源的特有能力。① 作为一类获致、集聚和加总各类办学资源的集合体,②高校核心竞争力的形成过程实质上是一个对各类办学资源进行整合、转化和运用的过程,特别是那些具有价值性、稀缺性、不可模仿性和难以替代性特征的办学资源。从办学资源生成路径来看,高校办学资源主要包括"先赋资源"和"自致资源"。其中,"先赋资源"是由高校在高等教育系统中的位置结构决定的,属于先天性的自然赋予资源;"自致资源"是高校获取和整合办学资源能力的综合体现,属于经过后天努力而生成的资源。高校办学竞争力的形成过程实际上就是立足基础性"先赋资源",而不断争取发展性"自致资源"的过程。产教融合作为应用型高校办学竞争力培育的重要途径,它对提升应用型人才培养质量、充盈办学经费、激励学术创业、缓解人才供需结构性矛盾、加速科技成果转化以及优化师资队伍建设等方面具有重要的现实意义。

### 一、丰富实践教育资源,提升应用型人才培养质量

无论是教育系统与产业系统之间,还是高校组织与企业组织之间,它们的合作

---

① 刘向兵.大学核心竞争力概念辨析[J].中国人民大学学报,2006(2):143-146.
② 缪文卿.论大学组织生成及其与社会的关系[J].教育研究,2015,36(11):64-68.

关系并非简单的线性模型,而是基于人才、知识、技术、资本等创新要素双边或多边互动的竞合关系。高校在服务企业发展的同时,源于企业的实践知识或创新观点反过来又会对学校人才培养以及知识创新产生能动的影响。[①] 高校与企业之间的人才、知识、技术等资源要素互动是一个双向互惠过程。一方面,企业利用高校在人才、知识以及科技成果方面的优势服务企业生产发展和技术创新;另一方面,高校同样需要利用企业生产经验、技术、工艺以及场地设备等实践教育资源服务应用型人才培养。众所周知,合格的应用型人才不仅需要具备一定的专业理论知识,还需要具备扎实的实践能力和丰富的实践经验,其培养过程强调的是知识、素质、能力的均衡发展以及理论与实践的有机融合。对于应用型人才知识结构与能力体系的建构,一部分需要依靠高等教育系统内部的专业知识教学来完成,另一部分则需要依靠教育系统外部的实操性训练来完成。实践能力作为实践教育的核心价值目标,旨在将专业知识应用于实践环节并解决生产实践问题,包括获取知识能力、动手操作能力、技术革新能力以及工程设计能力四个方面,其中技术是实践能力的核心构成要素。[②]

我国科技创新改革 40 年实践表明,企业既是技术创新的主力,也是技术应用的主体。据统计,我国的科技人力资源 70% 以上在企业,科技研发投入总量的 70% 以上来自企业,科技创新成果 70% 以上源自企业。[③] 从职业能力特征来看,高校虽然在专业技术领域拥有为数众多的"巨人",但在工程经历和实践经验上难免存在"矮子"[④],而这也正是企业专家与技术骨干在协同育人方面的优势所在。事实上,高校大学生的企业实习、顶岗锻炼等教育实践活动,本质上就是对企业成熟的生产技术、产品工艺以及设备操作等知识进行吸收、整合、内化和应用。例如,德国"双元制"十分重视从企业界和工业界聘请具有一线工作经历和经验的高级工程师担任学校的名誉教授,并通过授课、讲座以及共同开发教材等方式把企业的新成果、新技术和新工艺引入学校。[⑤] 这样,一方面,让学生有机会真正了解、熟悉和掌握企业先进的生产设备和制造技术;另一方面,由于打通了学校到企业的最后

---

① NAIN F, HAMILTON K S, OLIVASTRO D. The increasing link between US technology and public science [J]. Research Policy, 1997, 26(3):317 – 330.

② 马世洪. 全日制工程硕士能力结构评价研究[D]. 北京:北京科技大学,2015.

③ 本报评论员. 技术创新:企业既要做主体也要当主力:纪念改革开放 40 周年系列评论之九[N]. 科技日报,2018-12-03(4).

④ 林健. 校企全程合作培养卓越工程师[J]. 高等工程教育研究,2012(3):7 – 23.

⑤ 王辉. 我国职业教育产教融合政策变迁析理[J]. 中国职业技术教育,2022(27):5 – 12.

"一公里",强化了理论与实践的结合,毕业生能够真正成为受到企业普遍欢迎且"上手快"的应用型人才。从这个意义上来说,企业实践教育不仅是应用型人才培养的必备环节,也是他们习得和应用专业技术知识的重要途径。它不仅能够弥补高校实践教学资源的不足,而且在一定程度上对优化应用型人才知识结构和能力体系具有重要的促进作用。

## 二、充盈办学经费,改善办学条件

对于任何一所高校来说,没有什么比办学经费短缺更具威胁性的事情了。① 办学经费如同教育的脊梁,它是高校实现人才培养、科学研究和社会服务职能的基本保障。在政府有限的财政投入和高校发展对办学经费无限需求的供需矛盾中,向社会广泛寻求办学资源已经成为现代高校实现高质量发展的一种基本范式。在美国,无论是公立高校还是私立高校,技术服务、科研成果转化、校企合作、社会捐赠入、学校基金投资等方面的收入已经成为高校办学经费的重要组成。据美国教育援助委员会(Council for Aid to Education)数据显示,2017年全美高等教育机构获得社会捐赠收入436亿美元,其中15.1%来自合作企业。在科研、专利以及校企合作经费收入中,来自企业的经费约占美国高等教育经费的21%。② 美国高校之所以能够成为继英德之后世界高等教育的翘楚,离不开其与产业界广泛开展合作并有效获取社会办学资源。哈佛、剑桥等世界一流大学更是把企业的教育投入作为彰显其教育教学质量和国际影响力的一项重要指标。自改革开放以来,国内高校特别是应用型高校逐步开始重视通过产教融合、校企合作方式广纳社会办学资源。据统计,1980—2017年,我国高等学校累计接受国内外包括产业界在内的各类捐赠总额高达773亿元(不含软件类)。③ 2017—2021年,我国高校接受企事业单位委托经费总额超过3200亿元,其中2021年较2017年增长了69.12%。④ 从以上这些数据我们可以看出,国内外高校都十分重视通过与外部社会组织开展合作,广泛吸纳社会办学资源,这也是现代高校得以快速发展的一个重要原因。作为一

---

① 罗志敏.新时期公立院校财政的抉择与转型:从大学的"世纪难题"谈起[J].中国高教研究,2017(10):20-25.
② 韩梦洁.美国高等教育布局结构的历史变迁、现实状况及其影响因素[J].高等教育研究,2019(2):95-102.
③ 赵德国,蔡言厚,党亚茹.2018中国大学评价研究报告:中国高考志愿填报指南:校友会版[M].北京:科学出版社,2018:18.
④ 孙奇茹.102所全国高校院所"揭榜答题"[N].北京日报,2023-03-04(5).

个资源依赖型组织,高校不论是人才培养还是科学研究都是一个资源消耗的过程,在政府有限财政支持和非均衡配置的格局中,通过产教融合与校企合作,充分利用企业资源既是高校充盈办学经费的重要渠道,也是高校改善办学条件、提升办学综合竞争力的重要途径。

### 三、营造创业氛围,激励学术创业

20世纪后期,在西方高等教育财政紧缩政策和高校财政压力不断增大的背景下,克拉克和埃兹科维茨两位学者提出"创业型大学"构想,很快引起了西方学界的广泛关注。到90年代末,"创业型大学"理念被引入我国高等教育领域,并迅速掀起了国内学术创业的理论探讨和实践探索。"创业型大学"的本质是从大学与产业界合作的角度,探索知识生产、传承与应用一体化发展,实际上是倡导大学在教学与科研的基础上,发展学术创业职能并形成有效的学术资本转化路径。① 这里的学术资本转化不同于学术资本主义,它体现的是"创业型大学"的一种社会责任和实用主义价值取向,折射的是"创业型大学"完整开发学术链条和履行知识应用的使命,必将成为现代大学的"第三中心",并引领大学综合改革和发展。② 英国沃里克大学学术创业的成功,创造了世界高等教育发展史上的一个奇迹。③ 沃里克大学的成功也证明了社会发展需要学术支撑,高校学术发展也同样需要社会支持。社会需求是激发教师开展知识创新的动力源泉,科研成果在服务经济社会发展的同时,也会换来丰厚的社会回报。据统计,沃里克大学三分之二办学经费源自学术创收,而这些经费又会源源不断地为学校开展新的学术活动提供物质保障。正是这样一条学术创业道路,使沃里克大学的科学研究始终处在良性发展的轨道上。④ 学科体系与专业体系的应用性特征决定了应用型高校开展技术应用与创新具有一定的学术创业优势。目前国内一些应用型高校通过成立技术转移中心、孵化高科技企业、共建现代产业学院以及现代大学科技园等方式积极推进科技成果产业化,

---

① 付八军,宣勇.地方本科院校建设创业型大学的学理审思[J].高等工程教育研究,2022,194(3):134-138.
② 付八军,王佳桐.创业型大学中国实践:影响因素与消退路线[J].教育学术月刊,2020,340(11):3-8.
③ 伯顿·克拉克.建立创业型大学:组织上转型的途径[M].王承绪,译.北京:人民教育出版社.2003:2-21.
④ 宣葵葵,王洪才.创业型大学的人才培养特色探索:基于英国沃里克大学的成功经验[J].中国高教研究,2017,286(6):77-81.

实际上就是一个运用学术成果开展学术创业的过程。在这一过程中应用型高校既为企业带来了超额利润,同时也得到了企业的丰厚回报。无论是沃里克大学的华丽转身,还是国内应用型高校的实践探索,为企业创造价值并得到相应物质回报是学术创业的根本动力所在。从这个意义上说,产教融合对推进应用型高校科研成果转化与营造学术创业氛围具有重要的激励作用。

### 四、优化人才培养结构,缓解人才供需结构性矛盾

教育是人才价值形成的基础,其微观运行过程实际上与市场经济行为一样,都是在供求规律指导下市场规律与社会规律协同作用的综合结果。[①] 从市场经济学的角度来看,在完全信息条件下,参与市场交易的个体对市场信息有充分的了解,供求关系变化随价格波动而进行市场自我调节,市场的总体供求关系处于平衡状态。在不完全信息条件下,参与市场交易的个体无法对市场信息做出准确判断,进而容易导致市场供需关系失衡。当前我国高等教育人才培养与市场需求错位、毕业生择业与市场需求不符、培养模式与市场脱节以及由此导致的人才供需结构性矛盾,说到底,是高校、用人单位、毕业生三者之间信息不对称而导致的市场调节失灵。[②] 企业作为人才市场需求方,它是高校人才培养的接收端和人才培养质量的最终拷问者,他们不但了解行业领域当下和未来对应用型人才的需求,包括人才层次、类型、结构与规格等,而且十分清楚毕业生在知识结构和能力结构方面存在的不足以及亟待提高的地方。[③] 高校作为人才供给侧和输出端,如果不能够及时掌握企业用人需求,就容易导致人才培养与市场需求的错位,进而造成当前"就业难"和"用工荒"这一不合理现象。如果高校能够及时准确把握市场需求信息,其学科结构、专业结构、师资结构、课程体系以及人才培养模式等都会随着市场供需关系的变化而不断趋于合理,人才培养与企业用人需求就能够保持总体上的供需平衡。从这个意义上来说,产教融合作为高等教育与市场之间的信息桥梁和互动平台,具有很强的资源集聚和信息传导功能,这对优化应用型高校人才培养以及缓解人才供需结构性矛盾具有积极促进作用。

---

① 杨述明. 供求关系理论下人才培养的实现路径[J]. 社会科学辑刊,2015(1):45-49.
② 严鸿雁. 高等教育人才供需矛盾的市场供给信息因素分析[J]. 国家教育行政学院学报,2013(8):21-25.
③ 林健,耿乐乐. 现代产业学院建设:培养新时代卓越工程师和促进产业发展的新途径[J]. 高等工程教育研究,2023,198(1):6-13.

## 五、对接产业需求,加速科技成果转化

从高校社会服务职能的角度来看,对接地方产业发展需求,推进科技成果转化,无疑是高校服务社会的一项重要内容。所谓科技成果转化,是指为提高生产力水平,而对科学研究与技术开发所产生的具有实用价值的科技成果进行的后续试验、开发、应用、推广直至形成新产品、新工艺、新材料,发展新产业的整个活动过程。研究表明,尽管目前我国已建成世界规模最大的高等教育体系,但科技成果的整体转化率远远低于发达国家,科技成果转化所产生的生产效益和社会效益不明显是一个不争的事实。[①] 科技成果是一种信息密集性产品,科技成果转化实质上是通过信息流动推动科技成果向商品化和产业化转化的过程,供求双方的信息不充分和不对称是导致科技成果转化率不高的一个重要原因。[②] 一般而言,高校与企业进行产学合作主要有两种途径:一种是学校发现了新方法或者开发了新技术,寻求企业合作实施;另一种是学校提出解决问题的方法,与行业企业合作共同进行新技术开发。[③] 从传播学的角度来看,两种途径都是一种松散式的、点对点的单项信息交流,难以达到信息资源效用最大化。一方面,企业难以全面了解学校的科研成果和技术产出,犹如大海捞针般寻求适合自身发展的成果和技术;另一方面,高校同样难以全面掌握企业的实际需求,致使一些科技研发成果游离于企业生产之外,甚至使一些具有发展前景的科研成果束之高阁,无人问津。事实上,应用型高校一贯注重技术创新与科技成果应用研究,其目的就在于将产业共性技术知识进行特定市场应用。[④] 从这个意义上来说,应用型高校无论是服务产业发展还是推动科技进步,产教融合始终都是一个至关重要的中间环节。

## 六、优化知识能力结构,加快"双师型"师资队伍建设

随着我国高等教育国际化步伐的不断加快,国际工程教育 CDIO 模式已经成

---

[①] 王凌峰,申婷.学术资本主义是大学天敌吗[J].现代大学教育,2014(3):8-13.

[②] 黄传慧,郑彦宁.科技成果转化中的信息不对称问题研究[J].科技管理研究,2011,31(23):188-191.

[③] 杨华勇,张炜,吴蓝迪.面向中国制造2025的校企合作教育模式与改革策略研究[J].高等工程教育研究,2017(3):60-65.

[④] CALDERINIA M, GARRONEB P. Liberalisation industry turmoil and the balance of R&D activities[J]. Information Economics and Policy,2001,13(2):199-230.

为国内应用型人才培养的重要模式。① CDIO 工程教育模式主要包括构思(conceive)、设计(design)、实现(implement)和运作(operate)四个部分,强调以产品研发到产品运行整个生命周期为载体,通过建立理论与实践之间的有机联系,达到不断强化学习成效的目的。② 实践表明,"双师型"师资队伍是实施 CDIO 工程教育的基本条件,也是提升应用型人才培养质量的关键所在。为了从根本上扭转"黑板上开机器,PPT 上讲工艺"的传统闭门造车式教育形式③,加强"双师型"师资队伍建设已经成为应用型高校刻不容缓的一项重要工作。就当前而言,应用型高校"双师型"师资队伍建设主要有"引育并重"两种基本途径:"引"是指学校从企业引进具备一定技术职称和工作经验的企业工程师与技术骨干从事教育教学工作或兼职授课;"育"主要是指学校对缺乏企业实践经历的青年骨干教师进行企业再培训。从实施效果来看,由于高校与企业在待遇上存在较大的差距以及工作时间的冲突,多数高校在两种模式考量上还坚持以校企"共育"为主,兼顾企业人才引进。例如,一些高校通过校企共建教师研修基地的方式,定期选派优秀青年教师进入企业,进行一定时间的研修。这些教师通过参与企业的技术创新、产品开发、项目设计、生产制造以及企业管理等方面的工作,熟悉产品从市场调研、设计制造、生产管理、市场营销到售后服务等整个业务流程,极大地丰富了教师的社会实践经历,并有效提升了他们的应用研究水平④,进而能够更好地胜任应用型高校人才培养和技术创新活动。从产学研用结合的角度来看,教师的企业研修实际上是一个将理论运用于社会实践并推动学术成果转化的过程。一般而言,前沿性的科学研究离不开与之相适的仪器设备,没有与之相配套的研究设备,研究者很难在科学领域开展研究。

众所周知,办学经费紧张是世界各国高等教育所面临的共性问题,特别是在应用型教育领域,需要的实践教学设备、科研设备不但价格昂贵,而且运行和维护成本高,即便是一些高校购置了一些先进实验教学设备,往往也只能够满足学生的实践教学模拟演示,无法从根本上满足广大教师的学术研究需要。企业则不同,它们

---

① 范春萍,夏涤.高校"新兴工科"设立评价指标体系研究[J].高等工程教育研究,2020,184(5):18-24.
② 杨毅刚,宋庆,唐浩.工程教育专业认证与 CDIO 模式异同分析与相互借鉴[J].高等工程教育研究,2018(5):45-51.
③ 壮国桢."半工半读"新型高校与高等职业教育渊源探析[J].中国职业技术教育,2022(1):53-59.
④ 王滋海."双师型"高校教师能力提升策略[J].山西财经大学学报,2023(S1):88-90.

不仅具备完整的生产链条,还掌握从原材料到产品各个生产环节的前沿技术工艺,且拥有最先进的生产设备和生产车间。实践证明,无论是用于产品生产还是工艺技术开发,那些最先进的研发设备往往都在企业[①],这也是企业在激烈的市场竞争中保持竞争优势的根本保障。事实上,教师在研修过程中,无论是实践经验的习得,还是联合企业开展共性技术研发,都离不开企业的生产设备、实验仪器、科研平台以及实践知识等方面的基础性支撑。从这个意义上来说,全面深化产教融合对优化应用型高校教师知识结构、能力结构以及有效提升"双师型"师资队伍建设水平具有重要的促进作用。

---

① 陈维霞,韩志达,钱斌,等.基于协同育人的专业学位硕士创新实践能力培养研究[J].广西社会科学,2016(10):207-210.

# 第三章

# 产教融合现状分析

在人类社会的四次工业革命与工业化进程中,高等教育与产业结构始终是一种鱼与水的关系。一方面,产业结构是高等教育整体结构的重要决定性因素之一,产业结构优化升级必然推动包括学科结构、专业结构以及人才结构在内的整个高等教育结构调整改革;① 另一方面,高等教育通过人才培养、知识生产、技术创新以及社会服务必然引发产业结构持续优化升级。② 江苏省是中国经济与高等教育双强省份,产教融合整体发展水平处于全国前列,特别是在产业与教育协同发展方面,已经形成了一定的示范引领作用,在全国范围内具有一定的代表性。本章以江苏省产教融合为考察对象,重点对江苏省产业结构、高等教育结构、现代产业学院、产教融合型企业以及产教融合品牌专业建设等方面进行系统梳理,试图通过解剖麻雀、以点带面的方式窥探我国产教融合整体发展概况,包括取得的主要成效以及存在的突出问题,进而为进一步分析产教融合影响因素奠定基础。研究资料获取方式主要通过两种途径:一是制定半结构化访谈提纲对部分高校、企业、政府、行业协会相关人员进行线上与线下访谈;二是查阅江苏省国民经济和社会发展统计公报、江苏统计年鉴以及部分具有代表性高校与企业官方网站等资料。

---

① 周伟,王秀芳. 安徽高等教育学科专业结构与产业结构变迁的适应性研究[J]. 科技管理研究,2014,34(16):75-79.
② 杨水根,王曼蝶,王露. 本科专业调整、产业结构演进与区域经济增长[J]. 教育与经济,2022,38(6):12-23.

## 第一节　江苏省产业结构与高等教育整体概况

教育是人类社会特有的一种社会性活动,教育规模、发展程度以及发展水平是由社会发展水平决定的,受经济发展条件制约。社会经济发展水平是教育发展的物质基础和基本保障,影响教育内容、发展水平以及人才培养规格,并对教育质量与未来发展方向提出相应要求。①《中华人民共和国国民经济和社会发展第十四个五年规划和2035年远景目标纲要》提出,建立学科专业动态调整机制和特色发展引导机制,增强高校学科设置的针对性。② 换言之,高等教育人才培养应与市场经济相适应,专业设置应与区域经济社会发展需求保持一致。特别是应用型高校,专业结构应根据区域产业结构发展需求,优化传统专业、培育新专业、打造具有区域特色的品牌专业,进而有效提升教育链、人才链与产业链、创新链之间的匹配度,这也是产教融合高质量推进的必然方向。

### 一、江苏省产业结构概况

#### (一) 江苏省产业结构整体特征

产业结构是指农业、工业和服务业在一个国家经济结构中所占的比重,包括国民经济各产业部门之间以及各产业部门内部构成要素之间的相互关系。③ 合理的产业结构不仅能够提高资源与技术的利用效率,而且能够促进不同产业健康协调发展,它是区域经济可持续发展的重要前提。江苏省地处长江经济带,下辖13个地级行政区,是我国唯一所有地级行政区均跻身百强的省份,人均GDP、地区发展与民生指数均居全国省域第一,是我国综合发展水平最高的省份之一,也是我国经济最活跃的省份之一,已经迈入国际"中上等"发达国家水平。④《江苏省国民经济和社会发展第十四个五年规划和二〇三五年远景目标纲要》(以下简称《纲要》)提

---

① 谢芳.地方高等教育与经济社会发展关系再认识[J].江苏高教,2023(3):69-73.
② 中国政府网.中华人民共和国国民经济和社会发展第十四个五年规划和2035年远景目标纲要[EB/OL].(2021-03-13)[2022-11-10].http://www.gov.cn/xinwen/2021-03/13/content_5592681.htm.
③ 吴长顺.营销学[M].北京:经济管理出版社,2001:9.
④ 史修松,黄驰,张洋.江苏与广东两省县域经济发展差异研究[J].淮阴工学院学报,2020,29(6):62-68.

出:培育壮大先进制造业集群,大力培育集成电路、生物医药和新型医疗器械、高端装备、新型电力(新能源)装备、工程机械、物联网、高端纺织、前沿新材料、海工装备和高技术船舶、节能环保、核心信息技术、汽车及零部件、新型显示、绿色食品等省级先进制造业集群;大力发展战略性新兴产业,重点聚焦集成电路、生物医药、人工智能等前沿领域,积极发展新一代信息技术、新材料、节能环保、新能源、新能源汽车等产业。①《纲要》内容表明大力发展尖端制造业和战略性新兴产业是江苏省未来的重点方向,这为推动江苏省产业结构整体升级以及实现区域经济高质量发展奠定了坚实的基础。图3-1统计了2021年江苏省13个下辖地级市三次产业结构整体概况。

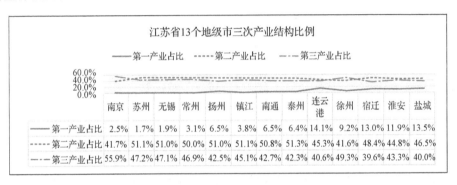

**图 3-1　2021 年江苏省产业结构整体概况**

通过图 3-1 可以看出,江苏省产业结构整体上呈现"三、二、一"的发展格局,全年三次产业结构比例为 4.1∶44.5∶51.4,表明江苏省产业发展已经迈入高效益的综合发展阶段。从整体上来看,江苏省产业结构符合经济学家西蒙·库兹涅茨提出的产业结构理论,即随国民经济快速发展,第一产业比重持续下降,第二产业比重先升后降呈现倒"U"型变化,第三产业比重持续上升。② 从产业结构区域特征来看,苏南地区(苏州、无锡、常州、南京、镇江)三次产业整体比例约为 1.7∶45.7∶52.6;苏中地区(扬州、泰州、南通)三次产业整体比例约为 4.8∶48.3∶46.9;苏北地区(徐州、连云港、盐城、淮安、宿迁)三次产业整体比例约为 10.2∶41.8∶48。这些数据表明江苏省产业整体发展态势良好,产业结构较为合理。但从区域特征来看,

---

① 江苏省发展和改革委员会.省政府关于印发江苏省国民经济和社会发展第十四个五年规划和二〇三五年远景目标纲要的通知[EB/OL].(2021-03-01)[2021-06-15].http://fzggw.jiangsu.gov.cn/art/2021/3/1/art_284_9683575.html.

② 郭克莎.工业增长质量研究[M].北京:经济管理出版社,1998:27-32.

江苏省产业结构整体上呈现"南高北低"的空间特征,区域发展还存在一定程度的不均衡问题。

## (二) 江苏省三次产业增加值

产业增加值是指一定时期内工业生产所创造出来的新增价值,反映的是工业企业在一定期间内用货币表现出的新增产值,即总产值减去生产过程中消耗后的余额,它是反映某一产业未来发展前景的一项重要指标。① 图 3-2 统计了 2017—2021 年江苏省三次产业增加值的整体概况。

图 3-2 2017—2021 年江苏省三次产业增加值概况

从产业结构变动趋势我们可以看出,2017—2021 年江苏省三次产业增加值比例分别为 4.7∶45∶50.3,4.5∶44.5∶51,4.3∶44.4∶51.3,4.4∶43.1∶52.5,4.1∶44.5∶51.4。2021 年江苏省经济总量达到 11.6 万亿元,同比增长 8.6%,占全国经济总量 10.2%。其中,第一产业增加值为 4 722.4 亿元(增长 3.1%),第二产业增加值为 51 775.4 亿元(增长 10.1%),第三产业增加值为 59 866.4 亿元(增长 7.7%)。② 总体而言,江苏省第一产业与第二产业增加值比例呈现平稳下降趋势,第三产业增加值比例呈现平稳增长趋势。这些数据表明江苏省在 2017—2021 年期间,产业结构持续优化,产业体系不断完善,经济活力持续增强。图 3-3、图 3-4、图 3-5 分别统计了 2021 年江苏省 13 个地级市三次产业增加值及其增长率。

---

① 顾璟.创新驱动发展战略背景下江苏省人才高地建设的成效、困境与优化策略[J].高校教育管理,2022,16(6):93-101.

② 江苏省统计局 国家统计局江苏调查总队.2021 年江苏省国民经济和社会发展统计公报[EB/OL].(2022-03-31)[2023-03-03].http://jyt.jiangsu.gov.cn/art/2022/3131/art_64797_10398993.html.

第三章 产教融合现状分析

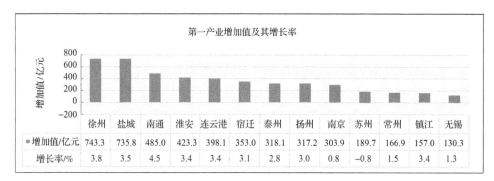

图3-3 2021年江苏省13地级市第一产业增加值及其增长率

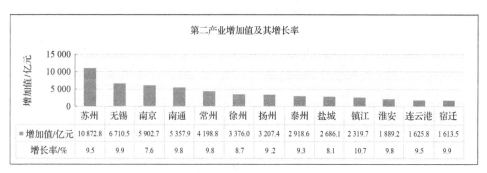

图3-4 2021年江苏省13地级市第二产业增加值及其增长率

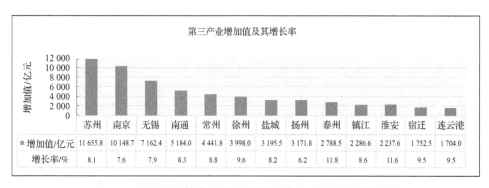

图3-5 2021年江苏省13地级市第三产业增加值及其增长率

第一产业增加值位列前三位的分别为徐州、盐城和南通,增加值分别为743.3亿元、735.8亿元、485.0亿元,增长率分别为3.8%、3.5%、4.5%;第二产业增加值位列前三位的分别为苏州、无锡和南京,增加值分别为10 872.8亿元、6 710.5亿元、5 902.7亿元,增长率分别为9.5%、9.9%、7.6%;第三产业增加值位列前三位的分别为苏州、南京和无锡,增加值分别为11 655.8亿元、10 148.7亿元、7 162.4

亿元,增长率分别为 8.1%、7.6%、7.9%。可以看出,江苏省三产结构整体上还不够平衡,苏南、苏中地区二、三产业发展较为迅速,苏北地区产业结构整体水平依然不高。但总体而言,江苏省产业结构整体上已经基本步入高度化发展模式,即从第一产业逐渐向第二、三产业占优势地位顺向递进,从劳动密集型向资本密集型和知识密集型顺向递进,从低附加价值向高附加价值顺向递进,从低加工度向高加工度顺向递进。[①]

## 二、江苏省高等教育整体概况

科学合理的高等教育结构是实现教育高质量发展的前提条件,也是推动教育健康可持续发展的重要保障。2021年,江苏省普通高等学校共计168所,其中本科层次高等学校78所(部委属10所、省属33所、市属7所、民办26所、中外合作办学2所),专科层次高等学校90所(省属41所、市县属26所、民办22所、中外合作办学1所)。普通高等教育本专科招生65.15万人,在校生211.08万人,毕业生52.36万人。研究生教育招生9.46万人,在校生27.15万人,毕业生6.26万人。表3-1统计了江苏省高等教育整体结构。

表3-1 江苏省高等教育整体结构

| 城市 | 类型 | | | | | | | | | 合计/所 |
| --- | --- | --- | --- | --- | --- | --- | --- | --- | --- | --- |
| | 本科层次高校/所 | | | | | 专科层次高校/所 | | | | |
| | 部属 | 省属 | 市属 | 民办 | 合资 | 省属 | 市县属 | 民办 | 合资 | 168 |
| 南京市 | 8 | 16 | 2 | 8 | 0 | 10 | 2 | 5 | 0 | 51 |
| 无锡市 | 1 | 0 | 1 | 1 | 0 | 4 | 3 | 3 | 0 | 13 |
| 徐州市 | 1 | 2 | 1 | 2 | 0 | 3 | 2 | 1 | 0 | 12 |
| 常州市 | 1 | 1 | 0 | 1 | 0 | 0 | 6 | 1 | 1 | 11 |
| 苏州市 | 0 | 3 | 1 | 3 | 2 | 4 | 7 | 5 | 1 | 26 |
| 南通市 | 0 | 1 | 0 | 2 | 0 | 3 | 3 | 0 | 0 | 9 |
| 连云港 | 0 | 1 | 0 | 1 | 0 | 1 | 2 | 0 | 0 | 5 |
| 淮安市 | 0 | 2 | 0 | 0 | 0 | 4 | 0 | 1 | 0 | 7 |

---

① 常轩,李金叶.数字经济、产业结构升级与共同富裕[J].技术经济与管理研究,2022,317(12):10-16.

续表

| 城市 | 类型 | | | | | | | | | 合计/所 |
|---|---|---|---|---|---|---|---|---|---|---|
| | 本科层次高校/所 | | | | | 专科层次高校/所 | | | | 168 |
| | 部属 | 省属 | 市属 | 民办 | 合资 | 省属 | 市县属 | 民办 | 合资 | |
| 盐城市 | 0 | 2 | 0 | 0 | 0 | 2 | 1 | 1 | 0 | 6 |
| 扬州市 | 0 | 1 | 0 | 2 | 0 | 2 | 2 | 2 | 0 | 9 |
| 镇江市 | 0 | 2 | 0 | 3 | 0 | 1 | 2 | 1 | 0 | 9 |
| 泰州市 | 0 | 0 | 1 | 4 | 0 | 1 | 1 | 0 | 0 | 7 |
| 宿迁市 | 0 | 1 | 0 | 0 | 0 | 0 | 0 | 2 | 0 | 3 |

从区域分布来看,江苏省普通高等学校区域分布从南至北逐级递减的梯度差异特征显著。苏南地区市均高校22所,苏中地区市均高校8.3所,苏北地区市均高校6.6所。从层次结构来看,江苏省本科与专科高校结构比例为1∶1.2,研究生、本科生、专科生招生规模结构比例为12.7∶28.5∶58.8;从体制结构来看,公办高校占比69.6%,民办高校占比28.6%,合作办学高校占比1.8%;从类型结构来看,部属高校占比6.0%、省属高校占比44.0%、市(县)属高校占比19.6%、民办高校占比28.6%、合作办学高校占比1.8%。总体而言,江苏省高等教育整体结构呈现出以公办为主,多种体制并存,区域分布整体不均衡,本专科高校齐头并进的发展格局。

## 三、江苏省应用型本科高校整体概况

应用型高校起源于20世纪上半叶的美国。第一次世界大战结束后,随着一些军用技术进入生产生活领域,各级各类专门性人才出现大量缺口,美国等西方发达资本主义国家高等教育领域相继出现以培养应用型人才为目的的高等教育类型。二战后,尤其是20世纪60年代以来,随着科学技术的快速发展,以电子计算机为代表的先进技术进入生产领域,专门技术人才需求量激增,以美国为代表的西方发达国家打破了传统单一的学术型高等教育格局,一大批应用型本科院校得以涌现。① 我国应用型本科高校的兴起,主要源自普通本科高校分类管理与转型发展。2010年7月29日,中共中央、国务院印发《国家中长期教育改革和发展规划纲要(2010—2020年)》(以下简称《纲要》)提出,促进高校办学特色,建立高校分类体

---

① 夏建国.技术应用型本科院校办学定位思考[J].教育发展研究,2006(13):68-70.

系,实行分类管理,建立现代职教体系。为落实《纲要》精神,在教育部的积极推动下,2013年6月28日,中国应用技术大学(学院)联盟在天津职业技术师范大学成立,开启了地方普通本科高校转型大幕。2014年5月2日,国务院印发《关于加快发展现代职业教育的决定》指出,采用试点推动、示范引领等方式,引导一批普通本科高校向应用技术类型高校转型,重点举办本科职业教育,明确了普通本科高校向应用型高校转型的方向与方式。2015年10月23日,教育部、国家发展和改革委员会、财政部联合印发《关于引导部分地方普通本科高校向应用型转变的指导意见》,进一步明确了普通本科院校向应用型高校转型的基本思路、主要任务以及配套政策与推进机制。表3-2统计了江苏省明确以应用型为办学定位的普通本科高校名单。

表3-2 江苏省应用型本科高校名单

| 学校名称 | 类型 | 办学定位 |
| --- | --- | --- |
| 江苏科技大学 | 省属 | 行业特色鲜明的应用型大学 |
| 南京工业大学 | 省属 | 国内一流、国际知名创业型大学 |
| 江苏海洋大学 | 省属 | 高水平应用研究型海洋大学 |
| 南京工程学院 | 省属 | 全国应用型高校领头羊 |
| 江苏理工学院 | 省属 | 特色鲜明、全国知名高水平应用型大学 |
| 常熟理工学院 | 省属 | 特色鲜明、质量著称一流应用型大学 |
| 淮阴工学院 | 省属 | 应用特色鲜明高水平大学 |
| 盐城工学院 | 省属 | 高水平一流应用型大学 |
| 南京工业职业技术大学 | 省属 | 全国领军、世界水平职业技术大学 |
| 宿迁学院 | 省属 | 高水平、有特色应用技术大学 |
| 泰州学院 | 市属 | 特色鲜明高水平应用型本科高校 |
| 无锡学院 | 市属 | 特色鲜明一流创新应用型大学 |
| 徐州工程学院 | 市属 | 全国一流、特色鲜明应用型大学 |
| 苏州城市学院 | 市属 | 应用型大学 |
| 常州工学院 | 市属 | 一流应用技术大学 |
| 金陵科技学院 | 市属 | 省内一流、国内高水平新兴应用型大学 |
| 南京中医药大学翰林学院 | 民办 | 区域知名应用型大学 |
| 南京理工大学泰州科技学院 | 民办 | 特色鲜明的高水平应用型大学 |
| 南京师范大学泰州学院 | 民办 | 特色鲜明的高水平应用型本科大学 |

续表

| 学校名称 | 类型 | 办学定位 |
|---|---|---|
| 常州大学怀德学院 | 民办 | 高水平、有特色、具影响应用型大学 |
| 南京师范大学中北学院 | 民办 | 区域领先、特色鲜明高水平应用型大学 |
| 南京财经大学红山学院 | 民办 | 高水平应用型大学 |
| 江苏大学京江学院 | 民办 | 高水平应用型本科院校 |
| 扬州大学广陵学院 | 民办 | 高水平应用型大学 |
| 南京邮电大学通达学院 | 民办 | 高水平信息类应用型大学 |
| 南通大学杏林学院 | 民办 | 应用型大学 |
| 南通理工学院 | 民办 | 高水平、有特色一流民办应用型高校 |
| 苏州大学应用技术学院 | 民办 | 特色鲜明的高水平应用技术大学 |
| 苏州科技大学天平学院 | 民办 | 苏南地区应用创新型人才培养基地 |
| 江苏科技大学苏州理工学院 | 民办 | 高水平、有特色应用技术型大学 |
| 中国矿业大学徐海学院 | 民办 | 国内高水平应用型高校 |
| 江苏师范大学科文学院 | 民办 | 区域高水平民办应用型大学 |
| 无锡太湖学院 | 民办 | 国内一流应用型大学 |
| 三江学院 | 民办 | 特色鲜明的高水平应用型民办大学 |
| 南京传媒学院 | 民办 | 国内一流传媒艺术类应用型大学 |
| 南京大学金陵学院 | 民办 | 高水平应用技术型大学 |
| 东南大学成贤学院 | 民办 | 国内具有较强影响力高质量应用型大学 |
| 南京航空航天大学金城学院 | 民办 | 高水平科技大学 |
| 南京理工大学紫金学院 | 民办 | 高水平应用型本科大学 |
| 南京工业大学浦江学院 | 民办 | 应用型大学 |
| 南京审计大学金审学院 | 民办 | 高水平应用型大学 |

注:数据来源于各高校官方网站

截止到2021年年底,江苏省本科层次高等学校共计78所,其中明确以应用型为办学定位的高校41所。从高校数量上来看,应用型本科高校占江苏省本科高校总数的52.56%,对江苏省本科教育发挥了重要的支撑作用;从高校类型来看,省属应用型本科高校10所,占应用型本科高校总数24.39%;市属应用型本科高校6所,占应用型本科高校总数14.63%;民办应用型本科高校25所,占应用型本科高校总数60.98%。总体而言,江苏省应用型本科高校在规模与数量上已经成为省域本科教育的主力军和生力军,民办应用型本科高校是江苏省应用型本科教育的中坚力量和构成主体。但就办学综合实力而言,江苏省应用型本科高校整体办学水平还不高,缺乏"双一流"建设高校。

## 第二节 产教融合主要成效

近年来,随着江苏省三次产业结构不断优化和高等教育综合改革的高质量推进,产业与教育之间资源共享、优势互补、合作共赢的良好局面正逐步形成。特别是在《国务院办公厅关于深化产教融合的若干意见》《省政府办公厅关于深化产教融合的实施意见》《江苏省产教融合型企业认定和管理办法》等文件实施以来,江苏省产教融合制度体系不断完善、企业参与产教融合积极性不断提升、产教融合组织载体日趋丰富、产教融合品牌专业发展迅速,这为江苏省全面推进教育链、人才链与产业链、创新链紧密衔接,以及高质量推进产业系统与教育系统深度融合与健康可持续发展打下了良好的基础。

### 一、产教融合制度体系不断完善

制度是党和国家对教育领域的价值引领和控制,它反映了教育在不同发展阶段的价值准则和行为规范。产教融合作为一项国家战略层面上整体性的和系统性的制度安排,其落实与执行需要各级政府建立健全相应的配套体系。深化产教融合是十九大报告提出的重大改革任务。二十大报告再次强调,"统筹职业教育、高等教育、继续教育协同创新,推进职普融通、产教融合、科教融汇"[1]。全面深化产教融合,加速推进教育链、人才链与产业链、创新链的有机衔接,是培养适应和引领现代产业发展的高素质应用型、复合型、创新型人才的必然路径。为全面落实产教融合这一战略目标,中央政府先后出台《国务院办公厅关于深化产教融合的若干意见》《国家职业教育改革实施方案》《建设产教融合型企业实施办法(试行)》《职业教育产教融合赋能提升行动实施方案(2023—2025年)》等制度,这一系列的制度

---

[1] 习近平.高举中国特色社会主义伟大旗帜为全面建设社会主义现代化国家而团结奋斗:在中国共产党第二十次全国代表大会上的报告[EB/OL].(2022-10-25)[2023-02-22].http://www.news.cn/politics/2022-10/25/c_1129079429.htm.

安排对产教融合在深度、广度及精准度上的延展具有重要的促进作用。江苏省是我国经济与高等教育双强省份,也是我国各大产业规模最为均衡、工业发展最为平衡、轻重工业配置最为合理的省份之一,在深化产教融合方面一直走在全国前列,并形成了具有一定区域特色的"江苏经验"。① 特别是在贯彻和落实产教融合政策方面,出台了一系列配套制度,表3-3列举了中央政府、江苏省及其所辖13个地级市三级政府有关支持产教融合的制度文件。

表3-3 中央政府、江苏省及其所辖市三级政府有关支持产教融合的制度文件

| 发文单位 | 支持产教融合相关制度文件名称 |
| --- | --- |
| 中央政府 | 《国务院办公厅关于深化产教融合的若干意见》(2017)、《职业学校校企合作促进办法》(2018)、《关于深化教育体制机制改革的实施意见》(2018)、《建设产教融合型企业实施办法(试行)》(2019)、《职业教育提质培优行动计划(2020—2023年)》(2020)、《关于推动现代职业教育高质量发展的意见》(2021)、《职业教育产教融合赋能提升行动实施方案(2023—2025年)》(2023)等 |
| 江苏省政府 | 《江苏省政府办公厅关于深化产教融合的实施意见》(2018)、《江苏省产教融合型企业认定和管理办法》(2018)、《省政府关于鼓励社会力量兴办教育促进民办教育健康发展的实施意见》(2018)、《省政府关于加快推进职业教育现代化的若干意见》(2018)、《江苏省人民政府关于推行终身职业技能培训制度的实施意见》(2019)、《江苏省人民政府办公厅关于印发江苏省职业技能提升行动实施方案(2019—2021年)的通知》(2019)、《江苏省职业教育校企合作促进条例》(2019)、《江苏省人民政府办公厅关于深入推进数字经济发展的意见》(2020)、《江苏省人民政府关于印发江苏高水平大学建设方案(2021—2025年)的通知》(2021)、《江苏省人民政府办公厅关于印发江苏省"十四五"教育发展规划的通知》(2021)、《省委办公厅 省政府办公厅印发关于推动现代职业教育高质量发展实施意见的通知》(2022)等 |
| 南京市政府 | 《市政府办公厅关于深化产教融合的实施意见》(2019)、《市政府办公厅关于印发南京市职业技能提升行动实施方案(2019—2021年)的通知》(2019)、《市政府关于印发南京市数字经济发展三年行动计划(2020—2022年)的通知》(2020)、《南京市"十四五"高质量就业促进规划》(2021)、《市政府办公厅关于印发南京市制造业智能化改造和数字化转型实施方案(2022—2024年)的通知》(2022)等 |

---

① 祖强,许广举,魏永军.高等教育系统论视域下的产教融合"组合拳":江苏实践与思考[J].中国大学教学,2023(4):61-66.

续表

| 发文单位 | 支持产教融合相关制度文件名称 |
| --- | --- |
| 苏州市政府 | 《关于推进苏州市职业院校企业学院建设的意见》(2018)、《关于全面推行现代学徒制的实施意见》(2018)、《市政府关于加快推进职业教育现代化的实施意见》(2020)、《市政府关于加快推进职业教育现代化的实施意见》(2020)、《中共苏州市委 苏州市人民政府关于开放再出发的若干政策意见》(2020)、《苏州市促进新一代人工智能产业发展的若干措施》(2021)、《苏州市制造业智能化改造和数字化转型2022年行动计划》(2022)等 |
| 无锡市政府 | 《中共无锡市委 无锡市人民政府关于深化教育体制机制改革的实施意见》(2018)、《市政府办公室关于深化产教融合助力产业强市的实施意见》(2019)、《市政府关于加快推进全市技术转移体系建设的实施意见》(2019)、《市政府关于推动先进制造业和现代服务业深度融合发展的实施意见》(2020)、《无锡市科技创新促进条例》(2021)、《无锡市"十四五"规划和二〇三五年远景目标纲要》(2021)等 |
| 常州市政府 | 《常州市深化在常高校院所与地方产业创新驱动融合发展三年行动计划(2019—2021年)》(2018)、《常州市职业技能提升行动实施方案(2019—2021年)》(2019)、《支持在常高校产教融合高水平发展实施细则》(2021)、《常州市教育局关于印发〈关于促进职业教育高质量发展的若干政策〉的通知》(2021)、《常州市"十四五"教育发展规划》(2021)、《常州市五年制高职产业教授选聘办法》(2021)等 |
| 镇江市政府 | 《市政府办公室关于推行终身职业技能培训制度的实施意见》(2019)、《协同推进新时代镇江产业工人队伍建设改革工作方案》(2021)、《镇江市制造业智能化改造和数字化转型三年实施方案(2022—2024年)》(2022)、《镇江市"十四五"教育事业发展规划》(2022)等 |
| 扬州市政府 | 《扬州市政府办公室关于深化产教融合的实施意见》(2019)、《扬州市职业技能提升行动实施方案(2019—2021年)》(2019)、《关于推动先进制造业和现代服务业深度融合发展的实施意见》(2019)、"2号文件":2020年优化企业发展环境推进新兴科创名城建设工作方案》(2020)、《中共扬州市 扬州市人民政府关于推进全市开发园区"二次创业"高质量发展的意见》(2020)、《扬州市国民经济和社会发展第十四个五年规划和二〇三五年远景目标纲要》(2021)、《扬州市深化校企合作订单式培养技能人才实施细则》(2022)等 |
| 泰州市政府 | 《市政府关于推进专利标准融合创新的实施意见》(2020)、《泰州市聚焦产业强市构建科技创新生态体系三年行动方案(2021—2023年)》(2021)、《泰州市"十四五"高等教育发展规划》(2021)、《关于加快泰州市战略性新兴产业发展的指导意见》(2022)等 |

续表

| 发文单位 | 支持产教融合相关制度文件名称 |
| --- | --- |
| 南通市政府 | 《关于推进职业技能提升行动计划(2017—2020年)的实施意见》(2017)、《南通市职业技能提升行动实施方案(2019—2021年)》(2019)、《南通市"十四五"教育发展规划》(2022)、《关于进一步促进全市乡镇工业集聚区高质量发展的实施意见》(2022)等 |
| 淮安市政府 | 《淮安市职业技能提升行动实施方案(2019—2021年)》(2019)、《关于推荐产教融合型企业建设培育试点》(2019)、《淮安市"十四五"教育事业发展规划》(2021)、《淮安市国民经济和社会发展第十四个五年规划和二〇三五年远景目标纲要》(2021)等 |
| 徐州市政府 | 《市政府关于印发深化产教融合加快推进职业教育高质量发展行动计划(2020—2022)的通知》(2019)等 |
| 连云港市政府 | 《连云港市职业技能提升行动实施方案(2019—2021年)》(2019)、《连云港市进一步降低企业负担促进实体经济高质量发展实施方案》(2019)、《市政府关于加快产业强链推动工业经济高质量发展的实施意见》(2021)、《市政府关于加快推进高新技术产业开发区高质量发展的实施意见》(2021)、《市政府办公室关于深化商事制度改革进一步为企业松绑减负激发企业活力的通知》(2021)、《连云港市"十四五"开发区高质量发展行动方案》(2022)等 |
| 盐城市政府 | 《盐都区关于促进科技与产业融合加快科技成果转化的实施意见》(2018)、《关于支持驻盐高校发展促进校地协同创新的意见》(2019)、《盐城市国民经济和社会发展第十四个五年规划和二〇三五年远景目标纲要》(2021)等 |
| 宿迁市政府 | 《宿迁市产教融合优化升级实施方案》(2021)、《关于加强职业教育服务产业发展的十条措施》(2021)、《宿迁市青年发展规划(2021—2025年)》(2021)、《人才引领服务发展"五联五强"行动方案》(2021)、《"技能宿迁"行动(2022—2024年)实施方案》(2022)等 |

注:数据来源中华人民共和国教育部官网(http://www.moe.gov.cn/),江苏省人民政府官网(http://www.jiangsu.gov.cn/),以及各市政府官网。

通过表3-3我们可以看出,在国家政策引领下,江苏省及其所辖13个地级市陆续出台了一系列关于深化产教融合的支持性政策。从政策的价值导向来看,江苏省在引导和推进产业与教育两大主体深度融合的政策支持力度正在逐步加大,并呈现出以下三个显著特点:

第一,从政策方向上来看,始终强调服务产教融合重大发展战略。特别是自

21世纪以来,政策始终围绕产教融合、校企合作以及现代职教体系建设等重大发展战略。每一项重大改革或重要制度文件出台,都是以推动区域经济社会发展和产业结构转型升级为根本遵循,充分体现了高等教育在高层次人才培养、知识创新以及技术应用等方面服务国家发展战略的基本立足点,及时回应高等教育与产业发展的内在诉求,突出应用型教育服务地方产业结构转型升级发展、赋能中国式现代化的重要职能和作用。

第二,从政策目标上来看,建立产教融合发展新格局贯穿始终。纵观江苏省高等教育政策历史演变,在不同时期、不同发展阶段,对高等教育特别是应用型教育发展的政策供给始终是以产教融合这一主线贯穿始末。《省政府办公厅关于关于深化产教融合的实施意见》提出,将产教融合作为促进经济社会协调发展的重要举措,融入经济转型升级各环节,贯穿人才开发全过程,不仅调动了行业企业等社会力量参与、举办以及支持高等教育发展的积极性,同时也为区域产业与教育协同发展提供了坚实的政策保障。此后,在不同发展阶段出台的各类教育政策始终沿着这一发展主线,并不断丰富目标和内涵,进而保证了产业与教育协同发展政策供给的前后一致性。

第三,从政策保障上来看,始终强调以法治为基本遵循的产教融合制度建设。政策的推进与落实离不开制度和法治的刚性约束。特别是自高等教育法实施以来,江苏省逐步建立了以教育法为核心,以劳动法、企业法以及慈善法等相关法律为补充,以自上而下的各级政府行政法规为配套,以各类相关规章制度、机制、办法、标准为基本内容的产教协同发展制度体系,逐步形成了纵向贯穿、横向延伸、整体联动的产教融合制度保障体系。

## 二、企业参与产教融合的积极性不断提升

严格意义上的产教融合肇始于20世纪中期德国职业教育领域中的"双元制"人才培养模式。[①] 此后,逐步被世界各国高等教育广泛运用于校企合作人才培养,如美国的"合作教育"模式、日本的"官产学"模式、新加坡的"教学工厂"模式等。我国教育领域产教融合、校企合作萌芽于"实业学堂"模式下的"校厂一体化"人才培养,即工厂被赋予了教育功能,学校也被赋予生产劳动功能。直到21世纪初,

---

① 杨磊,朱德全.职业本科教育的"中国模式"探索:基于德国、英国、日本实践经验的启示[J].中国电化教育,2022(8):51-60.

《关于大力发展职业教育的决定》《关于加快发展现代职业教育的决定》《关于深化产教融合的若干意见》等政策的出台与实施,才从制度上真正明确企业参与办学的合法性,并将产教关系从"依靠企业""发挥企业重要办学主体作用"推向"强化企业重要主体作用"。① 从"产教结合""校企合作""联合办学"到"产教融合",企业逐步从过去的"配角"转变成为现在"主角",企业的积极性得到极大的提升,特别是《建设产教融合型企业实施办法(试行)》的实施,企业的主动性与内生动力得到前所未有的激发。产教融合型企业是新时期推进产教融合高质量发展的新型组织载体,是指深度参与产教融合、校企合作,在职业院校、高等学校办学和深化改革中发挥重要主体作用,行为规范、成效显著、创造较大社会价值,对提升技术技能人才培养质量,增强吸引力和竞争力,具有较强带动和引领示范效应的企业。② 建设产教融合型企业是全面深化产教融合"组合拳"之一,也是提升企业积极性、主动性以及保障企业主体地位的重要途径。图3-6、图3-7分别统计了纳入"江苏省产教融合型企业建设培育库"企业的区域分布与行业分布。

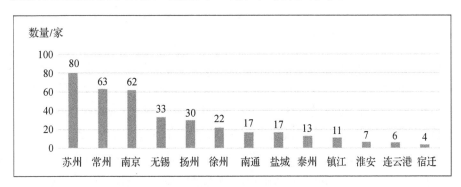

图3-6 江苏省产教融合型企业区域分布

---

① 王辉.我国职业教育产教融合政策变迁析理[J].中国职业技术教育 2022,(27):5-12.
② 李玮炜,贺定修."双高计划"背景下高职产教融合的基础、需求与路径[J].中国职业技术教育,2019(30):5-9.

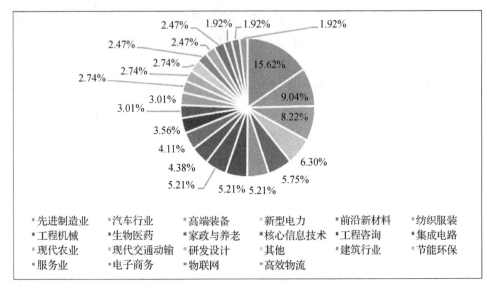

**图 3-7　江苏省产教融合型企业行业分布**

江苏省作为我国制造业第一大省，规模以上中小工业企业 50 377 家，2021 年实现利润总额达 5 356.4 亿元[①]，在产教融合实践探索方面一直走在全国前列。目前已经正式纳入"江苏省产教融合型企业建设培育库"企业多达 365 家。从区域分布来看，教融合型企业分布覆盖了全省 13 个地级市，其中苏南地区市均 49.8 家，苏中地区市均 20 家，苏北地区市均 11.2 家；从行业分布来看，排名前十位的行业分别是先进制造业、汽车行业、高端装备业、新型电力、前沿新材料、纺织服装、工程机械、生物医药、家政与养老和信息技术。这些数据表明随着知识经济时代的到来，建立在传统工业化高度分工基础上的技术已经发生根本性改变，知识、技术与经济紧密结合是江苏省经济社会未来发展的必然趋势，走产教融合之路也必将成为江苏省新兴产业未来发展的路径选择。

## 三、产教融合成果日趋丰硕

改革开放 40 多年来，我国高等教育管理体制改革大致经历了从"条块分割"到"条块有机结合"，从"高度集权"到"分级管理"，从"全能型政府"到"有限政府"的

---

① 江苏省工业和信息化厅.2021 年全省规模以上中小工业经济运行简析[R/OL].2022－01－31(2022－10－10).https://gxt.jiangsu.gov.cn/art/2022/1/31/art_80181_10366718.html.

发展历程。① 特别是自20世纪末以来,在"共建、调整、合作、合并"的八字方针指导下②,政府、高校与社会之间的关系得到进一步理顺,政府宏观指导、社会广泛参与、高校依法自主办学的新型治理结构正在逐步形成。在这一背景下,产业与教育之间的关系日趋紧密,合作成果日趋丰硕,特别是在产教融合组织载体与品牌专业建设方面尤其突出。

### (一)产教融合新型组织载体建设水平稳步提升

现代产业学院是推进产教深度融合高质量发展的重要载体,是实现产教关系从融合走向共生的新型组织形态。产业学院概念源自英国"产业大学",即以帮助社会人员提升职业技能为目标,以开放式网络课程为载体,而建立的具有中介性质的教育结构。③ 作为一种新型组织载体,我国现代产业学院本土化实践主要源自应用型人才培养模式改革,即以培养适应和引领现代产业发展的高素质人才为目标,以高校、地方政府、企业、行业组织等为共建主体,而建立的集政、产、学、研、用于一体的实体性办学组织。④ 现代产业学院建设是高校主动适应产业转型升级与积极回应区域经济社会发展需求的结果,也是新时期高校全面深化产教融合的重要表征。表3-4统计了江苏省高校重点产业学院及其区域分布。

表3-4 江苏省重点产业学院及其区域分布一览表

| 产业学院名称 | 所属高校 | 所在城市 | 类型 |
| --- | --- | --- | --- |
| 2011膜产业学院 | 南京工业大学* | 南京市 | 国家重点 |
| 人工智能产业学院 | 南京信息工程大学 | 南京市 | 国家重点 |
| 南瑞电气与自动化学院 | 南京师范大学 | 南京市 | 国家重点 |
| 阿里云大数据学院 | 常州大学 | 常州市 | 国家重点 |
| 智能制造产业学院 | 常州工学院* | 常州市 | 国家重点 |
| 光伏科技学院 | 常熟理工学院* | 苏州市 | 国家重点 |
| 人工智能与智能制造学院 | 江苏大学 | 镇江市 | 国家重点 |

---

① 杨尊伟.改革开放40年我国高等教育管理体制改革的回顾与前瞻[J].河北师范大学学报(教育科学版),2018,20(5):13-19.
② 严燕.世纪之交的回眸与前瞻:全国高等教育管理体制改革经验交流会述要[J].扬州大学学报(高教研究版),1998(1):3-5.
③ 刘娅.英国政府促进大学与产业合作的机制与启示[J].科技管理研究,2016,36(9):106-111.
④ 宋瑾瑜,张元宝.共生理论视域下产业学院共生发展的困境与路径选择[J].教育与职业,2021(23):58-63.

续表

| 产业学院名称 | 所属高校 | 所在城市 | 类型 |
|---|---|---|---|
| 通科微电子学院 | 南通大学 | 南通市 | 国家重点 |
| 新能源学院 | 盐城工学院* | 盐城市 | 国家重点 |
| 智能制造装备产业学院 | 扬州大学 | 扬州市 | 国家重点 |
| 智慧水利产业学院 | 河海大学 | 南京市 | 省重点 |
| 康缘中药学院 | 南京中医药大学 | 南京市 | 省重点 |
| 腾讯云人工智能学院 | 南京工程学院* | 南京市 | 省重点 |
| 电子竞技产业学院 | 金陵科技学院* | 南京市 | 省重点 |
| 湿地学院 | 盐城师范学院 | 盐城市 | 省重点 |
| 中兴通讯信息工程学院 | 江苏理工学院* | 常州市 | 省重点 |
| 医药生物技术学院 | 常熟理工学院* | 苏州市 | 省重点 |
| 机器人产业学院 | 常州大学 | 常州市 | 省重点 |
| 电机产业学院 | 常州工学院* | 常州市 | 省重点 |
| 传动装备智能制造学院 | 淮阴工学院* | 淮安市 | 省重点 |
| 生物医药产业学院 | 江苏海洋大学* | 连云港市 | 省重点 |
| 海洋工程装备制造产业学院 | 江苏科技大学* | 苏州市 | 省重点 |
| 现代粮食工程与营养健康产业学院 | 南京财经大学 | 南京市 | 省重点 |
| 江苏直播电商与数字经济产业学院 | 南京传媒学院* | 南京市 | 省重点 |
| 智能建造产业学院 | 南京工业大学* | 南京市 | 省重点 |
| 民航现代产业学院 | 南京航空航天大学 | 南京市 | 省重点 |
| 智能制造产业学院 | 南京林业大学 | 南京市 | 省重点 |
| 智慧康养产业学院 | 南京医科大学 | 南京市 | 省重点 |
| 现代信息技术产业学院 | 南京邮电大学 | 南京市 | 省重点 |
| 现代家纺产业学院 | 南通大学 | 南通市 | 省重点 |

注:数据来源中华人民共和国教育部官网(http://www.moe.gov.cn)、江苏省教育厅官网(https://jyt.jiangsu.gov.cn/);*表示明确以应用型为办学定位的高校

截止到2021年年底,江苏省目前在建重点产业学院共计30个,涉及25所母体高校。从母体高校类型来看,综合型大学3所(占比12.00%),省部共建高校9所(占比36.00%),省属高校13所(占比52.00%),公办高校24所(占比96.00%),民办高校1所(占比4.00%),明确以应用型为办学定位的高校11所(44.00%);从产业学院办学模式来看,"校—企"共建16所(占比53.33%),

第三章 产教融合现状分析

"校—企—政"共建7所(占比23.33%),"校—企—行"共建3所(占比10.00%),"政—校—研—企"共建1所(占比3.33%),"政—校—行"共建1所(占比3.33%),"校—研"共建1所(占比3.33%),其他模式1所(占比3.33%);从区域分布来看,南京14所(占比46.67%)),常州5所(占比16.67%),苏州2所(占比6.67%)、南通2所(占比6.67%),镇江、扬州、淮阴、盐城与连云港各1所,徐州、无锡、泰州和宿迁暂无。此外,在这30所重点产业学院中,有14所产业学院源自应用型本科高校办学母体,占重点产业学院总数的46.67%;有10所产业学院入选全国首批国家级现代产业学院,占全国总数20%(全国共计50所),其中源自应用型本科高校办学母体4所,占入选总数的40%。总体而言,江苏省现代产业学院在区域分布上还不平衡,呈现出"中心"城市高于"边缘"城市的发展态势。但从建设成效来看,江苏省现代产业学院的整体建设质量稳步提升,并已初步形成依托现代产业学院开展应用型人才培养、知识创新、科技成果转化以及社会服务的"江苏模式"。

**(二) 产教融合品牌专业建设成效显著**

产教融合型专业作为高校深化产教融合内涵建设的重要抓手,主要是指高校在产教融合方面建设基础较好、产教联动深入、办学成效显著的各类专业,它是高校主动面向地方、面向行业、面向产业、面向市场,全面推进教育链、人才链与产业链、创新链有机衔接的必然路径。产教融合型专业具有建设目标双重性、建设资源交互性、建设主体多样性、建设过程开放性、建设结果适应性等显著特征,它是实现产业人才需求与高校人才供给相互匹配的重要机制。① 2022年,工业和信息化部人才交流中心印发《关于公开遴选产教融合型专业建设试点院校的通知》(工信人才〔2022〕42号)提出,重点围绕工业互联网、人工智能、区块链、网络安全、大数据、智能制造、信息技术应用创新、新能源汽车、5G应用、数字化转型等发展领域深化产教融合品牌专业建设,开启了"产教一体、多元协同、要素融通"的产教融合发展机制。表3-5统计了2022年江苏省产教融合品牌专业及其区域分布。

---

① 谷丽洁,蔡小娜,郭海龙. 产教融合型专业建设评价指标体系构建研究[J]. 职教论坛,2022,38(12):107-112.

表 3-5　2022 年江苏省产教融合品牌专业及其区域分布一览表

| 专业名称 | 所属高校 | 所在城市 |
| --- | --- | --- |
| 软件工程、环境工程、微电子科学与工程 | 南京大学 | 南京市 |
| 电子科学与技术、机械工程、机器人工程 | 东南大学 | 南京市 |
| 信息工程、软件工程、飞行器动力工程、工业工程 | 南京航空航天大学 | 南京市 |
| 机械工程、材料成型与控制工程 | 南京理工大学 | 南京市 |
| 水利水电工程、港口巷道与海安工程、水文与水资源工程 | 河海大学 | 南京市 |
| 食品科学与工程、土地资源管理、种子科学与工程 | 南京农业大学 | 南京市 |
| 微电子科学与工程、电子信息工程、自动化 | 南京邮电大学 | 南京市 |
| 机械设计制造及其自动化、家具设计与工程、木材科学与工程 | 南京农业大学 | 南京市 |
| 电子信息工程、计算机科学技术、应用气象学 | 南京信息工程大学 | 南京市 |
| 土木工程、自动化、化学工程与工艺、无机非金属材料工程 | 南京工业大学* | 南京市 |
| 电气工程及其自动化 | 南京师范大学 | 南京市 |
| 食品科学与工程、会计学、国际经济与贸易 | 南京财经大学 | 南京市 |
| 中药制药 | 南京中医药大学 | 南京市 |
| 预防医学 | 南京医科大学 | 南京市 |
| 审计学、金融学、计算机科学与技术 | 南京审计大学 | 南京市 |
| 贸易经济 | 江苏第二师范学院 | 南京市 |
| 社会体育指导与管理 | 南京体育学院 | 南京市 |
| 产品设计 | 南京艺术学院 | 南京市 |
| 电气工程及其自动化、机械设计制造及其自动化、能源与动力工程 | 南京工程学院* | 南京市 |
| 治安学 | 江苏警官学院 | 南京市 |
| 教育康复新、公共事业管理学 | 南京特教师范学院 | 南京市 |
| 物流管理 | 南京晓庄学院 | 南京市 |
| 软件工程、服装与服装设计、动画、建筑电气与智能化 | 金陵科技学院* | 南京市 |
| 电子信息工程、软件工程 | 三江学院* | 南京市 |
| 广播电视编导、动画 | 南京传媒学院* | 南京市 |
| 计算机科学与技术 | 南理工紫金学院* | 南京市 |
| 中药制药 | 中国药科大学 | 南京市 |
| 纺织工程、自动化、生物工程 | 江南大学 | 无锡市 |

续表

| 专业名称 | 所属高校 | 所在城市 |
| --- | --- | --- |
| 物联网工程、电子科学与技术、自动化 | 无锡学院* | 无锡市 |
| 电子信息工程、产品设计 | 无锡太湖学院* | 无锡市 |
| 采矿工程、土地资源管理 | 中国矿业大学 | 徐州市 |
| 机械设计制造及其自动化、食品科学与工程 | 徐州工学院* | 徐州市 |
| 电子信息工程、机械设计制造及其自动化、汽车服务工程 | 江苏理工学院* | 常州市 |
| 计算机科学与技术、机械设计制造及其自动化、能源化学工程、制药工程 | 常州大学 | 常州市 |
| 电气工程及其自动化、机械设计制造及其自动化、化学工程与工艺、测控技术与仪器 | 常州工学院* | 常州市 |
| 高分子材料与工程、纺织工程 | 苏州大学 | 苏州市 |
| 电气工程及其自动化、环境工程、建筑学 | 苏州科技大学 | 苏州市 |
| 安全工程、自动化、新能源科学与工程、生物制药、机械工程 | 常熟理工学院* | 苏州市 |
| 电子信息科学与技术 | 苏州城市学院* | 苏州市 |
| 电气工程及其自动化、电子信息工程、机械工程 | 南通大学 | 南通市 |
| 机械设计制造及其自动化、物流管理 | 南通理工学院* | 南通市 |
| 测绘工程、机械设计制造及其自动化、化学工程与工艺、制药工程 | 江苏海洋大学* | 连云港市 |
| 计算机科学与技术、机械设计制造及其自动化、化学工程与工艺、食品科学与工程 | 淮阴工学院* | 淮安市 |
| 电子信息工程、化学工程与工艺、生物技术、生物工程 | 淮阴师范学院 | 淮安市 |
| 电气工程及其自动化、电子信息工程、机械设计制造及其自动化、环境工程、化学工程与工艺 | 盐城工学院* | 盐城市 |
| 软件工程 | 盐城师范学院 | 盐城市 |
| 生物技术、土木工程 | 扬州大学 | 扬州市 |
| 通讯工程 | 南邮通达学院* | 扬州市 |
| 电气工程及其自动化、机械设计制造及其自动化、食品科学与工程 | 江苏大学 | 镇江市 |
| 船舶与海洋工程、应用化学、机械设计制造及其自动化 | 江苏科技大学* | 镇江市 |
| 软件工程、物流管理 | 宿迁学院* | 宿迁市 |

注:数据来源江苏省教育厅官网(https://jyt.jiangsu.gov.cn/),*表示明确以应用型为办学定位的高校

通过表 3-5 可以看出,2022 年江苏省产教融合品牌专业共计 130 个(含 30 个培育点),涉及 51 所高校。从高校类型来看,部属高校 11 所(占比 21.57%),省属高校 29 所(占比 56.86%),市属高校 5 所(占比 9.80%),民办高校 7 所(占比 11.76%),其中明确以应用型为办学定位的高校 20 所(占比 39.22%);从区域分布来看,南京 27 所(占比 52.94%)),苏州 4 所,常州和无锡各 3 所,淮安、南通、徐州、盐城、扬州和镇江各 2 所,宿迁和连云港各 1 所,泰州暂无;从专业类别来看,排名前十位的专业分别是机械工程、计算机科学、电气自动化、电子信息、软件工程、化学工程、生物工程、医药工程、食品科学和环境工程;从专业建设水平来看,这些专业绝大多数是各高校的精品专业或重点建设专业,且在校企共建方面拥有较好的基础和办学成效。总体而言,江苏省产教融合品牌专业建设积极性较高,整体推进速度较快,且在建设目标、建设资源、建设主体、建设过程以及建设结果等方面已经形成了良好的发展格局。

## 第三节 产教融合主要问题

产教融合作为应用型高校的基本办学模式,它既是建设高质量应用型教育体系的重要机制,也是实现教育链、人才链与产业链、创新链有机衔接的重要路径。近年来,随着江苏省经济的快速发展以及产业结构和高等教育结构的进一步优化,江苏省产教融合制度供给、平台搭建、品牌专业建设、合作成果以及企业积极性都得到不同程度发展。但随着我国经济由高速增长进入高质量发展阶段,特别是应用型教育综合改革进入"深水期"与"攻坚期",江苏省产教融合在实践发展过程中也暴露出一些亟待解决的问题,包括优质资源要素跨界流动不通畅、共建主体持续共生动力不足、政策协同效应不明显等,这些都是当前高质量推进产教融合不可回避的问题。

### 一、优质资源跨界流动不通畅

资源要素有效互动是组织实现跨界共生的基础,目标与利益双向耦合是跨界创新联盟形成价值共同体的根基。[①]如果将产教融合多元合作主体的目标与利益

---

① 宣葵葵,王洪才.高校产业学院核心竞争力的基本要素与提升路径[J].江苏高教,2018(9):21-25.

第三章 产教融合现状分析

进行不同组合,可以形成"目标耦合—利益耦合""目标耦合—利益分离""目标分离—利益耦合""目标分离—利益分离"四种关系形态。其中,"目标分离—利益耦合"是产教融合多元合作主体之间的一种常见关系形态,即借助产教融合资源集聚优势实现各自发展目标。在这种以利益为驱动的关系形态下,为防止他方投机行为,理性的行动者往往会刻意对其核心资源进行隐匿与保护,并倾向于以不对称的方式向其合作伙伴进行资源互换①,以换取自身的最大收益,其结果必然影响那些具有稀缺性、价值性、难以复制性以及不可替代性的资源要素的跨界流动效率。例如,处于产业前沿的企业专家很难实质性地参与高校人才培养方案制定、专业规划、教学设计、课程建设、教材开发以及教学等协同育人工作,而处于学术前沿的大学教授也同样难以实质性触及企业前沿技术、工艺以及高端生产设备等核心资源。访谈中,一位企业研修教师感慨:"企业的核心技术、生产工艺以及一些不公开的技术数据与指标属于企业商业机密范畴,我们这些外来研修教师是根本无法接触到的。企业往往出于安全考虑,我们所能涉足到的也仅仅是技术流程中的某一个或几个环节,即使是一些用于学术研究的一般性技术数据或指标,往往也需要与他们签订一定的保密协议。"众所周知,资源增值效应是源于优质资源要素基于"共生点"的有效嫁接,②产教融合多元合作主体基于利益最大化的多边博弈,以及由此所衍生的隐匿自身核心资源并设法获取对方核心资源的行为倾向,在一定程度上限制了优质资源要素的跨界流动。

## 二、共建主体持续共生动力不足

产教融合是按照多元投资、协同治理、价值创造和成果共享的组织模式进行组建,"做大蛋糕"与"分好蛋糕"是激发共建主体跨界共生的动力所在。③"做大蛋糕"强调通过异质性资要素源整合与嫁接,实现人才、技术、资本以及社会声誉等创新要素的价值增值;"分好蛋糕"强调共建主体之间的诉求满足与利益均衡。在产教融合运行过程中,地方政府的诉求是集聚产业人才,推动区域经济发展;高校的

---

① MUDAMBI S M, TALLMAN S. Make, buy or ally: theoretical perspectives on knowledge process outsourcing through alliances [J]. Journal of Management Students, 2010,47(8):1434-1456.
② SHORT J C, PAYNE G T, KETCHEN D J. Research on configurations: past accomplishments and future challenges [J]. Journal of Management, 2008,34(6):1053-1079.
③ 王中教,刘梦青,马庆敏.赋能共同富裕的产教融合:逻辑理路与现实选择[J].江苏高教,2023(1):35-43.

诉求通过外部异质性资源注入,提升人才培养质量和科学研究水平;企业的诉求是通过人才、知识、技术以及政策补给,提升组织核心竞争力与盈利能力;行业组织的诉求是通过组织、协调与沟通,提升自身社会影响力和行业驾驭力。[①]诚然,江苏省应用型本科高校与企业已探索建立形式多样、特色各异的现代产业学院及产教融合品牌专业,并初步形成了基于优势互补与资源共享的协同发展机制,但学术成果转化的不确定性、技术创新的复杂性、应用型人才培养的周期性,以及由此所导致的资源增值效应滞后性与预期收益不稳定性等,往往难以平衡多元合作主体的短期利益诉求,进而导致基于合作契约的一次性投入与有限参与之后的观望行为。例如,在访谈中一位企业经理指出:"无论是产教融合还是校企合作,其出发点都是互利共赢,但现实中往往很难形成双赢的局面。在实际合作过程中企业的投入与收益并不成正比,面临的风险和成本往往比学校大得多。相对来说,学校的投入主要是无形资产,甚至不可能真正出资,属于'借鸡生蛋',合作过程中基本上不存在什么风险。"此外,也有学者指出,成本与收益是影响产教融合、校企合作可持续发展的决定性变量,预期获益是诱发企业持续性投入的关键动力因素。[②]事实上,产教融合严格意义上是由高校社会服务职能延伸而来,坚守大学之道与回应产业发展需求是其本质属性。但也正因如此,企业的参与行为往往更多地停留在应尽社会责任层面,其经济性、商品性与营利性等利益诉求缺少政策与法律层面上的支持与保障[③],由此所导致权利与义务不对等、风险与收益不平衡,在一定程度上弱化了合作主体的持续投入动力。

## 三、合作模式有待进一步优化

合作模式反映的是高校、企业、政府、行业组织等主体在产教融合过程中的相互作用方式、作用强度以及人才、知识、技术等创新要素互动关系,它是影响产教融合高质量发展的一个重要因素。高效的合作模式不仅有利于合作主体之间建立长效的共生机制,也有利于产教融合系统形成共生效应。当前江苏省产教融合整体发展水平虽然相对较高,但合作模式仍然较为单一。一是产教融合组织模式有待进一步优化。从共生的角度来看,产教融合组织模式可分为散点式合作、间歇式合

---

① 周益斌,肖纲领.职业教育产教融合共生体的发展困境及推进策略研究:基于共生理论的视角[J].苏州大学学报(教育科学版),2023,11(2):80-87.
② 祁占勇,王志远.企业作为重要办学主体的机制障碍与政策设计[J].高教探索,2018(10):22-29.
③ 尹江海,程培堽.校企合作中的信息不对称及治理机制设计[J].江苏高教,2021(7):50-55.

作、连续式合作和一体化合作四种类型。目前,江苏省多数应用型本科高校与企业之间的融合发展仍以散点式和间歇式为主,连续式和一体化的高阶合作较少。例如,在某一时间点上高校针对企业生产实践或技术难题,与企业开展一次性合作较多;在不连续的时间单元内校企双方围绕合作育人,联合开展"工学交替"人才培养较为常见;而在连续的时间单元内校企双方进行全要素的连续性合作较少,能够形成校企合作共生一体化发展则更少。在访谈中,一位高校教务处副处长指出:"参与学校产教融合工程的企业较多,但大多数仍停留在学生企业实习实训这一传统模式上,少部分教师凭借个人科研能力或技术水平积极参与企业技术咨询服务或横向课题,但多以'散点式'或'单干式'为主,目前还难以与企业形成全方位的一体化合作。"二是产教融合行为模式有待进一步优化。行为模式主要反映是的多元主体在合作过程中的利益诉求与分配。从共生的角度来看,产教融合行为模式可分为寄生合作、偏利合作、非对称互惠合作和对称互惠合作四种模式。目前,江苏省多数应用型本科高校与企业之间的融合发展仍以非对称互惠合作为主,即高校在人才培养和办学经费获取方面受益较多,企业诉求往往难以得到较好满足,合作收益不对等。诚然,企业有支持教育发展的社会责任,但从合作稳定性和长效性来看,对称互惠合作模式是产教融合系统向更高层级演化的一致方向,也是合作主体相互作用的一种理想状态。然而,现实中由于合作主体之间信息不对称、权力不对等、义务不平衡、收益不均衡以及由此产生产教"两张皮""虚假融合""融而不合""合而不深"等现象依然存在,严重制约了产教融合协同创新发展进路。①

## 四、政策支持体系有待进一步完善

产教关系从"结合"到"融合"本质上是一个由"外力驱动"到"内力自律"的发展过程,需要一定的政策予以引导。对于已经全面步入"深水区"与"攻坚期"的应用型教育综合改革来说,产教融合需要的不是残缺的社会支持,也不是教育内部的"孤芳自赏",而是一个完整的政策体系支持。这里的完整性主要体现为产教融合政策支持体系的"内外配套""上下衔接"与"左右协调"。唯此,才能不断营造有利于产教融合发展外部环境,形成政策合力,实现产业与教育协同推进与高质量发展。

---

① 朱秋月,沙爽.中国式现代化进程中应用型人才培养何以可为?[J].中国职业技术教育,2023,842 (10):14-20,29.

一是政策的"内外配套"问题。产教融合不仅仅是一个教育问题,也是一个复杂的社会问题,并不是就教育本身和教育内部积极推进就能取得理想成效的,它还需要产业部门及其他社会组织共同参与和协同发力。这里的政策"内外配套"主要是指教育政策与产业政策之间的相互匹配以及由此形成协同发展合力。江苏省作为产教融合先行者和示范区,其所辖的13个地级市先后出台了一系列产教融合支持性政策。但从政策制定、执行、监督以及实施的主体来看,多数政策仍停留在教育本身或教育内部,缺少其他社会领域的应有支持,尤其是产业部门的相关配套支持。这就容易导致产教融合政策在执行过程中的被动或效力弱化,甚至于陷入教育内部的"自娱自乐",政策的执行效果受到严重挑战。

二是政策的"上下衔接"问题。政策"上下衔接"主要是指产教融合政策在纵向上应保持上下一体和有机统一。自《国务院办公厅关于深化产教融合的若干意见》实施以来,江苏省各级政府针对产业与教育融而不合、合而不深、协而不同等问题,不断强化政策供给。但从政策的执行效果来看,一方面国家上位政策多为宏观层面上应然性的或原则性的文件,缺少微观层面上强力制约和利益补偿的硬性规定,致使不同地域或不同部门在政策执行过程中尺度不一,政策落实参差不齐,如企业税收优惠政策认定程序复杂、"金融+财政+土地+信用"组合式产教融合激励政策执行不一等问题等。另一方面,缺乏完善的政策体制、有效的政策运行机制以及各级政策之间的有机衔接,导致一些行政命令和法律约束的"双重失效",一些区域在政策落实过程中甚至陷入"上有政策、下有对策"的怪圈,严峻地考验了地方政府的信用与法律尊严。

三是政策的"左右协调"问题。我们生活在一个以行政为中心的时代,政策供给繁多冗杂,不同政策之间相互矛盾、相互冲突甚至相互抵触不可避免。[①] 产教融合政策的有效执行不仅有赖于政策与政策之间以及政策与现行法律法规之间的协调运行,还有赖于不同部门之间的协调一致,否则就容易造成相互冲突甚至扯皮推诿。产教融合政策"左右协调"强调的是政策在横向上的协调运行,避免现行政策之间、新旧政策之间以及政策与法律法规之间的冲突甚至矛盾。如果以《省政府办公厅关于深化产教融合的实施意见》内颁布时间作为江苏省全面实施产教融合的起点,纵观江苏省及其所辖地级市产教融合政策供给,不可否认,"政策工具不足、价值冲突、政策目标与手段不对应"等问题依然不同程度存在。政策体系之间协调

---

① 尹江海,程培堽.校企合作中的信息不对称及治理机制设计[J].江苏高教,2021(7):50-55.

运行不畅以及政府部门之间职权交叉、权责边界模糊、多头管理，致使产教融合政策在不同类型高校、不同类型产业、不同区域的执行尺度存在失衡、失调、失当甚至失真现象时有发生。产教融合政策的统一性、连续性、系统性以及协调性问题仍是一个值得深思的问题。

## 案 例

### N校、W科技有限公司、R管委会共建微电子产业学院

N校是一所应用型本科高校，W科技有限公司是一家专门从事半导体设备研发与制造的民营企业，R管委会是我国东部省份一高新开发区管理委员会。R管委会针对高新区半导体产业快速发展与人才供给不足这一供需矛盾，联合N校和W科技有限公司共同筹建"N学院微电子产业学院"，旨在打造集"人才培训、技术研发、技术转让"于一体的现代产业学院。2019年，三方围绕产业学院的前期投入与运行举行了多次洽谈，最终确定由W科技有限公司投入1 200万元固定资产和1 000万元前期运行经费，由R管委会提供教学场地、学员宿舍以及培训补贴，由N校提供200万元设备维护费、师资以及每年不低于60人的全日制招生指标。W科技有限公司的诉求是获得年回报率不低于11.5%的利润回报，以及申报产教融合型企业与享受税收优惠政策；N校的诉求是通过合作进一步强化学科与专业建设、提升应用型人才培养质量以及共享企业教育资源；R管委会的诉求是每年为全市（以R高新区为主）提供不少于120人的半导体高层次人才（含社会学历教育）。2020年年初，当合作进入实质性签约阶段，三方因利益分配、国有资产归属以及产业学院性质认定等问题无法妥协，最终不了了之。

N校、W科技有限公司、R管委会共建微电子产业学院之所以最终未能取得成功，其原因主要可归纳为以下三个方面。一是企业参与办学的利润回报问题。国家宏观政策鼓励企业参与高校办学，并享受相应的权力和收益，但由于缺少具体实施细则，各地在政策落实上参差不一。W科技有限公司要求不低于11.5%的年回报率，R管委会认为缺乏相应的政策依据，对此无法做出承诺。二是国有资产投资与风险问题。现代产业学院作为应用型高校办学的一种新模式，虽然在合法性上得到了政府的支持，但其目标都是希望吸纳社会资金为高校所用。N校属于公办性质高校，200万元设备维护费属于国有资产，向外投资缺乏相应的配套政策予

以实质性支持。三是微电子产业学院的性质问题。N 校拿出 60 个招生指标,实际上也只能把微电子学院办成学校异地办学的一个二级学院,而这与 W 科技有限公司混合所有制构想,以及以此申报产教融合型企业及获得产业政策支持的初衷相差甚远,缺少教育主管部门与产业主管部门的协同支持。

## 五、产教融合社会氛围有待进一步提升

以斯坦福大学为代表的美国高校产教融合之所以长盛不衰,除了繁荣的经济基础和制度保障,大学与工业互为基础、相互促进、相互支持的社会氛围是其取得成功的重要环境基础。① 在美国,无论公立高校还是各类私立高校,产学研合作收入、社会捐赠收入、学校基金投资收入已经成为高校办学经费的重要来源。据统计,2017 年全美高等教育机构接受社会办学经费高达 436 亿美元。哈佛大学以累计获赠 370 亿美元高居榜首,耶鲁大学和斯坦福大学分别以 270 亿美元和 240 亿美元名列二、三。在欧洲,仅校友捐赠一项收入就占高校总收入的 6%,牛津等一些知名高校校友捐赠收入占比高达 27%。②

产教融合既是一种跨界合作,也是企业支持教育发展的一种重要体现。相比欧美高校浓厚的教育支持社会氛围,目前江苏省行业企业等社会组织支持教育发展的社会责任意识还不强,教育慈善生态与教育公益体系还不成熟。一是行业企业教育支持的激励机制尚不健全。高等教育的公益性和企业的营利性,决定了引导企业参与高校人才培养需要建立相应的激励机制,否则这种带有公益性质的合作很难持久。当前江苏省高等教育市场投入机制还不健全,主要体现在各类教育支持性政策缺少统一的法律规范,相互之间缺乏有机衔接,且常散见于不同类型的政策文件中,难以充分发挥价值规范和社会引领作用。例如,企业教育投入税收优惠政策的认定标准过于苛刻,办理流程复杂烦琐,难以激发企业产学研合作的积极性。③ 二是企业的社会责任意识不强,尤其是中小企业社会责任意识淡薄甚至缺失。社会赋予企业创造利润并实现收益,履行社会责任是企业回馈社会的应尽义务。高等教育作为一种"准公共产品",具有正外部性和公益性特征,其生存与发

---

① 娄玉英.应用型本科高校产教融合的国际比较研究[J].沈阳工程学院学报(社会科学版),2021,17(4):102-105,114.
② 张地珂,杜海坤.欧洲大学校友捐赠的组织要素分析及启示[J].教育探索,2016(6):144-147.
③ 方芳.我国教育捐赠制度的局限及其改进[J].教育发展研究,2010(13):105-108.

展需要社会的共同支持。目前江苏省企业支持教育的社会责任意识总体上还不强,中小企业尤为突出,回馈教育的普遍价值体系尚未形成。三是企业教育支持的正向"同群效应"尚未形成。企业并不是一个封闭的个体,而是处于一个相对开放的社会系统之中,企业的决策往往会受到社会系统中其他同类企业行为的影响。① 支持高等教育发展作为企业履行社会责任的一项重要内容,不仅取决于企业自身的判断与选择,也取决于外部同行企业行为影响。目前江苏省企业教育支持整体不足、积极性还不够高,其中一个重要原因是缺乏同类企业的示范效应,这也表明企业基于社会学习和社会压力的"同群效应"机制还不健。在访谈中,一位大学科技园负责人指出:"江苏省中小企业和民营企业还普遍处于成长阶段,不同程度地面临生产成本高、资金薄弱、筹资能力不足以及抗风险能力差等发展困境,产教共同体的责任意识还不够强,支持教育发展的社会氛围还不够浓。"

---

① KAUSTIA M, RANTALA V. Social learning and corporate peer effects[J]. Journal of Financial Economics, 2015,117(3):653-669.

# 第四章
# 产教融合影响因素分析

影响产教融合高质量发展的主导因素是多元的、复杂的,既有来自高等教育内部的自身因素,也有来自高等教育外部的社会因素,还有来自合作主体逐利行为的博弈因素,难以从整合的角度对这些影响因素加以分析与归纳。本研究采用扎根理论研究方法,以江苏省11所应用型本科高校举办的14个重点产业学院为考察对象,通过实地访谈、开放式编码、主轴编码、选择性编码,建构产教融合影响因素模型,通过类聚群分的方式将这些影响因素归纳为共生对象识别因素、共生关系形成因素、共生系统运行因素、共生系统进化因素和共生环境因素。其中,共生对象识别因素主要包括组织的关系性社会资本、结构性社会资本、认知性社会资本;共生关系形成因素主要包括信息丰度、供需对称和共生界面;共生系统运行因素主要包括合作模式、资源互动和分配模式;共生系统进化因素主要包括合作紧密度、资源增值和对称互惠;共生环境因素主要包括政策环境与社会氛围。在此基础上,运用社会资本理论、共生理论以及资源依赖理论等理论工具对产教融合影响因素模型进行学理性阐释与讨论,为后文进一步分析产教融合影响因素之间的作用关系与作用机理,以及提出机制创新对策奠定基础。

## 第一节 研究设计与资料采集

合理的研究设计是开展科学研究的前提条件,也是衡量研究成果学术价值的一项重要参考指标。作为一种计划性活动,任何学术研究都需要在研究开展之前精心设计研究方案与实施计划。一个合理的研究设计能够确保研究问题得到清晰、明确的界定,使研究目标和研究方法相互契合,进而提高研究的科学性和可靠

第四章 产教融合影响因素分析

性,使研究结论更加具有说服力。资料采集是研究过程中获取信息和数据的重要手段,是开展科学研究的必不可少环节。正确、全面、准确地采集资料对研究结果的可信度和有效性至关重要,它是研究得以开展的前提,也是观点和结论的重要支撑,更是学术发言权的基本保障。①

## 一、研究设计

针对产教融合影响因素是多维度的、多层面的,且目前学界还没有较为成熟的测量量表、变量范畴和理论假设这一研究困境,本研究采用扎根理论研究方法,通过自下而上的方式建构理论模型,进而从整体性的视角对这些影响因素进行归纳与分析。具体而言,首先,立足研究资料获取的有效性、可靠性、便利性以及可行性,选定访谈对象、设计访谈提纲,通过线上线下访谈获取第一手研究资料;其次,按照扎根理论研究方法的基本操作程式进行三级编码,形成产教融合影响因素模型;最后,运用相关理论对影响因素模型进行学理性阐释并赋予一定意义。

### (一) 选择扎根理论的缘由

1967 年,美国学者巴尼·G.格拉斯和安塞尔姆·L.斯特劳斯在《扎根理论的发现:质性研究策略》一书中,首次系统性地介绍了扎根理论研究方法,为扎根理论后续发展奠定了根基。② 1990 年,美国学者朱丽叶·M.科宾、安塞尔姆·L.施特劳斯在《质性研究的基础:形成扎根理论的程序与技术》一书中,进一步规范了扎根理论研究方法的基本范式,为扎根理论的程序化操作方法提供了基本遵循。③ 此后,英国学者凯西·卡麦兹在格拉泽和斯特劳斯两位学者的研究基础上,将建构主义理论与扎根理论研究方法进行了有效结合,出版了《建构主义与客观主义扎根理论》《建构扎根理论:质性研究实践指南》等系列著作,为扎根理论在各学科领域中的广泛应用奠定了基础。④ 作为质性研究的一种重要方法,扎根理论研究方法是通过对研究资料进行不断比较与连续抽象来建构新理论的一种方法,其优点在

---

① 李长海.科学研究方法学习指导[M].天津:天津大学出版社,2012:73.
② GLASER B G. STRAUSS A L. The discovery of grounded theory: strategies for qualitative research [M]. New York: California: Sociology Press, 1967:377-380.
③ 朱丽叶·M.科宾.安塞尔姆·L.施特劳斯.质性研究的基础:形成扎根理论的程序与方法[M].朱光明,译.3 版.重庆:重庆大学出版社,2015:15-30.
④ 凯西·卡麦兹.建构扎根理论:质性研究实践指南[M].边国англ,译.重庆:重庆大学出版社,2009:5-10.

于通过将量化分析引入质性研究之中,克服量化研究中的深度不够、效度不高以及质性研究中的程序缺乏规范、信度较差这一矛盾。①

(二) 扎根理论的研究思路

相较于其他质性研究方法而言,扎根理论研究方法是一种自下而上的理论建构过程,从数据收集、资料分析到理论建构有着一条清晰而严谨的逻辑思路。一是理论来源于原始资料。扎根理论认为,理论建构过程实质上是一个从"原始资料"到"实质理论"再到"形式理论"的发展过程。研究者首先必须从基本资料入手,通过对资料不断比较、分析、归纳和抽象进而形成不同的概念和观点,再通过对不同概念和观点进行整合、浓缩和概括,最终在经验事实基础上形成一个高度抽象的形式理论。二是强调理论的敏感性。建构新理论是研究者运用扎根理论研究方法的最终归旨,要求研究者具备能够对资料、数据所揭示的现象赋予一定的理论意义并将其概念化的驾驭能力。三是不断比较与连续抽象。扎根理论研究方法中的理论建构过程实质上是一个对原始资料进行不断比较、提炼、归纳与抽象的过程,需要对概念类属之间、概念与范畴之间以及范畴与范畴之间的关系进行层层编码。四是注重抽样方法的多样性。扎根理论研究方法不仅包括理论抽样,还包括目的性抽样和开放性抽样。一般而言,目的性抽样有利于研究之初的问题聚焦,开放性抽样有利于研究过程中寻找价值样本,理论抽样有利于对实质理论进一步发展和丰富。五是灵活运用文献。原始材料、文献资料与研究者个人理解在扎根理论研究过程中构成了一个三角互动关系。为了避免"先入为主"的思维束缚,通常要求研究者对文献资料既要保持一种批判态度,又要采用一种灵活的应用方式。六是强调理论性评价。经由扎根理论研究方法建构的理论必须是源于原始资料并高于原始资料,既能够体现概念的充分发展,又能够体现理论建构的系统性和应用性价值。②

(三) 扎根理论的研究流程

陈向明教授在《扎根理论的思路和方法》一文中,对扎根理论研究的结构化和

---

① 吴毅,吴刚,马颂歌. 扎根理论的起源、流派与应用方法述评:基于工作场所学习的案例分析[J]. 远程教育杂志,2016,35(3):32-41.

② 郭泽德,白洪谭. 质化研究理论与方法:中国质化研究论文精选集[M]. 武汉:武汉大学出版社,2015:155-159.

程序化操作流程做了详细的介绍。① 一是从研究资料中生成概念,并逐级登录研究资料;二是对资料和概念进行不断比较,寻找与概念生成有关的理论问题;三是寻找概念与概念之间的关系;四是进行理论抽样,并系统地对资料进行编码;五是建构理论体系,其中对原始资料进行逐级编码是扎根理论研究的基础性工作,主要包括开放式编码、主轴编码和选择性编码三个基本环节。

1. 开放式编码

开放式编码又称一级编码,要求研究者以一种客观中立的态度将原始资料按照其本身所呈现的状态进行开放式登录。开放式编码的基本方法是首先将所积累的原始资料进行打散,并对原始语句赋予一定的概念,然后再以一种新的方式进行重新组合。开放式编码的目的是对原始资料进行抽象化、概念化和范畴化。此外,在开放式编码过程中既要保证登录信息的本真性和完整性,又要对一些概念的维度有一个初步的分析和判断。

2. 主轴编码

主轴编码又称二级编码或关联式登录,其主要目的是发现和建立概念类属之间的各种联系,并形成一定的类属范畴。首先,研究者需要对每一个类属进行深入剖析,确定所研究问题的主要类属和次要类属;其次,研究者通过比较类属之间的关系,建立类属之间的各种关系网络;最后,为了检验类属关系网络与实际研究问题之间的切合度,研究者还需要建立一个行动取向的理论雏形,初步检验理论与实践的关联度或对应关系。

3. 选择性编码

选择性编码又称三级编码或核心式登录,其主要目的是在众多类属中寻找"核心类属",并建立以"核心类属"为"故事线"的类属串联网络。所谓"核心类属"是指在类属关系网络中具有统领性的,且能够将最大数的研究结果囊括在一个比较宽泛的理论范围之内的特征类属。② 研究者对类属的属性、维度进行分析和描述,剔除关联度不够紧密的类属,并对"核心类属"的理论整合密度加以分析,进而建构理论体系与分析框架(图4-1)。

---

① 陈向明.扎根理论的思路和方法[J].教育研究与实验,1999(4):58-63.
② 陈向明.质的研究方法与社会科学研究[M].北京:教育科学出版社,2000:334.

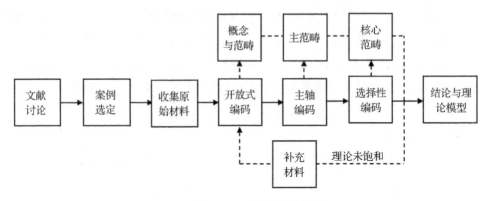

图 4-1 扎根理论研究方法的操作流程

## 二、资料采集

江苏省是我国经济大省,也是高等教育强省,产业门类齐全,产业链完整,教育资源较为充足,产教融合整体发展水平处于全国前列。特别是自"六大计划"(一流应用型大学建设单位计划、产教融合示范专业建设计划、产教融合示范基地建设计划、应用型本科一流课程建设计划、江苏产教融合示范学院建设计划、分类评价制度改革计划)实施以来,江苏应用型本科高校整体发展水平得到快速提升,并逐步形成了有中国特色的一流应用型大学建设的江苏道路和江苏方案,打造出独具江苏特色、中国风格、世界水平的现代化应用型高等教育体系。[①]

现代产业学院作为产教关系从"结合"到"融合"的新型载体和组织形式,它是反映教育与产业一体化发展能力与水平的一项重要考量指标。[②] 为了能够对当前影响我国产教融合主导因素有一个较为全面的了解和认识,依据江苏省应用型本科高校开办的现代产业学院的整体分布情况,并兼顾个案选择的代表性和资料搜集的便利性原则,本研究将研究对象选定为江苏省 2020 年省级重点产业学院建设点中的南京工业大学 2011 膜产业学院与智能建造产业学院、常州工学院智能制造产业学院与电机产业学院、常熟理工学院光伏科技学院与医药生物技术学院、盐城工学院新能源学院、南京工程学院腾讯云人工智能学院、金陵科技学院电子竞技产业学院、江苏理工学院中兴通讯信息工程学院、淮阴工学院传动装备智能制造学

---

① 阿妮尔. 我省全面推进一流应用型本科高校建设[N]. 江苏教育报,2021-05-19(1).
② 李艳,王继水. 我国产业学院研究:进程与趋势:基于 CNKI 近 10 年核心期刊的文献研究[J]. 中国职业技术教育,2020(3):22-27.

院、江苏海洋大学生物医药产业学院、江苏科技大学海洋工程装备制造产业学院、南京传媒学院江苏直播电商与数字经济产业学院。在此基础上，对所获得的第一手资料进行整理、归纳和综合分析，全面了解和掌握影响产教融合发展的主导因素以及高质量推进的对策与建议，力求使研究内容与研究结论更加真实可靠。

现代产业学院的校方访谈对象主要包括产业学院负责人、管理人员、任课教师及学生，访谈人数合计18人（实地访谈14人，在线访谈4人）；现代产业学院的企业方访谈对象主要包括项目负责人、运营主管、管理人员以及兼职导师，访谈人数合计12人（实地访谈9人，在线访谈3人）；政府部门访谈对象主要包括科技局与大学科技园相关负责人，访谈人数合计6人（实地访谈5人，在线访谈1人）；行业组织访谈对象主要包括协会负责人与管理人员，访谈人数合计6人（实地访谈4人，在线访谈2人）。为了使调查结果更具代表性，在访谈对象选择上采取了目的性抽样。其中，校方管理人员分为学校中层干部和其他行政管理人员两种类型，教师分为正高职称、副高职称、中级职称三种类型，学生分为大学二年级、三年级和四年级三种类型；企业方访谈人员分为企业管理层和兼职导师两种类型；政府部门访谈人员分为管理层和一线工作人员；行业组织访谈人员分为协会负责人和管理人员（表4-1）。

表4-1 访谈对象分布一览表

| 机构性质 | 访谈对象 | 访谈对象分布 | 人数 |
| --- | --- | --- | --- |
| 高校 | 管理层 | 中层干部 | 5 |
| | | 其他行政人员 | 4 |
| | 任课教师 | 正高职称 | 2 |
| | | 副高职称 | 2 |
| | | 中级职称 | 1 |
| | 学生代表 | 大学二年级 | 1 |
| | | 大学三年级 | 1 |
| | | 大学四年级 | 2 |
| 企业 | 管理层 | — | 6 |
| | 兼职导师 | — | 6 |
| 政府 | 管理层 | — | 3 |
| | 一线工作人员 | — | 3 |

续表

| 机构性质 | 访谈对象 | 访谈对象分布 | 人数 |
| --- | --- | --- | --- |
| 行业组织 | 协会负责人 | — | 2 |
| | 管理人员 | — | 4 |

采用半结构化访谈方式,重点围绕产教融合发展影响因素以及高质量推进的对策与建议等方面编制访谈提纲。高校访谈提纲具体设计了以下7个问题:(1)贵校在产教融合战略实施过程中,选择合作企业的一般标准是什么?(2)贵校与企业开展产教融合方面的合作,考虑的首要因素是什么?(3)在产业学院共建过程中,影响实质性合作的主导因素有哪些?(4)贵校产业学院运行状况如何?您认为在实际运行过程中还存在哪些问题?主要原因是什么?(5)您认为目前影响产业学院高质量发展的主导因素有哪些?为什么?(6)您认为产业学院建设还需要政府方面的哪些支持?为什么?(7)您对产教融合高质量推进的建议有哪些?企业访谈提纲具体设计了以下7个问题:(1)在全面深化产教融合背景下,贵公司选择合作高校的标准有哪些?(2)贵公司与高校开展产教融合方面的合作,考虑的首要因素是什么?(3)在产业学院共建过程中,影响实质性合作的主导因素有哪些?(4)现代产业学院运行状况如何?您认为在实际运行过程中还存在哪些问题?主要原因是什么?(5)您认为目前影响产业学院高质量发展的主导因素有哪些?为什么?(6)您认为产业学院建设还需要政府方面的哪些支持?为什么?(7)您对产教融合高质量推进的建议有哪些?行业组织访谈提纲具体设计了以下5个问题:(1)在产业学院共建过程中,影响实质性合作的主导因素有哪些?(2)现代产业学院运行状况如何?您认为在实际运行过程中还存在哪些问题?主要原因是什么?(3)您认为目前影响产业学院高质量发展的主导因素有哪些?为什么?(4)您认为产业学院建设还需要政府方面的哪些支持?为什么?(5)您对产教融合高质量推进的建议有哪些?政府部门访谈提纲具体设计了以下6个问题:(1)您认为江苏省产教融合整体发展水平如何?(2)您认为江苏省产教融合还存在哪些问题?(3)您认为影响江苏省产教融合发展的主导因素有哪些?(4)地方政府对产教融合发展提供了哪些支持?成效如何?(5)您认为推进江苏省产教融合高质量发展,地方政府、高校、企业以及行业组织,在哪些方面还需要进一步加强?(6)您对江苏省产教融合高质量推进的建议有哪些?

访谈共分为三个阶段:第一阶段的访谈对象为高校相关人员,访谈时间为2022年5月11日至2022年6月1日;第二阶段的访谈对象为政府部门相关人员,访谈时间为2022年6月2日至2022年6月10日;第三阶段的访谈对象为行业组织与企业相关人员,访谈时间为2022年6月12日至2022年6月30日。政府部门、企业、行业组织访谈对象,主要依据第一阶段访谈过程中所获得的,并结合资料获取的便利性和可行性等实际情况进行筛选确定的。首先,通过电话、互联网等方式与受访人员进行沟通并告知访谈目的,得到对方同意后,提前将访谈提纲发给对方,并预约访谈时间和地点。其次,在访谈过程中,经过受访人员同意,采取了全程录音,每次访谈时间在20分钟到60分钟不等。访谈结束后,及时对访谈内容进行整理和归纳,并将录音资料转化为相应文本格式,形成了11.7万字的访谈记录。最后,按照扎根理论研究方法的基本操作程序和理论建构范式,随机选择了12份高校访谈记录、8份企业访谈记录、4份政府部门访谈记录、4份行业组织访谈记录。对这些访谈记录进行开放式编码、主轴编码和选择性编码,并对相关概念、类属、范畴进行不断比较和修正,剩余的14份访谈记录(高校6份、企业4份、政府部门2份、行业组织2份)用于理论饱和度检验。

## 第二节 范畴提炼与模型建构

扎根理论研究方法中的范畴提炼是一个对原始访谈资料进行不断比较、归纳、整合、浓缩和高度概括的过程。模型建构是在"核心范畴"与"故事线"的基础上,对范畴进行聚类并建构理论分析模型。通过对访谈所获得的原始资料进行开放式编码、主轴编码和选择性编码三个环节,最终通过类聚群分的方法将产教融合影响因素归纳为共生对象识别因素、共生关系形成因素、共生系统运行因素、共生系统进化因素、共生环境因素。其中,共生对象识别因素包括组织的社会关系网络、社会信任水平和社会结构位置;共生关系形成因素包括信息丰度、供需对称和共生界面;共生系统运行因素包括合作模式、资源互动和分配模式;共生系统进化因素包括合作紧密度、资源增值和对称互惠;共生环境因素包括政策环境与社会氛围。

### 一、开放式编码

开放式编码是运用扎根理论研究方法开展研究的第一步,也是形成最终理论分析框架的基础工作。具体操作是将收集到的原始访谈资料打散后,进行逐字逐句编码、标签、登录,鉴别和挖掘资料中所传递的信息要素。在编码过程中本着最大限度使用受访者的原话,尽量避免因个人思维定式或偏见对开放式编码产生偏差。按照"定义现象—归纳范畴—标识范畴—挖掘本质"的思路对原始资料进行逐字逐句编码,剔除重复频次小于3的初始概念,最终提炼出137条原始词句。通过对这些原始词句进行整理、归纳、比较和概念化,最终形成31个范畴,分别是社会地位、优质资源、社会声誉、行业权威、关系规模、关系质量、感知需求、感知收益、合作信息、信息渠道、资源共享、资源流动、合作载体、合作平台、合作内容、融合层次、融合方式、预期收益、利益配置、产权归属、资源整合、资源嫁接、均衡收益、互惠共赢、要素融合、过程协同、激励政策、规制政策、配套政策、规范意识、示范效应。(表4-2,E代表企业访谈对象、H代表高校访谈对象、G代表政府部分访谈对象)。

表4-2 开放式编码一览表

| 范畴 | 原始资料语句列举(初始概念) |
| --- | --- |
| 社会地位 | E01:公司目前已逐步迈入成熟期,我们更倾向于寻找与我们行业相关度高的区域内或周边知名高校或特色突出高校开展深层次合作。(知名高校、特色高校)<br>E02:我们公司属于智能制造行业,会优先选择区域内机械制造、电气自动化以及电子工程等专业办得好的高校,有一定的特色和影响力更好。(专业影响力)<br>H03:在考虑选择合作对象时,高校更希望与一些头部企业合作。如与我校共建"光伏科技学院"的阿特斯阳光电力科技有限公司是江苏省高新技术企业。(头部企业) |
| 优质资源 | E07:高校的教育质量越高,越容易培养出高质量人才。企业与高校深入合作,最大诉求是获得"下得去、用得上、留得住"的优秀毕业生。(教育质量、优质人才)<br>E08:正如梅贻琦老先生所言,"所谓大学者,非谓有大楼之谓也,有大师之谓也",一所高校并不是看它有多少大楼、多么豪华的基础设施,而是看它有多少大师。企业希望高校教授能够为企业真正解决"卡脖子"实际问题。(专家系统)<br>H09:我们希望企业能够为学校应用型人才培养提供实践教学资源、生产实习场地、实验设备以及技术骨干,提供就业信息与就业岗位,联合开展人才培训、专业建设、课程开发以及教材编写等。(技术骨干、物质设备、信息资源) |

续表

| 范畴 | 原始资料语句列举（初始概念） |
|---|---|
| 社会声誉 | E04：社会对一所高校的综合评价非常重要，办学质量、教育水平、人才培养质量以及社会服务能力等，这也是我们企业寻找合作对象的重要参考。（社会评价）<br>H04：除了营利，履行社会责任企业责无旁贷，之前积极参与学校协同育人、产学研合作以及教育支持的企业，我们必然会与这些优质企业建立长期合作关系、长效合作机制，不断丰富合作内容，实现双赢。（社会责任）<br>H10：企业信誉是我们考虑的首要因素，一个缺乏诚信和道德底线的企业，哪怕能够为学校带来再多的资源，我们也不会考虑合作。（诚信与信誉） |
| 行业权威 | E07：X教授是智能制造领域的权威专家，对产业发展动态、行业标准、产品核心技术及工艺等前沿知识非常熟悉，能够为我们解决技术难题。（权威专家）<br>E11：除了学校整体办学水平，我们更看重专业实力，一流人才培养，离不开一流专业。就像一些具有行业背景院校一样，他们某个或某几个专业优势与实力特别突出，甚至能够影响整个行业未来发展。（专业特色与优势）<br>H03：无论是产业学院还是行业学院，说到底是要引领行业发展。世界光伏看中国，中国光伏看江苏，阿特斯阳光电力科技有限公司跻身于国内太阳能光伏产业的第一方阵，我们共建产业学院就是需要与这样引领产业发展的企业进行合作。（龙头企业、引领产业） |
| 关系规模 | E04：像我们这类中小企业与高校开展合作，一开始都是通过朋友或熟人牵线搭桥建立起来的。2019年，我们通过招商引资政策落户C市，后来通过开发区管委会的引荐，开始与N高校接触，并慢慢建立起合作关系。（关系网、朋友圈）<br>H05：学校是一个资源依赖性组织，无论是政府手上的资源还是企业的资源，接触资源的方式都需要一定的社会关系网络，这个关系网络越大，你接触优质资源的机会就越多，特别是学校领导层上的关系网络尤为重要。（关系网络）<br>H08：我认为学校每年派到企业或地方政府挂职的青年教师群体，通过专业技术服务地方经济社会和企业发展的同时，接触社会各界人士、建立感情基础非常重要。对于我们这一类高校，走出去是第一步，也是十分关键和重要的一步，只有这样才能为学校未来发展不断夯实基础。（拓展关系网络） |
| 关系质量 | E09：我们公司属于中外合资公司，按照国外合资方要求，公司每年都需要单列一部分资金用于支持教育事业。公司总裁与C校的领导关系特别好，公司自然而然地优先选择了与C校合作。据我了解，我们公司近几年已经累计向C校投入教育支持经费高达100余万元，这还不包括实物捐赠。（个体关系）<br>H03：现代产业学院建设不是就教育谈教育，也不是就产业论产业，需要政府、企业、高校、行业以及其他社会组织（媒体、银行等）协同支持，而形成这种合力的关键是高校建立广泛而坚实的社会关系网络。（组织关系网络）<br>H07：关系很重要，高新区大学科技园管委会副主任是我们校友，与X公司最终确定共建现代产业学院正是得益于她的有效推动。当然，最终的合作成效主要还是取决于校企双方的实质性互动，但接触优质资源的机会（确实是因为她）多了很多。（学缘关系） |

续表

| 范畴 | 原始资料语句列举（初始概念） |
| --- | --- |
| 感知需求 | E03：目前国内的一些中小企业都不同程度地面临专业技术人才短缺、产品工艺转型升级难、竞争优势不强等发展困境，解决这些问题最有效的办法就是与高校开展合作，借助他们的优势实现互惠发展。（人才与技术需求）<br>H12：随着知识生产方式的转变，现代高校越来越离不开企业，特别是在应用型人才培养方面，需要企业真实的工作情景，促使学生对生产技术、产品工艺以及设备操作等知识进行吸收、内化与应用。（实践教育资源需求）<br>G04：高校因城市而兴，城市因高校而盛，企业是经济建设的主体，是技术创新的主体。城市、高校和企业互动发展、相得益彰、息息相关、互利共生，名城孕育名校与名企，名校与名企造就名城。（区域经济社会发展需求） |
| 感知收益 | E03：与高校开展合作，我们首先可以解决人才储备问题，通过校企合作培养与选拔一批优秀毕业生入职企业，往往比常规市场招聘更加可靠。（人才收益）<br>E08：围绕一些"卡脖子"技术难题与高校教授们开展合作，帮助企业解决实际困难。此外，在双方合作过程中还可以不同程度地获得政府政策补给。（技术与政策收益）<br>H12：与企业开展合作能够丰富高校的实践教学资源、提升应用型人才培养质量、推动科研成果转化、提升师资队伍建设水平、充盈办学经费以及改善现有办学条件，学校的整体办学实力也因此会得到了一定程度的提升。（办学收益） |
| 合作信息 | E07：我们企业将一部分生产线建在高校内部：一方面大学生在校内就能够实现课堂教学与实践操作相结合，解决了学校教学设备不足问题；另一方面也打破了校企之间的信息壁垒，双方合作不断得到深化。（信息对称）<br>E08：我们的合作起源于一次招商会议，偶然的机会谈及校企合作，后来校方邀请我们企业专家与技术骨干到学校开展讲座，不到半年时间我们就成立了企业"冠名班"，并有效嵌入了我们企业课程，目前我们正在讨论新合作项目。（合作需求）<br>H04：我们的一位青年博士在企业研修过程中，通过专业技术服务地方经济社会和企业发展的同时，获得了企业多项横向课题，并为学校带回了很多合作需求信息，这也为校企双方进一步深入合作奠定了基础。（信息沟通） |
| 信息渠道 | E06：希望区域政府能够为产教融合搭建更为完善的第三方平台，定期与不定期发布合作信息，方便校企双方及时掌握彼此合作需求。特别是在疫情防控期间，由于校企之间信息高度不对称，增加了信息成本。（信息平台）<br>E09：我们合作起始于2012年校外实习基地挂牌，前几年主要以大学生企业实习为主，后来通过彼此深入了解，又增加了教师产学研合作基地、教师研修基地、学生校外导师来源地、大学生就业基地等新项目。（沟通渠道）<br>H02：产教融合本质上是源自校企之间的项目合作，只有在项目牵引下双方才能深入了解彼此，建立信任关系，发现新的合作需求，不断地拓展合作内容与形式，项目是纽带也是关键，当然这中间也离不开政府部门和行业组织的支持。（项目载体） |

续表

| 范畴 | 原始资料语句列举（初始概念） |
| --- | --- |
| 资源共享 | E05：一方面我们希望高校的教授、专家及技术团队能够深入企业，与我们的工程师开展深入合作，共同解决我们的技术难题；另一方面希望高校能够为我们的员工开展业务培训，提升他们的整体素质。（高校人才资源共享）<br>H09：企业实践教育不仅是应用型人才培养的必备环节，也是他们将专业知识应用于生产实践并接受实践检验所不可或缺的过程。这些资源能够很好地弥补高校实践教学资源的不足。（企业实践教育资源共享）<br>H11：企业专家、技术骨干不仅在行业标准制定、人才需求以及培养规格等方面具有一定的权威性，而且在实践经验、技术技能等方面也具有明显的优势，我们需要这些企业专家走进课堂，共同参与应用型人才培养。（企业人力资源共享） |
| 资源流动 | H07：高校与企业之间在人才、信息、资金、设备及场地等资源上具有很强的互补性，但是资源只有在流动中才可能产生价值，深化产教融合关键是要促进这些资源要素自由合理流动，创造出更高的附加值。（资源双向流动）<br>G01：科技镇长团在赋能产教融合方面发挥了很好的作用，他们打通科教资源与区域经济发展的"隔膜"，深入一线传技术、解难题、搭平台、引人才，切实把"科技大脑"搬到产业链上。（高校专家进企业）<br>G04：省政府出台的产业教授政策效果很明显，特别是在高校人才培养方案修订、专业课程体系建设、课程改革、技术研发、项目咨询、学生实习实践及就业等方面，充分发挥了产业教授的桥梁纽带作用。（产业教授进学校） |
| 合作内容 | E09：我们公司与N高校从最初接收学生实习，到如今共同成立电商产业学院，可以说是一个质的飞跃。在这一过程中，双方在原有合作基础上，不断探索新的合作领域，丰富合作内容，这也是实现产教深度融合之关键。（合作领域持续拓展）<br>H02：推进产教融合高质量发展关键是持续不断深化合作内涵，就是要建立集"人才培养、科学研究、产业发展"于一体的共同体。（合作内涵持续深化）<br>H09：产教融合是一个循序渐进的过程，是双方共同努力的结果。许多企业与高校在合作的起始阶段都是零星的、不稳定的，如学生实习、技术咨询服务等，建立长效合作关系必须不断拓展合作内容。（合作内容逐步丰富） |
| 合作载体 | E04：我们公司与W高校共建新能源产业学院，企业提供资金与设备，依托高校的传统优势学科专业和研发团队，为后续发展创造了良好的基础。（资源载体）<br>E07：关键是看学校办学综合实力，尤其是人才培养质量与培养规格方面。企业用工荒、毕业生就业难，结构性矛盾背后反映的是高校人才培养与社会脱轨，我们需要的是符合企业实际需求的复合型人才。（人才载体）<br>H05：我们一些工科教授专家深入企业的成效还是非常不错的，获得了不少横向合作项目。说到底，企业看中的是他们的专业技术水平和研究领域的影响力，他们十分受产业界的欢迎，是真正的资源互补和合作共赢。（项目载体） |

续表

| 范畴 | 原始资料语句列举（初始概念） |
|---|---|
| 合作平台 | E07：以服务换支持、以贡献促发展、以有为争有位。企业寻找合作高校，关键看你有没有吸引他的地方，至少在同一类型高校中拥有你自己的特色和优势，比如重点实验室、研究中心、省级，甚至国家级科研平台等。（依托已有载体）<br>H01：声学项目是区政府"十四五"重点发展项目，政府设立了专项经费并配套相应的专项支持政策，由政府牵头推动相关企业与高校开展合作。借助政府这一平台，校企双方积极性很高，合作推进十分顺利。（政府平台）<br>H02：经过近半年的沟通与协调，校企双方虽然签订框架性协议，但实质性合作迟迟未能推进。原因是多方面的，主要还是因为双方在共建校内实训中心投入方面分歧较大，这也是影响双方进入实质性合作的关键环节。（共建新载体） |
| 融合层次 | H03：目前很多高校产教融合依然停留在松散型、浅层次、低水平的初级阶段，产业与教育之间是一种点对点的偶发性合作，"一头热一头冷"的产教"两张皮"现象始终是制约产教融合高质量发展的关键问题。（虚假融合）<br>H05："融而不合、合而不深、合而不作、少作浅作"等问题依然较为突出，这既是推进应用型教育高质量发展的痛点，也是全面深化产教融合的难点。（部分融合）<br>G03："十四五"期间高新区政府旨在推进"人才链、教育链、创新链、产业链"融合发展。重点是通过创新要素集聚、培育新的经济增长点，推动创新成果转化，助力区域产业转型升级，我想这既是产教融合高质量发展的核心要义，也是高新区产教融合的未来发展方向。（完全融合） |
| 融合方式 | E07：学校方邀请企业专家和技术骨干以客座教授或企业导师身份共同参与学校的人才培养方案制定、专业规划、教学设计、专业教学标准、课程建设、教材开发、实习指导、兼职教学以及学术讲座，对企业也是一种激励。（合作育人）<br>H14：合作主体重点围绕技术开发、技术转让、技术咨询、技术服务、技术推广以及产学研方面开展深入合作，特别是在联合申报国家或地方重大课题方面的合作效果尤为明显，这也是当下大力推进科技创新的重要途径。（联合研发）<br>G01：理想的模式是依托高校学科、专业、人才、技术以及学术等优势资源，将办学资源与社会优势资源有机结合，吸引龙头企业共建集"科技成果转化、技术孵化、人才培养、产学合作"于一体的教育实体，如产业学院、孵化中心等。（共建实体） |

续表

| 范畴 | 原始资料语句列举(初始概念) |
| --- | --- |
| 预期收益 | E02:转型升级是我们中小企业所面临的共性难题,通过产教融合项目,借助高校人才、学术科技力量是推动企业快速发展的一条重要途径。前期通过横向课题吸引了几位教授共同参与产品研发与技术攻关,在一定程度上解决了企业眼前困难,这也为后期深入合作打下了坚实基础。(产品研发、技术攻关)<br>E07:我们参与产教融合的力度取决于高校能够为我们创造多少价值,除了招聘优秀毕业生,我们更希望通过高校专家们科技成果转化、合作研发以及项目联合申报等方式建立校企之间的长效合作关系。(成果转化、合作研发)<br>E07:在激烈的市场竞争中,技术与工艺就是企业生命线,落后就面临被淘汰。在过去几年中,我们一直联合高校进行技术改造和产品升级,就是希望通过他们的技术优势,解决我们企业发展中的实际困难。(技术升级、工艺改造) |
| 利益配置 | E01:除了学生安全顾虑,事实上企业在接收学生实习过程中很难得到什么"实惠",而学校方面往往受益颇多,解决了大学生的实习问题。虽然学校会支付一部分费用给企业和企业指导老师,但对企业来说杯水车薪,这也是导致学生实习效果不佳的一个重要原因。(收益不均衡)<br>E06:企业要生存和发展就必须不断创造利润,参与产教融合同样需要考虑成本与收益问题。长期来看,如果企业的合理诉求能够很好地得到满足,我们企业十分愿意积极参与并向高校提供各类支持。(成本与收益)<br>E07:在产教融合过程中,利益分配不合理是企业面临的一个重大考验,从研究项目设想到最终成功立项的概率普遍不高,这一过程中企业承担的风险最大、政府次之、高校最低。即使是一些成功项目,由于信息不对称、权力不对等、义务不平衡,企业承担的风险与收益往往并不成正比,甚至失衡。(风险与收益) |
| 产权归属 | E03:企业在产教融合过程中存在准入规则、交易规则、退出机制、投资回报以及产权配置机制不健全等问题,不可避免地会引起各种产权纠纷,这也是致使产教融合混合所有制改革一直停留在理论探讨阶段的一个重要原因。(产权配置)<br>H04:现有相关文件对产教融合产权关系的规定都是宏观层面上的应然性、纲领性、原则性文件,缺少对微观操作层面上的细化,在技术创新、成果转化、成果共享以及利益分配上的不确定性,严重制约了企业的积极性。(产权细则)<br>H08:产权关系一直是产教融合不可回避的问题,高校由于办学自主权有限,国有资产、审计、纪检等部门政策协同力不足,产权、人力资本以及混合所有制中的国有资产管理等问题,制约了产教融合高质量发展。(国有资产流失) |

续表

| 范畴 | 原始资料语句列举（初始概念） |
| --- | --- |
| 资源整合 | E10：产业与教育融合过程中首先是找到高校资源与企业资源共同的"生长点"，这个"生长点"既可以是人才培养，也可以技术创新，通过双方的资源互动，使其快速成为新的竞争优势，赋能产教融合高质量发展。（资源流动）<br>H07：我们需要对不同来源、不同层次、不同结构、不同内容的资源进行识别与选择、汲取与配置、激活和有机融合，使它们具有较强的柔性、条理性、系统性和价值性，并创造出新的资源，实现双方协同发展。（资源集聚）<br>H12：高校与企业分属两种不同性质的社会组织，实现推进两者融合发展与一体化合作，需要找到他们的契合点。通过打破组织边界，可以加速异质性资源要素跨界流动、整合及有效嫁接，培育出新的增长点。（资源嫁接） |
| 资源嫁接 | H08：产教融合实质上是跨界合作，把校企异质性优质资源进行整合，在这一过程中重点是探索"1+1>2"的融合机制。例如，国内一些高校成功案例中的"名校+名企"与"名师+平台"等，很好地实现了品牌延伸。（品牌延伸）<br>H10：我认为产教融合重点与关键在于"融合"二字，并不是将企业资源要素与高校资源要素简单地加总，它是一种资源转化机制，是通过资源要素的移植性再造，实现资源的叠加效应，进而实现整体实力提升。（资源叠加效应）<br>G02：我们大学科技园的发展策略是"技术+资本"组合模式，将高新区产业集群与区域内三所高校的专业集群相链接，使产业链与专业链互为依托、相互促进、融为一体，实现高校群与区域产业群协同发展。（资源放大效应） |
| 均衡收益 | E02：获得优秀毕业生、解决生产技术难题、培养企业员工、获得经济收益及政策补给收益是企业参与产教融合的目的所在。由于面临生产成本高、资金薄弱、筹资能力不足以及抗风险能力差等发展困境，我们对参与产教融合的实际需求、成本投入及预期收益等近期目标往往会更加关注。（关注收益）<br>E06：在产教融合过程，由于学术成果转化的不确定性，科技成果服务与技术创新的复杂性，应用型人才培养的周期性与流动性，相对而言企业所面临的风险往往会更大，特别是在疫情影响之下，企业在产教融合中的合理诉求与预期收益需要一定的措施予以保障。（收益保障）<br>H03：企业参与产教融合本质上是一个由"外力牵引"到"内力自律"的过程，需要政府通过购买服务、减税降费、金融支持等方式，对在产教融合过程中成效显著但长期处于成本投入与合作收益失衡的企业（尤其是中小企业）予以适当的经济补偿，以缓解他们短期内的资金约束和成本压力。（收益机制） |
| 互惠共赢 | E07：产教融合是一个共生互惠的过程。我们投入大量的人力、物力和财力，希望通过链接高校资源有效解决企业转型升级、技术迭代以及产品工艺改进等现实难题，同时我们也希望能够获得政府更多的支持。（互惠机制）<br>H10：合作才能发展，共赢才是王道。校企双方共赢与协同进步是实现产教融合良性发展是关键，需要双方在融合过程中优势互补、相互激励、相互帮助。理想的结果是双方的合理诉求都能得到一定程度的满足。（共赢机制）<br>G01：无论是产教融合还是校企合作，不欢而散或半途而废的案例很多，其中合作主体不能互惠共赢是其中的一个重要原因。只有建立长效的互利机制，合作才会走得更远，才有可能形成真正的共同体。（互利机制） |

续表

| 范畴 | 原始资料语句列举（初始概念） |
| --- | --- |
| 要素融合 | E06：关键在于高校需要真正做到根据产业发展和岗位需求动态调整专业设置；根据产业转型升级对职业标准提出的新要求，将职业标准融入课程标准、课程内容的设计和实施中；注重教学过程与生产过程对接，强化工学结合，加强实习实训环节，培养符合产业标准的复合型人才。（教育要素融合）<br>H02：在产教融合实施过程中应构建校长与企业负责人对接机制、学校课堂与生产车间对接机制、学生学习与职业标准对接机制、教师与企业技术骨干对接机制、课程与生产标准对接机制、学生毕业与就业对接机制。（全过程对接）<br>H12：将生产方式、教学方式、创新创业方式、技能训练方式融为一体，将企业文化、校园文化、竞赛文化、技能文化融为一体，将职业精神、思想政治教育、实干精神、技能训练融为一体，是实现产教融合可持续发展的关键。（全要素合作） |
| 过程协同 | E04：科技成果转化是校企双方密切配合的过程，高校教授是原理和规律发现者，在科技成果转化过程中，其作用是一个由强变弱的过程；企业技术骨干是成果应用者，在科技成果转化过程中，其作用是一个由弱变强的过程。只有在双方的密切配合下，才能实现科技成果从原理到最终产品。（技术协作）<br>H07：在招生上应联合行业与用人单位共同制定招生方案，由行业协会依据区域企业人才需求规模与学校签订细分行业招生计划；在人才培养过程中注重引入行业人才培养标准，与行业企业共同制定人才培养方案以及教学模块。（联合培养）<br>G02：全面深化产教融合要秉承"合作规划、合作治理、合作教育、合作发展"的思路，系统规划，优化流程，明确协同机制，制定科学的制度体系，形成系统的融合方法、意见、规定、方案和计划。（流程协同） |
| 激励政策 | E01：政府鼓励企业积极参与产教融合，去年我们与C校共建了生产型实训基地得到了政府专项资金扶持。如果后期合作成效显著还可以获得政府的资金奖励和税收优惠。如果政府在这方面的支持力度再大一些，企业的实惠再多一些，那么效果将会更加明显。（资金奖励）<br>E04：从我们企业角度上来讲，大量接收学生进入企业实习对生产经营活动会造成一定干扰，而且我们还需要抽调一些技术骨干作为实习指导师，这无形中增加了企业成本，如果政府能够对我们企业给予一定的利益补偿，我想多数企业会很积极响应的。（政府利益补偿）<br>E07：我们公司在申报高新技术企业过程中，与N高校开展的产学研合作项目成为我们的一个极为重要的加分项，这类政策导向也坚定了我们与高校开展长期合作的信念，其他企业也跟我们一样。（标准认定） |

续表

| 范畴 | 原始资料语句列举（初始概念） |
|---|---|
| 规制政策 | E05：申报产教融合型企业需要开展实质性校企合作，包括加大资本、技术、知识、设施、管理等要素投入，通过设备捐赠、订单培养、共建实训基地、共享知识产权等发挥企业重要办学主体作用。（产教融合型企业认定）<br>H04：高校专业评估标准及高质量考核等，对高校办学都有一系列规定，如产学研合作成效、企业导师数量与结构、校外实习实训基地建设、应用型人才培养标准等，反映了学校快速发展必须紧跟政府政策导向。（办学评估指标）<br>G03：产学研合作是申报高新技术企业的重要条件之一。对于条件情况不太好的企业来说，有了这个加分，就有可能顺利通过高新技术企业认定；对于条件较好的企业来说，如虎添翼，就有可能再跃进一个级别。（高新技术企业认定） |
| 配套政策 | E05：纳入产教融合型企业建设培育范围的试点企业，可按照教育投资额的30%比例，抵免该企业当年应缴教育费附加和地方教育附加，降低了企业成本，增加企业流动资金，提升了企业全面深化产教融合的积极性。（附加税优惠政策）<br>E08：教育支持税前扣除政策，超过年度利润额12%的部分，准许结转以后三年内计算应纳税所得额扣除的规定，相比之前的规定更加合理，企业受益的同时也会更加关注教育公益事业。（税收优惠政策）<br>G03：省财政统筹安排产业发展类专项资金，不断加大对产业发展急需学科专业、公共实训平台和产教融合试点等项目建设的支持力度，同时要求各地统筹产业、科教等相关专项资金，加大地方支持力度。（专项资金支持） |
| 规范意识 | E06：从企业社会责任的角度来讲，积极参与高校人才培养是企业履行社会责任的体现，支持教育发展是企业回馈社会的应有之义，而事实上我们现在很多企业（特别是小微企业）还缺少这种社会责任意识。（企业责任与担当）<br>H05：也有一些企业打着接收实习生的幌子，实际上是借助学生实习招揽大批廉价劳动力，学生实际上学不到什么技能，反而沦为企业廉价的操作工，企业在协同育人环节中道德意识与责任意识缺失。（企业责任意识）<br>H07：企业参与产教融合行为既是企业自身发展需要，也是企业关注教育与支持教育发展的一种体现。特别是在人才培养方面，高校需要企业的共同参与，形成一种良好的社会氛围，一种行动自觉，减少投机行为。（企业自律意识） |

续表

| 范畴 | 原始资料语句列举(初始概念) |
|---|---|
| 示范效应 | E04:行业中很多企业已经与高校开展合作,像我们这些中小企业都面临转型升级压力,一些关键技术需要与高校合作。去年我们与 C 高校机械工程专业尝试探索合作方式。学校方面也比较重视,经过几轮沟通,最终签订产学研合作协议,学校方还专门举行了签约仪式,得到同行企业一致好评。(社会宣传)<br>H02:企业积极性不高,参与意识不强,对教育关注度不够,产教融合"一头热一头冷"与"两张皮"现象,说到底还是缺少一定的社会引领与示范作用。特别是行业中的榜样对激发企业群体的社会责任意识非常重要。(榜样引领)<br>G06:下一步我们将进一步打造高新区产教融合核心区域,通过区域龙头企业带动,推动产业与教育深度融合,提升示范区的影响力和辐射力,形成一批具有一定地方特色、示范效应强、可推广的产教融合示范平台。(示范引领) |

## 二、主轴编码

主轴编码又称为关联式编码,主要任务是在开放式编码的基础上,对初始概念与范畴进一步挖掘和发展。由于开放式编码所得到的范畴之间的关系是相互独立的,彼此之间并未建立联系,因此,需要借助主轴编码对范畴之间的关系作进一步比较和分析,并归纳出主范畴及其副范畴。主轴编码是建构理论分析框架的中间环节,也是形成"故事线"的关键环节(表4-3)。

表4-3 主轴编码形成的主范畴

| 主范畴 | 副范畴 | 范畴内涵 |
|---|---|---|
| 结构性社会资本 | 社会地位 | 组织与身俱来的或通过后天努力而获得的,在特定系统中的位次以及在整个社会系统中的地位 |
| | 优质资源 | 组织人力、知识、技术、工艺、管理以及资本等创新要素,在产教融合系统中的互补与扩散 |
| 认知性社会资本 | 社会声誉 | 组织在长期的社会活动中给公众留下的综合印象,以及由此产生的社会认同和公众信任 |
| | 行业权威 | 组织在各自子系统中或在整个社会结构体系中,使社会公众信从的力量和威望 |
| 关系性社会资本 | 关系规模 | 组织在社会关系网络中所拥有关系节点的数量,关系节点越多,资源渠道就越多,建立合作关系的初始优势就越明显 |
| | 关系质量 | 组织与关系节点的亲密程度,亲密程度越高,建立合作联盟的可靠性和稳定性就越高 |

续表

| 主范畴 | 副范畴 | 范畴内涵 |
| --- | --- | --- |
| 信息丰度 | 合作信息 | 组织基于各自需求,围绕人才培养、技术创新以及学术成果转化等方面开展合作的供需信息 |
|  | 信息渠道 | 在合作主体之间传递信息的媒介物,包括印刷媒介、官方网站、第三方平台、电子媒介及其他媒介等 |
| 供需对称 | 感知需求 | 组织基于自身发展需要,并结合对方所具备的竞争优势(价值性资源),主动谋求与对方开展合作的主观意愿 |
|  | 感知收益 | 组织对参与产教融合活动可能给自身带来预期获益或利益期望的主观感受与评价 |
| 共生界面 | 载体渠道 | 产教融合资源要素跨界流动所依托的载体,包括知识转移、柔性引进、团队协作、共建实体、学术资本转化等 |
|  | 合作平台 | 连接合作主体之间的纽带,实现人才、知识、技术、资本以及各类创新要素跨界互动的基本介质 |
| 合作模式 | 合作内容 | 产教融合的内在要素的总和,合作主体可以选择一项或多项内容进行合作,如人才培养、技术开发、技术咨询、共建实体等 |
|  | 融合层次 | 产教融合的深度与广度,如"双主体"投资、"双主体"办学、"双主体"管理、"双主体"考核评价等 |
|  | 融合方式 | 合作主体之间相互作用方式或结合形式,包括虚假融合、部分融合以及完全融合等 |
| 资源互动 | 资源共享 | 合作主体在特定的范围内,突破原有的组织边界和框架限制,共同享有彼此某些资源的使用权 |
|  | 资源流动 | 人才、技术、资本等创新资源要素在合作主体之间流动、整合及转移,目的在于优化资源配置,创造资源价值 |
| 分配模式 | 预期收益 | 合作主体之间的合作行为,在没有意外事件发生时,在一定时间周期内所获得的全部收益 |
|  | 利益配置 | 合作主体从产教融合所产生的总收入或总利润中,在一定时间周期内分得各自应得的份额 |
|  | 产权归属 | 合作主体对产教融合收益占有、使用、汲取和处分的权利,包括单独享有和共同享有 |
| 合作紧密度 | 要素融合 | 在产教融合政策引导下,推动合作主体之间异质性资源要素自由流动,实现资源优势互补和有效配置 |
|  | 过程协同 | 合作主体围绕特定的合作内容,从目标定位到实施方案制定、过程实施以及绩效评价等各个阶段的全面协同 |

续表

| 主范畴 | 副范畴 | 范畴内涵 |
|---|---|---|
| 资源增值 | 资源整合 | 合作主体对于不同来源、不同层次、不同结构及不同内容的资源要素进行识别、汲取、配置激活和有机融合 |
| | 资源嫁接 | 将两种及以上的异质性资源要素以一定的方式结合在一起,培育新的资源增长点并实现资源放大效应 |
| 对称互惠 | 均衡受益 | 在产教融合系统中,合作主体在一定的利益格局下出现利益体系相对和平共处、相对均势的状态 |
| | 互惠共赢 | 合作主体在产教融合过程中,对所获利益的公平分配以及各方发展机会的相对均衡 |
| 政策环境 | 激励政策 | 政府对产教融合参与主体进行补贴或奖励,如资金补贴、政策倾斜及专项支持等 |
| | 规制政策 | 政府利用行政法规、经济手段、市场机制等政策工具,对产教融合主体行为进行限制、约束甚至惩罚 |
| | 配套政策 | 产业部门为更好激发企业产教融合动力,协同教育部门共同为产教融合参与主体提供政策保障 |
| 社会氛围 | 规范意识 | 合作主体(企业)自觉履行应尽社会责任,积极践行产教融合协同育人以及教育支持 |
| | 示范效应 | 合作主体(企业)参与产教融合行为会对身边其他企业行为产生影响,通过借鉴、学习、吸收与模仿,促使其他企业积极参与产教融合 |

如表4-3所示,根据不同范畴在层次结构上的相互联系及其因果逻辑关系进一步聚类,共计得到结构性社会资本、认知性社会资本、关系性社会资本、信息丰度、供需对称、共生界面、合作模式、资源互动、分配模式、合作紧密度、资源增值、对称互惠、政策环境和社会氛围14个主范畴。其中,结构性社会资本包括社会地位和优质资源2个副范畴;认知性社会资本包括社会声誉和行业权威2个副范畴;关系性社会资本包括关系规模和关系质量2个副范畴;信息丰度包括合作信息和信息渠道2个副范畴;供需对称包括感知需求和感知收益2个副范畴;共生界面包括载体渠道和合作平台2个副范畴;合作模式包括合作内容、融合层次和融合方式3个副范畴;资源互动包括资源共享和资源流动2个副范畴;分配模式包括预期收益、利益配置和产权归属3个副范畴;合作紧密度包括要素融合和过程协同2个副范畴;资源增值包括资源整合和资源嫁接2个副范畴;对称互惠包括均衡受益和互惠共赢2个副范畴;政策环境包括激励政策、规制政策和配套政策3个副范畴;社会氛围包括规范意识和示范效应2个副范畴。

## 三、选择性编码

选择性编码是对访谈资料进行编码的第三个阶段,又称为三级编码或核心式登录。选择性编码主要是在主轴编码基础上,通过梳理主范畴之间的关系,进一步发掘核心范畴。主要方法是借助已经发展好的若干主范畴,阐明"故事线",分析核心范畴、主范畴以及其他范畴之间的关系,铺陈整个访谈所得到的原始资料。其中,"故事线"是由主范畴之间的关系构成,它不仅包括范畴之间的各种关系,还包括各种脉络条件及其串联方式(表4-4)。

表4-4 选择性编码形成的主范畴关系结构

| 关系结构 | 关系结构的内涵 | 代表性访谈例句 |
| --- | --- | --- |
| 结构性社会资本→共生识别 | 结构性社会资本取决于组织在各自系统内部乃至整个社会系统中所处的位置,位置优势越突出,与其他组织建立同盟关系的优势越明显 | E02:在选择合作对象过程中,我们更希望与重点高校开展合作。这类学校的综合实力比较雄厚,社会影响力和认知度比较高,对提升合作成效和企业的社会影响力大有裨益 |
| 认知性社会资本→共生识别 | 认知性社会资本是由社会普遍信任所产生的一种量,社会信任水平越高,寻求外部合作与建立同盟关系的优势越明显 | H10:在合作对象选择过程中,企业信誉是我们考虑的首要因素,一个缺乏诚信和道德底线的企业,哪怕能为学校带来再多的外部资源,我们也不会考虑合作 |
| 关系性社会资本→共生识别 | 关系性社会资本存量取决于组织的社会关系网络规模和关系质量,关系规模越大、质量越高,寻求外部合作与建立同盟关系的优势越明显 | H03:现代产业学院建设不是就教育谈教育,也不是就产业论产业,需要政府、企业、高校、行业组织以及其他社会组织共同支持,而形成这种合力的关键在于建立庞大而牢固的社会关系网络 |
| 信息丰度→共生形成 | 政府、高校、企业以及行业组织在协同育人、知识创新、科技成果转化以及技术服务等方面,彼此对对方信息的占有量,包括信息数量和信息质量两个方面 | E06:希望区域政府能够为产教融合搭建更为完善的第三方平台,定期与不定期发布合作供需信息,方便双方及时掌握彼此合作需求。特别是在疫情防控期间,校企之间信息高度不对称,增加了一定的信息成本 |

续表

| 关系结构 | 关系结构的内涵 | 代表性访谈例句 |
|---|---|---|
| 供需<br>对称→共生形成 | 政府、高校、企业以及行业组织之间因互补性供需而存在的某种依赖关系,是产教融合合作主体之间形成共生关系的必要条件 | E03:目前国内的一些中小企业不同程度地面临专业技术人才短缺、产品工艺转型升级难、竞争优势不强等发展困境,解决这些问题最有效的办法就是与高校开展深入合作,实现资源共享、优势互补和互利共赢 |
| 共生<br>界面→共生形成 | 政府、高校、企业以及行业组织在产教融合系统中,物质、信息、能量传导与交换的介质、平台、通道及有效载体 | E07:以服务换支持、以贡献促发展、以有为争有位。企业寻找合作对象,关键看高校有没有吸引企业的地方,至少在同一类型高校中拥有自身的特色和优势,比如重点实验室、研究中心、省级甚至国家级科研平台等 |
| 合作<br>模式→共生运行 | 政府、高校、企业以及行业组织在产教融合系统中,通过分工合作与协同发展实现价值创造的一系列行为与关系的总和 | G01:理想的模式是依托高校学科、专业、人才、技术以及学术等优势资源,将办学资源与社会优质资源紧密结合,吸引高新企业共建集"科技成果转化、技术孵化、人才培养、产学研合作"于一体的教育实体 |
| 资源<br>互动→共生运行 | 政府、高校、企业以及行业组织为具体合作项目投入的一切资源要素,旨在实现异质性资源重新组合并迸发出新活力 | H07:高校与企业在人才、信息、资金、设备以及场地等资源上具有很强的互补性。资源只有在流动中才能产生价值,深化产教融合关键是要促进这些资源要素自由合理流动,创造出更高的附加值 |
| 分配<br>模式→共生运行 | 政府、高校、企业以及行业组织在产教融合过程中,将共同创造的利益(如人才、技术、资本等),按照一定规则进行分割和分配的过程 | E07:利益分配不合理是企业面临的一个重大考验,从研究项目设想到最终成功立项的概率普遍不高,这一过程中企业承担的风险最大、政府次之、高校最低。即使是一些成功项目,由于信息不对称、权力不对等、义务不平衡,企业承担的风险与收益往往并不成正比,甚至失衡 |
| 合作紧<br>密度→共生进化 | 政府、高校、企业以及行业组织在产教融合过程中相互渗透、相互交叉、互惠互利、平等对立,形成你中有我、我中有你的合作关系 | H07:在招生上联合行业与用人单位共同制定招生方案,由行业协会依据区域企业人才需求规模与学校签订细分行业招生计划;在人才培养过程中注重引入行业人才培养标准,与行业企业共同制定人才培养方案以及教学模块,实现招生、培养、就业一体化 |

续表

| 关系结构 | 关系结构的内涵 | 代表性访谈例句 |
| --- | --- | --- |
| 资源增值→共生进化 | 政府、高校、企业以及行业组织在产教融合过程中为系统带来的能量净增量(如人才、技术、资本等),它是产教融合系统合作主体有效共生与可持续发展的物质基础 | H08:产教融合的本质是跨界合作,把合作主体异质性优质资源进行整合,重点是探索"1+1>2"的资源增值机制。例如,国内一些高校成功案例中的"名校+名企"与"名师+平台"等,很好地实现了品牌延伸 |
| 对称互惠→共生进化 | 政府、高校、企业以及行业组织在产教融合系统中均衡获利,它是实现合作主体协同发展以及推动共生系统向更高层级方向进化的前提 | E07:产教融合是一个互惠发展的过程。我们投入大量的人力、物力和财力,希望通过链接高校资源有效解决企业转型升级、技术迭代及产品工艺改进等现实问题,同时我们也希望能够获得政府更多的支持 |
| 政策环境→环境保障 | 各级政府制定的政策体系对产教融合参与主体形成的正向的、中性的或反向的影响 | E05:纳入产教融合型企业建设培育范围的试点企业,可按照教育投资额的30%比例,抵免该企业当年应缴教育费附加和地方教育附加,降低了企业成本,增加企业流动资金,提升了企业全面深化产教融合的积极性 |
| 社会氛围→环境保障 | 社会政治、经济、文化等因素对产教融合参与主体形成的正向的、中性的或反向的影响 | H02:企业积极性不高,参与意识不强,对教育关注度不够,产教融合"一头热一头冷"与"两张皮"现象,说到底还是缺少一定的社会引领与示范作用。特别是行业中的榜样对激发企业群体的社会任意识非常重要 |

如表4-4所示,产教融合是按照"共生对象识别—共生关系形成—共生系统运行—共生系统进化"这一发展逻辑不断向前演进的。产教融合影响因素的"故事线"可归纳为:合作主体在共生对象识别过程中会受到彼此的结构性社会资本、认知性社会资本和关系性社会资本影响;合作主体在共生关系形成过程中会受到信息丰度、供需对称和共生界面影响;合作主体在共生系统运行过程中会受到合作模式、资源互动和分配模式影响;合作主体在共生系统进化过程中会受到合作紧密度、资源增值和对称互惠影响;产教融合从共生对象识别、共生关系形成、系统稳定运行到系统协同进化,总是在一定的社会环境中进行的,会受到政策环境与社会氛围影响。这些影响因素之间相互关联、相互渗透,共同作用于产教融合整个环节。从高校的角度来看,应用型本科高校的结构性社会资本、认知性社会资本、关系性社会资本越是丰富,就越有可能成为区域龙头企业与大型企业的首选合作对象;应

用型本科高校与政府、企业以及行业组织之间的信息占有量越充分、资源供需匹配度越高、共生界面越丰富,越有利于产教融合共生关系形成;应用型本科高校与政府、企业以及行业组织之间的合作模式与分配模式越是趋于完善,资源跨界互动效率越高,合作主体之间的关系以及产教融合系统就越趋于稳定;应用型本科高校与政府、企业以及行业组织之间的合作越紧密、资源增值效应越明显、对称互惠程度越高,越有利于产教融合系统向更高层级进化;产教融合的外部政策环境与社会氛围越是理想,对合作主体的激励作用就越明显,相应的产教融合的整体水平、层次以及资源要素流动效率就会越高,产教融合系统共生效应就会越明显(图4-2)。

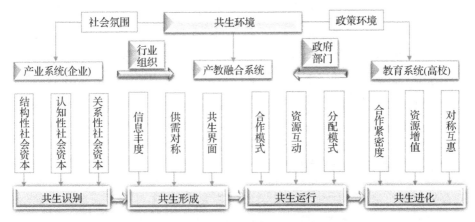

图 4-2 产教融合影响因素模型

### 四、理论饱和度检验

理论饱和是指不能够获取额外数据以使研究者进一步发展某一个新范畴特征的时刻,它是决定研究者何时可以停止采样的判断标准,这一判断标准通常是研究者通过交替收集和分析数据来获得的。[①] 为了检验"产教融合影响因素"是否达到理论饱和,将剩余的14份访谈记录,其中高校6份、企业4份、政府部门2份、行业组织2份,按照扎根理论研究方法的基本操作程式,再次进行开放式编码、主轴编码和选择性编码,并对分析结果进行系统比较,未发现有新的范畴或理论关系,结果依然符合"产教融合影响因素模型"的关系结构。因此,可以判断所得到的范畴

---

① GLASER B G. STRAUSS A L. The discovery of grounded theory: strategies for qualitative research [M]. New York: California: Sociology Press, 1967:61-62.

与理论模型达到了理论饱和的标准,可以停止采样。

## 第三节 产教融合影响因素模型阐释

模型阐释与结果讨论是对扎根理论研究所构建的理论模型及其结论进行理论分析与验证,并赋予一定意义和理解体验的过程。前面我们通过对原始访谈资料进行开放式编码、主轴编码、选择性编码以及理论饱和度检验等分析步骤,归纳出产教融合影响因素主要包括合作主体的结构性社会资本、认知性社会资本、关系性社会资本、信息丰度、供需对称、共生界面、合作模式、资源互动、分配模式、合作紧密度、资源增值、对称互惠、社会氛围与政策环境,并建构了产教融合影响因素模型。为了对产教融合影响因素作深入剖析,需要运用社会资本理论、共生理论以及资源依赖理论等工具,对这些影响因素进行学理性阐释与讨论,进而为全面深化产教融合提供理论参考。

### 一、产教融合共生识别

高校、政府、企业、行业组织在产教融合共生识别过程中主要受到组织的结构性社会资本、认知性社会资本、关系性社会资本等因素的影响。社会资本理论认为,任何组织都嵌入在一定的社会结构之中,结构位置是社会资本生成的先决条件。在这一制度化的社会结构中,行动者之间的行为通常是相互依赖的,通过互动交流,彼此之间建立起义务与期望,进而形成各种信任关系,并借助社会关系网络这一组织形式,不断拓展与积累各自的社会资本,以便于他们在目的性行动中形成某种优势。[1]

#### (一) 结构性社会资本

结构位置是由组织所在的体制化网络结构中的位置决定的。[2] 社会资本理论中的地位强度命题指出,"初始位置"是影响行动者触及组织外部优质资源广度的一个重要因素,"初始位置"越好,越有利于行动者在目的性行动中获取好的资源。

---

[1] 钱海梅.社会资本:基于信任的资源配置方式探究:兼论社区治理中社会资本的运作机理[J].现代管理科学,2011(2):88-90.

[2] 杰西·洛佩兹,约翰·斯科特.社会结构[M].允春喜,译.长春:吉林人民出版社,2007:77-80.

行动者的"初始位置"通常是由其"先赋位置"和"自致位置"决定的,其中"先赋位置"是通过先天继承和遗传获得的,"自致位置"则是通过后天自我努力而获得的。美国社会学家林南从社会等级制的角度,对这一命题做了进一步阐释。他认为在等级制社会结构中,结构位置通常呈"金字塔"形状分布,每个行动者在"金字塔"结构中都占有一定的位置,结构位置越高,占有者的数量就越少,资源聚集效应就越明显。① 美国另一位社会学家罗纳德·伯特从关系网络结构的角度,对此也进行了解释。他指出在社会关系网络中由于"结构洞"的存在,而使一些网络节点不能够直接联系,占据"结构洞"位置的行动者通常具有桥梁和纽带作用,相对于其他竞争者来说,往往拥有更多的信息、资源和权力优势,因而更容易与外部建立某种联系,获得回报的机会也会更高。②

就应用型本科高校而言,结构性社会资本是由其在整个社会系统体制化网络结构中所占据的位置决定的,包括与政府、企业、行业组织及其他利益相关群体所建立的各种联系,以及人际关系、组织关系、信息资源等。③ 它既反映出一所高校的社会声望与社会评价,同时也代表着权力、权威以及优质资源的实际掌握情况。就产教融合而言,一方面结构性社会资本能够为应用型本科高校提供各类信息资源和合作机会。例如,以教授为代表的研究团队在科研与学术活动中积累了丰富的知识和技术,通过与产业界建立稳定的合作关系,可以及时掌握行业动态与市场需求,进而能够为全面深化产教融合提供现实基础。另一方面,结构性社会资本能够为应用型本科高校建立各类信任机制提供有利条件。在社会关系网络中,人际关系和组织关系是建立信任的重要媒介。应用型本科高校与产业界开展合作,通过信誉和声望的积累,可以激发合作对象对学校的信任,进而建立广泛的合作基础。可以说,在产教融合共生对象识别过程中,组织的结构性社会资本是影响合作对象选择的重要因素之一。那些结构性社会资本丰富、结构位置优越、行业影响力以及权威性高的高校更容易成为龙头企业的首选合作对象,也更有可能成为政府与行业组织的重点支持对象,这也为它们与产业界建立广泛而牢固的合作关系,以及获取与使用组织外部资源提供了便利。

---

① 林南.社会资本:关于社会结构与行动的理论[M].张磊,译.上海:上海人民出版社,2005:34-64.
② 罗纳德·伯特.结构洞:竞争的社会结构[M].任敏,李璐,林虹,译.上海:格致出版社,2008:18-22.
③ 苏依依,张铮煌,苏涛永,等.科学基金资助、合作网络与科研产出:学者异质性的调节效应[J].科学学与科学技术管理,2022(10):164-178.

## （二）认知性社会资本

社会信任的本质是一种非正式制度，它是一定范围内行为人评估其他行为人将会采取某一特定行动的主观概率，这种评估先于对特定行动的监督，并影响行为人自身的行动。① 科尔曼指出，理性人的行为选择主要基于两点判断：一是潜在收益与损失的比较；二是对方失信的概率，社会信任就是在这种反复的理性博弈过程中产生的。罗伯特·D.帕特南指出，社会信任、社会网络、公民参与、社会互惠规范催生了社会合作行为，社会网络、公民参与和互惠合作三者之间的相互交融产生了社会信任②，反过来社会信任又会对理性的社会组织或个体的社会参与行为产生一定的积极或消极影响。从这个意义上来说，社会信任它是市场交换活动的一种机制、社会秩序的一种工具、社会关系的一种黏合剂，组织或个体的社会信任水平越高，越有利于社会资本生成与积累，进而为行动者带来更多的机会和潜在社会资源。③

就应用型本科高校而言，认知性社会资本是其与其他社会组织形成的一种共享知识网络，包括高校师生之间以及与其他利益相关者（如企业、政府、科研机构等）之间的信任、合作和知识共享等方面的信念、态度和价值观，它是一所高校在长期办学过程中所形成的社会评价以及所持有的公众信任。④ 韦伯指出，社会信任主要包括普遍信任和特殊信任两种类型。其中，普遍信任是一种以共同体为基础的信任，特殊信任是建立在授信者与置信者血缘或业缘等特殊关系上的一种信任。安东尼·吉登斯指出，高校作为一类专业性的社会组织，"专家系统"为其提供了社会信任的基础，这是因为任何人都无法完全置于现代制度体系之外。⑤ 郑也夫指出，科学决定了"专家系统"的性质，这是因为科学已经获得了社会大众的信任⑥。换言之，作为"专家系统"，应用型本科高校赢得社会信任的基础是源自科学以及掌握科学的一群专家和学者。就产教融合而言，认知性社会资本对促进应用

---

① USLANER E M, CONLEY R S. Civic engagement and particularized trust: the ties that bind people to their ethnic communities[J]. American Politics Research, 2003,31(4):331-360.
② 罗伯特·D.帕特南.使民主运转起来:现代意大利的公民传统[M].王列,赖海榕,译.南昌:江西人民出版社,2001:99-114.
③ 孙士杰.学校社会资本生成研究[D].重庆:西南大学,2010.
④ 刘亚西,计国君.社会信任赤字:高等教育高质量发展进程中的"灰犀牛"[J].江苏高教,2022(5):8-16.
⑤ 安东尼·吉登斯.现代性的后果[M].田禾,译.南京:译林出版社,2000:77.
⑥ 张清.我国大学的社会信任基础与信任错位分析[J].黑龙江高教研究,2010(6):21-24.

型本科高校与产业界、政府部门、社区以及行业组织建立合作关系具有重要的促进作用,高校"专家系统"知识库中的知识越丰富,越容易获得企业的青睐,越有可能成为各类优质企业首选合作对象。例如,孙俊华等从科研资源规模、研究质量、学术声誉、研究导向四个维度,对江苏省56所高校(重点高校11所,省属普通本科高校27所,高职院校18所)和1 223家企业的相关数据进行分析发现,社会信任水平高、科研规模大、研究水平与成果质量高、应用研究导向明显的高校,更容易形成广泛的合作网络和牢固的信任关系。①

### (三) 关系性社会资本

在关系型社会中,社会行动者的行为模式通常是相互依赖的,社会关系网络是资源互动的基本通道。社会关系网络本质上是一种社会关系结构,它是由不同的社会行动者以及连接社会行动者之间的连线组成的集合,每一个行动者都占据着某一个网络节点,而行动者的社会关系网络主要取决于这些网络节点之间的连接关系。② 法国著名思想家布尔迪厄指出,社会资本是通过对制度化关系网络的占有而获取的现实的或潜在的资源集合体,社会关系网络的规模、质量及其关系强度决定个体或组织获取社会资本的能力。③ 社会资本理论的另一位重要代表林南指出社会资本理论研究的共同点是对社会资源的无限关注,目的在于通过社会关系网络的工具性效用,不断汲取嵌入在社会网络中的各种价值性资源。④ 从这个意义上来说,应用型本科高校所拥有的社会关系网络规模越大、关系质量越高,社会资本的积累就越丰富,与其他社会组织建立同盟关系以及有效汲取外部资源的优势就越明显。

应用型本科高校的社会关系网络是指其作为社会行动者与其他社会组织所形成的网络连接方式的集合。作为一种资本形态,关系性社会资本对于建立应用型本科高校与产业界之间的良性合作关系具有至关重要的作用。按照美国学者米切

---

① 孙俊华,陈传明,占侃,等.校企合作网络生成影响因素实证研究:基于江苏高校的数据[J].江苏高教,2018(10):47-52.
② 刘军.社会网络分析导论[M].北京:社会科学文献出版社,2004:4-13.
③ 布尔迪厄.文化资本与社会炼金术:布尔迪厄访谈录[M].包亚明,译.上海:上海人民出版社,1997:202-204.
④ 林南.社会资本:关于社会结构与行动的理论[M].张磊,译.上海:上海人民出版社,2005:28.

尔的影响力、合法性和紧迫性三维评分法①，产教融合系统中的高校、政府部门、企业以及行业组织是建立在持久稳定关系基础上的，具有互惠互利性质，能够提供有效信息和互补性资源，并对组织的行为和决策产生积极影响的"确定型"利益相关群体②，它们共同构成了应用型本科高校产教融合关系网络。在这一社会关系网络之中，应用型本科高校的关系规模越大、关系质量越高，当彼此之间存在合作诉求时，形成战略同盟的可能性就越高。例如，唐智彬等从"人性"假设理论的视角指出，产教融合涉及"经济人""社会人""自动人""复杂人"等多重人性假设，跨界沟通不畅、信任缺乏以及关系多元与复杂，导致"合而不融""貌合神离""谋而不和"，高校需要在这种复杂关系中，持续优化产教融合关系网络并健全多元主体之间的信任关系。③ 再如，申宇等学者对校友关系网络与高校基金会业绩关系研究发现，校友关系网络的广度与深度都会对高校基金会业绩提升产生不同程度的正向促进作用。其中，校友关系网络广度最大的基金会比关系网络广度最低的基金会每年所获得的超额收益率要高出 11.37%；校友关系网络深度最大的基金会比关系网络深度最小的基金会每年所获得的超额收益率要高出 9.12%。④

## 二、产教融合共生形成

高校、政府、企业、行业组织在产教融合共生形成过程中主要受到信息丰度、供需对称与共生界面等因素的影响。其中，信息丰度反映的是潜在合作主体对彼此的信息占有量，它是合作主体之间形成合作意向的前提；供需对称反映的是潜在合作主体在资源供需方面的对应关系，它是合作主体将合作意向转化为实际行为的动力之源；共生界面是资源要素跨界互动的基本通道，也是实现对人才、知识、技术以及资本等创新要素有效整合与重组的重要载体。

---

① MITCHELL R K, AGLE B R, WOOD D J. Toward a theory of stakeholder identification and salience: defining the principle of who and what really counts[J]. The Academy of Management Review, 1997, 22(4):853 – 886.

② 王强, 赵岚. 职业教育产教融合共同体中利益相关者话语权的逻辑、困境与进路[J]. 黑龙江高教研究, 2023(1):138 – 143.

③ 唐智彬, 修南. 人性假设理论视角下产教融合的问题分析与现实路径[J]. 教育与职业, 2020(9): 20 – 26.

④ 申宇, 赵静梅, 何欣. 校友关系网络、基金投资业绩与"小圈子"效应[J]. 经济学(季刊), 2015(4): 403 – 428.

## （一）信息丰度

共生是共生单元基于共生界面进行物质、信息和能量交换的过程，实际上也是共生单元之间信息相互裸露的过程。在给定的时空结构中，高校、政府、企业、行业组织之间对彼此信息占有量应不小于某一临界值。换言之，合作主体之间只有对彼此信息掌握达到一定程度时，才有可能进一步开展合作。例如，校企合作的第一步是信息沟通，只有充分了解学校与企业的合作需求，校企双方才会结合自身实际做出理性决策。一般而言，在不完全信息条件下，信息丰度最高的共生单元会优先进入共生系统，但随着信息丰度的不断提高，那些亲近度或关联度较低的共生单元将会被亲近度或关联度高的所取代；在完全信息条件下，亲近度和关联度越高，越容易形成稳定的共生关系。[①]就产教融合而言，不是所有存在合作关系的合作主体之间都能够形成共生效应。产教融合系统会因信息丰度递增而产生一些内部结构的变化，表现为合作对象的进入和退出。在不完全信息条件下，多元合作主体会因各自需求而广泛寻找合作对象，那些信息丰度相对高的合作主体会优先成为彼此的合作对象，但是随着信息丰度的不断提升，一部分高关联度的合作主体会持续深化合作，另一部分低关联度合作主体则会终止或退出合作，而最终只有那些资源供需高度对称、资源要素跨界流动顺畅、资源增值效应显著的合作主体才能真正形成产教融合共生体。

## （二）供需对称

供需对称反映的是共生单元之间在物质、信息、能量供需方面的兼容度，即质参量兼容。质参量是指决定共生单元内在性质和本质属性变量，质参量兼容反映的是共生单元之间的质参量可以相互表达，即存在某种对应关系。[②]这种对应关系既可以是线性的连续因果关系，也可以是非线性的不连续因果关系，甚至还可以是随机的，而不同的对应关系又会产生不同的共生模式。就产教融合而言，如果合作主体之间在资源供需方面是一种连续性因果关系，即人才、知识、技术、资本等全要素供需高度对称，那么它们之间便能够形成连续性一体化共生模式，如共建现代产业学院。如果合作主体之间在资源供需方面是一种非连续性因果关系，那么它们之间形成的是一种间歇性共生模式，如高校与企业基于某一具体项目所开展的长

---

① 袁纯清.共生理论：兼论小型经济[M].北京：经济科学出版社，1998：21-22.
② 袁纯清.共生理论：兼论小型经济[M].北京：经济科学出版社，1998：17.

期性合作。如果合作主体之间在资源供需方面是一种随机性兼容关系,那么它们之间形成的是一种点共生模式,如高校与企业在某一时间点上开展的一次性合作。从共生的角度来看,从点共生、间歇性共生、连续共生到一体化共生是共生系统从低级形态向高级形态发展的一个完整序列。换言之,一体化共生实现了合作主体之间优势互补、资源共享和互利共赢,因而更有利于产教融合系统形成共生效应。

### (三) 共生界面

共生界面是共生单元之间物质、信息、能量相互交流的媒介或介质,具有信息传输、物质交流、能量传导、生存序列形成以及分工合作等中介功能,它是共生关系形成和发展的基础。[①] 就产教融合而言,合作主体之间根据合作目标和合作内容的不同,可以生成多个共生界面。例如,基于人才培养的合作育人共生界面、基于技术革新的联合研发共生界面、基于学术资本转化的项目合作共生界面、基于企业员工业务能力提升的合作培训共生界面以及基于产学研一体化的多介质组合共生界面等。对于任何一个共生界面来说,物质、信息、能量双向传递效率越高,越有利于形成共生效应。换言之,产教融合系统中的高校、政府、企业、行业组织基于共生界面的物质、信息、能量流动的动力应大于阻力。这是因为任何类型的合作都会产生一定的能量损耗(时间成本、谈判成本、风险成本等),如果这些能量损耗过大,合作就很难持续向前推进,合作主体甚至会选择投机行为或停止合作,这也就失去了形成共生关系的前提和基础。

## 三、产教融合共生运行

产教融合系统在共生运行过程中主要受到合作模式、资源互动和分配模式影响。其中,合作模式反映的是合作主体之间的结合方式,它是产教融合系统内部结构与关系模式的集中体现;资源互动反映的是合作主体之间优质资源互换意愿以及资源要素跨界流动效率,它是实现合作主体持续共生的基本路径;分配模式反映的是合作主体在产教融合系统中的利益分配问题,它是实现系统稳定与协同运行的重要机制。

### (一) 合作模式

合作模式反映的是合作主体在产教融合过程中相互结合与相互作用的组织化

---

① 袁纯清.共生理论:兼论小型经济[M].北京:经济科学出版社,1998:26-30.

程度,可分为偶发性合作、间歇性合作、连续性合作和一体化合作四种类型。其中,偶发性合作通常表现为合作主体在某一时间点上,基于各自需求所开展的一次性合作,这类合作更多的是针对一些具体问题,如围绕企业某一技术难题开展的横向课题研究,目标一旦达成,合作自动终止。间歇性合作通常表现为合作主体在不连续的时间单元内所开展的多次合作,这类合作并非偶发性合作的简单加总,而是具有一定规律性的合作,如基于应用型人才培养的"工学交替"模式、"嵌入式"模式以及现代学徒制模式等。连续性合作通常表现为合作主体在连续的时间单元内,围绕人才培养、科技成果转化、技术创新以及产品工艺升级等多个合作项目所开展的交互性合作,如产教融合中的政、产、学、研、用多项目协同推进。一体化合作通常表现为合作主体基于"共同体"的紧密结合,如共建现代产业学院、行业学院以及大学科技园等模式。从偶发性合作、间歇性合作、连续性合作到一体化合作,是一个由松散合作到紧密合作的发展过程。产教融合的理想状态是通过不断丰富合作内容、深化合作形式、增强互动频次和提升合作成效等途径,实现合作主体组织关系稳定且组织化程度高的一体化发展。这也侧面印证了一些学者的观点,即导致"学校热、企业冷""产教两张皮"以及"壁炉现象"的一个重要原因是长效合作机制不健全、合作内容"碎片化"、合作目标"短期化"以及合作形式"单一化"。[①]

### (二) 资源互动

资源的稀缺性决定了任何组织都需要对有限的资源进行合理配置和充分利用,以发挥资源的最大效益,满足组织的生存和发展需要。微观经济学以理性人、完全信息、市场出清为基本假设,认为资源已经得到了充分利用,不存在资源的闲置或浪费,提高资源效益的关键是对资源进行科学配置。[②] 宏观经济学基于"市场机制不完善"和"政府有能力调节经济"的基本假设,认为资源已经得到了最优配置,实现资源最佳效益的关键是提升资源的使用效益。[③] 但从产教融合作为组织之间跨界合作的本质属性来看,资源要素有效流动是实现系统资源科学配置和提升使用效益的前提。对于高校而言,深化产教融合的目标在于通过利用企业资源提升人才培养质量、科学研究水平以及知识创新与科技成果转化能力。对于企业

---

① 许本洲,温贻芳,张慧波,等.产教融合联合体与共同体建设:路径选择与院校作为[J].中国职业技术教育,2023(8):5-11.
② 谢利人.经济学基础[M].上海:上海交通大学出版社,2014:22.
③ 李超民,伍山林.西方经济学[M].上海:上海财经大学出版社,2015:4.

而言,作为一类营利性社会组织,获得人力资本、技术资源以及经济收益是其参与产教融合的首要目标和根本出发点。对于地方政府而言,深化产教融合的目标在于集聚产业人才,推动区域经济发展。对于行业组织而言,参与产教融合的目标在于通过组织、协调与沟通,提升自身社会影响力和行业驾驭力。[①] 由此形成了产教融合"目标分离—利益耦合"的关系模式。在这种以利益为驱动的关系模式下,为防止对方投机行为,理性的行动者往往会刻意对其核心资源进行隐匿与保护,并倾向于以不对称的方式向其合作伙伴进行资源互换[②],以换取自身的最大收益,其结果必然影响优质资源要素跨界流动的效率。因此,打破产业系统与教育系统之间的资源壁垒,提升异质性创新资源要素跨界互动效率,是实现产教关系从松散合作到融合共生的重要路径。

### (三) 分配模式

分配模式反映的是合作主体在产教融合过程中物质、信息、能量交换的基本方式,按照共生理论观点可分为寄生模式、偏利共生模式、互惠共生模式三种类型。其中,寄生模式通常表现为高校衍生企业或企业衍生大学,即母体高校或企业在特定的发展阶段,为拓展它的其他方面功能,依托母体资源而孵化的具有产学研性质的独立实体机构。这种衍生实体在孵化初期,与母体之间通常表现为一种寄生关系,即只存在物质、信息、能量的单向流动。偏利共生模式通常表现为合作共建初期的企业投入行为,由于人才培养、科学研究、技术孵化以及知识转移的复杂性与周期性,该阶段高校、政府、企业、行业组织之间存在着明显的偏利现象。互惠共生模式通常表现为合作主体之间的合作已经进入一种长效、稳定和协同发展状态,各方利益生成、分配均呈现一体化演进,不仅填补了高校在人才培养、知识创新以及应用研究等方面的资源短板,还同时满足了其他合作主体对人力资本、技术资源以及经济效益的合理诉求。在这种模式下,合作主体之间关键共生因子分配的对称性高,利益分配趋于"帕累托最优",因而有利于产教融合系统的稳定运行。袁纯清教授指出,生物共生模式进化法则同样适用于对人类社会合作行为的解释。合作模式中的一体化合作是合作主体形成长效合作关系的基础,在这一基础上只有

---

① 林健,耿乐乐. 现代产业学院建设:培养新时代卓越工程师和促进产业发展的新途径[J]. 高等工程教育研究,2023,198(1):6-13.

② MUDAMBI S M, TALLMAN S. Make, buy or ally: theoretical perspectives on knowledge process outsourcing through alliances [J]. Journal of Management Students, 2010,47(8):1434-1456.

逐步形成互惠共生模式,才有可能实现产教融合的可持续发展。任何不稳定的、低效的、非对称互惠合作模式终将被稳定的、高效的、对称互惠合作模式所取代。[1]但是绝对的对称互惠模式只是一种理想形态,这也正是学者们从不同视角探索产教融合多元主体之间利益分配帕累托最优的价值所在。

### 四、产教融合共生进化

产教融合系统在共生进化过程中主要受到合作紧密度、资源增值与对称互惠等因素的影响。其中,合作紧密度反映的是合作主体在产教融合系统中的组织化程度问题,它是合作平台、外部环境以及特征共生介质的综合作用结果;资源增值反映的是合作主体在产教融合系统中的资源生成问题,它是全要素共生度基于共生界面的协同分工所形成的资源放大效应;对称互惠反映的则是合作主体在产教融合系统中的利益分配问题,它是推动系统向更高层级进化的内在作用机制。

#### (一) 合作紧密度

一体化共生是产教融合合作主体紧密合作的内在典型特征,通常表现为高校、政府、企业、行业组织之间生成了稳定的共生界面和共生介质,且系统形成了具有独立性质和结构的共生体或共生组织,共生关系发生了质的飞跃。[2] 一体化共生模式下的共生界面具有支配性和唯一性特征,共生介质具有多样性和互补性特征,共生单元之间形成了高度融合的多边交流机制,共生系统稳定且逐步向更高层级演化。[3] 就产教融合而言,一体化共生首先要求合作主体在资源供需方面存在一定的对应关系,尤其是在那些价值性、稀缺性、难以模仿性以及难以替代性的资源要素方面具有高度兼容性;其次,在合作主体之间能够形成一个稳定的共生界面,为人才、知识、技术、信息、资本以及管理等创新要素流动与交换提供基础性结构载体;最后,合作主体在共生过程中形成有效的协同分工,进而更好地适应和利用外部环境,形成资源增值效应并获得快速发展和进化创新。例如,现代产业学院、行业学院、大学科技园、孵化中心以及其他形式的共建实体,实际上就是一种以高校优势学科群与专业群为依托,通过整合其他合作主体的优质资源,形成以服务创新

---

[1] 袁纯清.共生理论:兼论小型经济[M].北京:经济科学出版社,1998:12-15.
[2] 周益斌,肖纲领.职业教育产教融合共生体的发展困境及推进策略研究:基于共生理论的视角[J].苏州大学学报(教育科学版),2023(2):80-87.
[3] 毛才盛,田原.地方应用型本科院校产教融合发展路径:共生理论视角[J].教育发展研究,2019,39(7):7-12.

创业、孵化科技成果、造就创新人才为目标的一体化共生平台①,它有效地将高校、政府部门、企业以及行业组织的优质资源进行链接与整合,进而实现教育与产业协同发展。

### (二) 资源增值

共生系统中的协同行为可以弥补单一组织在某些方面上的功能缺陷,进而能够产生"1+1>2"的增值效应。产教融合系统资源增值是合作主体通过资源整合与协作分工所产生的资源净增量,它是共生关系形成的充分条件之一,也是共生系统持续进化的动力之源,表现为系统整体竞争力提升与合作主体协同发展。共生理论认为,资源增值主要取决于全要素共生度和共生界面的特性,其数理关系可表述为

$$E_{(s)} = f(\delta_s, \rho_s, \eta_s) \text{ 或 } f\left(\frac{\delta_s^m}{\lambda}, \rho_s, \eta_s\right)$$

其中,$E_{(s)}$、$\lambda$、$\rho_s$、$\eta_s$ 分别表示资源增量、共生界面特征系数、共生密度和共生维度。②就产教融合系统而言,全要素共生度 $\delta_s > 0$ 是系统产生资源增值的充分必要条件。在共生密度和共生维度不变的情况下,全要素共生度越高,产生的共生能量就会越大。反之,则越小。但值得注意的是全要素共生度并不等于合作主体之间单要素共生度的简单相加,而是由产教系统所有单要素共生度和共生界面特质共同决定的。假设在共生条件下产教融合四维共生系统的资源产出值为 $E$,高校、政府、企业、行业组织在未形成共生关系时,所对应的资源产出值分别为 $E_{(i)}$、$E_{(ii)}$、$E_{(iii)}$、$E_{(iv)}$,系统新增资源值为 $E_{(s)}$,则:$E = E_{(i)} + E_{(ii)} + E_{(iii)} + E_{(iv)} + E_{(s)}$。在成本投入总量不变的情况下,当 $E > E_{(i)} + E_{(ii)} + E_{(iii)} + E_{(iv)}$,即 $E_{(s)} > 0$ 时,则代表高校、政府、企业、行业组织在产教融合系统中形成了资源净增量。共生原理揭示了资源增值与系统进化之间的本质规律,对人们认识产教融合共生现象和把握共生规律具有极其重要的指导意义。

### (三) 对称互惠

所谓对称互惠,是指合作主体基于资源增值后的均衡获利。共生理论认为,对称互惠共生是共生关系中效率最高、凝聚力最强且最稳定的理想共生形态。高校、

---

① 卫平,高小燕.中国大学科技园发展模式转变研究:基于北京、上海、武汉等多地大学科技园调查及中外比较分析[J].科技管理研究,2019,39(21):20-25.

② 袁纯清.共生理论:兼论小型经济[M].北京:经济科学出版社,1998:65.

政府、企业、行业组织之间的互利共生行为是建立在四者对异质性资源要素互补、共享以及互惠交换的共同期待上。换言之,产教融合是以资源为纽带,以项目为载体,以互利共赢为共同目标的多边互动过程,实际上是共同利益的生成过程,本质上是各自诉求的持续满足过程。高校的预期收益主要体现为高质量的人才产出、知识创新以及对企业教育资源的实际使用;企业的预期收益主要体现为获得符合企业要求的人才、服务于企业技术创新与技术改造的创新要素以及由此为企业带来的经济收益;政府的预期收益主要体现为集聚产业人才,推动区域经济发展;行业组织的预期收益主要体现为通过组织、协调与沟通,有效提升自身社会影响力和行业驾驭力。现实中由于知识转移的复杂性、技术孵化的不确定性以及信息不对称等因素存在,合作主体之间往往很难实现绝对的利益均衡与收益对称。但从可持续发展的角度来看,对称互惠不仅是激励合作主体持续深化合作的重要措施,也是推动产教融合系统可持续发展与协同进化的重要机制。

**五、产教融合共生环境**

共生单元之间的物质、信息、能量交流总是在一定的环境中进行的。环境对共生系统的影响是一种外在的、不确定的,但又无法抗拒的。一般来说,正向的共生环境对共生系统发展具有积极的促进作用;反向的共生环境对共生系统发展具有抑制作用;中性的共生环境对共生系统发展既不产生积极的促进作用,也不产生消极影响。此外,共生系统与环境之间的作用又是相互的,即共生系统在演化过程中也会对环境产生正向的或反向的或中性的影响。但从共生结果来看,共生关系形成与共生系统进化需要正向积极的外部环境予以支持,反过来共生系统进化又会不断强化外部环境的正向效应,进而形成外部环境与共生系统的双向激励与协同共进。①

**(一)社会氛围**

企业参与产教融合既是一种发展机制,也是履行社会责任的一种重要方式,需要一定的社会氛围予以引导。② 企业与社会之间实际上是一种契约关系,企业行为本质上是一组复杂契约系统的均衡行为。这些契约既包括以法律、法规为基础

---

① 袁纯清.共生理论:兼论小型经济[M].北京:经济科学出版社,1998:16-17.
② 沈洁,徐守坤,谢雯.我国高等教育产教融合政策的逻辑思路、实施困境与路径突破[J].高教探索,2021(7):11-18.

的显性社会契约,也包括以伦理道德、价值、信念为基础的隐性社会契约。[①] 其中,显性社会契约作为一种正式的、具有法律约束力的强制规定,它强调企业的生产经营活动必须在国家现行法律、法规框架内进行;隐性社会契约则强调企业作为社会共同体所应当承担的相应社会责任,包括一个国家、社会群体、社会组织等彼此同意的或内化的价值取向、基本信念、行为规范及期望等。[②] 企业与社会之间的这种契约关系对促进企业履行社会责任具有普遍的约束力,而企业履行社会责任的整体水平主要取决于隐性契约对社会伦理道德、价值规范的监督和引领。[③] 基于德道规范和价值引领的隐性社会契约,不仅能够形成一种普遍的社会价值认同,而且对企业自觉履行社会责任具有良好的示范效应。

### (二) 政策环境

我国产教融合战略遵循的是"自上而下"的演进逻辑,全面深化产教融合离不开政府的政策支持。这些政策既包括宏观层面上的国家政治制度、经济制度、文化制度以及社会体制,也包括微观层面上的区域产业政策、教育政策以及产教协同发展政策。自21世纪以来,我国各级政府先后出台了一系列支持性政策,其目的就在于通过"外力驱动"实现产教融合"内力自律"。例如,《国务院办公厅关于深化产教融合的若干意见》明确提出,支持和引导企业以多种形式融入高等教育办学,包括共同参与专业开发、教材编写、教学改革、课程设置以及学生实习实训等,推动产业与教育之间优质资源要素双向流动,鼓励产学研主体围绕产业重大技术、产品工艺和共性问题开展协同创新等。《建设产教融合型企业实施办法(试行)》进一步提出,对于纳入产教融合型企业认证目录的企业,国家给予"金融+财政+土地+信用"的组合式激励,并按照相关规定落实税收政策。这些政策制度一方面为校企之间人才、知识、技术、资本、信息以及管理等创新要素合理流动的合法性提供了基本依据,另一方面也为产业系统与教育系统融合发展提供了有利的政策环境。

---

① 刘长喜.企业社会责任与可持续发展研究:基于利益相关者和社会契约的视角[M].上海:上海财经大学出版社,2009:61-62.
② 李淑英.社会契约论视野中的企业社会责任[J].中国人民大学学报,2007(2):51-57.
③ 托马斯·唐纳森,托马斯·邓菲.有约束力的关系:对企业伦理学的一种社会契约论的研究[M].赵月瑟,译.上海:上海社会科学院出版社,2001:49-50.

# 第五章
# 产教融合影响因素作用机理分析

产教融合作为促进教育链、人才链与产业链、创新链有机衔接的重要机制,是推动教育优先发展、人才引领发展、经济高质量发展相互贯通与相互促进的战略性举措,也是建设高水平应用型高校的必由之路。基于产教融合影响因素模型,对产教融合共生识别、共生形成、共生运行和共生进化四个阶段的影响因素之间的作用关系进行研究假设、变量定义与测量,通过问卷调查、探索性因子分析和验证性因子分析发现:组织的结构性社会资本、认知性社会资本和关系性社会资本对产教融合共生对象识别具有显著正向影响;信息丰度、供需对称、共生界面、社会氛围和政策环境对产教融合共生关系形成具有显著正向影响;合作模式、资源互动和分配模式对产教融合共生系统运行具有显著正向影响;合作紧密度、资源增值、对称互惠和政策环境对产教融合共生系统进化具有显著正向影响;此外,关系性社会资本对结构性社会资本与共生对象识别,以及认知性社会资本与共生对象识别具有部分中介作用;资源互动对合作模式与共生系统运行,以及分配模式与共生系统运作具有部分中介作用。

## 第一节 产教融合影响因素作用关系的研究假设

研究假设是研究者依据已有的经验事实和理论对所研究的问题的基本规律或作用关系作出的一种推测性论断和假定性解释,是在进行研究之前预先设想的、暂定的理论。① 根据第四章基于扎根理论所构建的产教融合影响因素模型,结合已

---

① 谢爱珍.基于UTAUT大学生手机移动学习使用意愿影响因素研究[D].金华:浙江师范大学,2012.

有相关研究成果,对产教融合共生识别、共生形成、共生运行和共生进化四个阶段各影响因素之间的作用关系,提出研究假设,旨在为下一章节研究活动的过程组织、研究逻辑、研究途径以及验证性分析奠定基础。

## 一、产教融合共生识别阶段

社会资本是嵌入在社会网络结构之中并能够为行动者在目的性行动中获取或动员的资源[1],本质上是指能够促进行动者进行有效合作的生产性资源[2],包括结构性社会资本、认知性社会资本和关系性社会资本三个方面[3]。其中,结构性社会资本是一种结构性资源,是行动者通过结构位置所获取的潜在资源;认知性社会资本是基于共享的规范、信仰、态度、价值观所产生的互惠行为,以及由此为行动者带来的潜在资源;关系性社会资本是基于信任、承诺、义务与期望所形成的关系网络。[4] 就产教融合系统而言,结构性社会资本反映的是各主体的结构位置优势及其资源集聚水平;认知性社会资本反映的是多元合作主体之间共享的语言、符号及知识;关系性社会资本反映的是合作主体之间关系网络的联结性特征。[5] 有学者提出,互补性技能、合作文化、共同目标、合作风险是行动者选择合作伙伴的四个基本准则。[6] 其中,那些优势互补、战略协同、文化相似、相互信任、社会声誉高、兼容性强的潜在合作伙伴会成为行动者优先选择对象。[7] 换言之,在产教融合同盟组建过程中,那些社会资本越丰富的组织,越有可能成为彼此的首选合作伙伴。例如,张青等研究发现,创业者个体的结构性社会资本、认知性社会资本和关系性社

---

[1] 林南.社会资本:关于社会结构与行动的理论[M].张磊,译.上海:上海人民出版社,2005:3-4.

[2] KILBRINK N, BJURULF V. Transfer of knowledge in technical vocational education: a narrative study in Swedish upper secondary school [J]. International Journal of Technology and Design Education, 2013, 23: 519-535.

[3] NAHAPIET J, GHOSHAL S. Social capital, intellectual capital, and the organizational advantage[J]. The Academy of Management Review, 1998, 23(2):242-266.

[4] 林聚任,等.社会信任和社会资本重建:当前乡村社会关系研究[M].济南:山东人民出版社,2007:146.

[5] 董伟,陶金虎,高晨璐.社会资本对高水平高职院校与企业合作知识转移的影响[J].高等工程教育研究,2020(1):165-171.

[6] KEITH J E, JACKSON D W, CROSBY L A. Effects of alternative types of influence strategies under different channel dependence structures[J]. Journal of Marketing, 1990, 54(3):30-41.

[7] CHILD J, FAULKNER D. Strategies of cooperation: managing alliances, networks and joint ventures[M]. Oxford: Oxford University Press, 1998:67-89.

会资本,对创业团队组建以及创业绩效具有显著正向影响。① 董伟等研究发现,结构性社会资本、认知性社会资本与关系性社会资本可以通过知识转移机会、动机与能力对校企联盟合作关系产生显著影响。② 此外,还有学者指出,关系性社会资本中的信任机制是联盟组建与发展整个环节的关键性因素,在行动者的结构位置、互惠行为与合作伙伴选择之间具有中介作用。③ 基于此,本研究提出如下假设:

H1.组织的结构性社会资本对产教融合共生对象识别具有正向影响。

H2.组织的认知性社会资本对产教融合共生对象识别具有正向影响。

H3.组织的关系性社会资本对产教融合共生对象识别具有正向影响。

H4.关系性社会资本对结构性社会资本与共生对象识别具有中介作用。

H5.关系性社会资本对认知性社会资本与共生对象识别具有中介作用。

## 二、产教融合共生形成阶段

共生关系形成表现为不同物种之间形成了紧密的互利关系,其判断标准通常包括共生必要条件和充分条件。共生必要条件反映的是在一定的信息丰度区间内,共生单元之间至少存在一组质参量兼容;共生充分条件反映的是共生单元之间通过分工协作与功能互补,以及物质、信息、能量交换产生新的共生能量。④ 就产教融合而言,高校、政府、企业、行业组织之间形成共生关系的必要条件包括两个方面,一是合作主体对彼此信息占有量必须达到某一阈值,二是合作主体之间存在资源供需互补型依赖。换言之,高校、政府、企业、行业组织对彼此信息占有过程中,当且仅当四者之间存在强烈的互补性需求时,才有可能形成共生关系。高校、政府、企业、行业组织之间形成共生关系的充分条件主要表现为通过异质性资源要素多边交流,实现人才、知识、技术、资本以及创新要素等产出。有学者指出,共生关系形成的影响因素是多元的,如网络嵌入性、耦合性、驱动力、组织领导力以及并购

---

① 张青,曹尉.社会资本对个人网络创业绩效影响的实证研究[J].研究与发展管理,2010,22(1):34-42.

② 董伟,陶金虎,高晨璐.社会资本对高水平高职院校与企业合作知识转移的影响[J].高等工程教育研究,2020(1):165-171.

③ 黄昱方,柯希正.创业团队外部社会网络对创新能力的影响机理研究[J].经济与管理,2013,27(8):61-64.

④ 袁纯清.共生理论:兼论小型经济[M].北京:经济科学出版社,1998:65-71.

战略等。① 但从行为发生的角度来看,信息对称性、供需互补性、资源要素流动效率、共同创造价值以及组织战略目标协同性,对共生行为的发生具有显著影响。② 例如,宋姗姗研究发现,信息来源、信息媒介、传播平台、信息对称、信息质量等因素对创业生态系统多元主体之间共生关系形成具有显著影响。③ 李坤研究发现,资源互补、有效流动、供需匹配等因素对高端装备制造企业与"伙伴型"供应商之间依赖性关系形成具有显著正向影响。④ 此外,还有学者指出,组织之间合作行为的发生总是需要一定的外部环境,产教融合共生关系形成是一个由"外力驱动"到"内力自律"的过程,需要一定的政策环境和社会氛围予以驱动和引导。⑤ 基于此,本研究提出如下假设:

H6. 信息丰度对产教融合共生关系形成具有正向影响。

H7. 供需对称对产教融合共生关系形成具有正向影响。

H8. 共生界面对产教融合共生关系形成具有正向影响。

H9. 社会氛围对产教融合共生关系形成具有正向影响。

H10. 政策环境对产教融合共生关系形成具有正向影响。

### 三、产教融合共生运行阶段

共生过程既是共生单元基于共生界面进行物质、信息和能量交换的过程,也是共生单元之间信息相互裸露的过程,资源投入、系统产出与利益分配对共生系统稳定性具有决定性作用。资源投入反映的是多元主体在共生过程中的相互结合方式,系统产出反映的通过资源整合所形成的资源增益,利益分配反映的是合作主体在共生过程中的相互作用关系与强度。理想的共生状态是系统通过协同功能实现能量生成与损耗达到某种结构性平衡,可表述为

$$\frac{E_{SA}}{E_{CA}} = \frac{E_{SB}}{E_{CB}} = K$$

---

① THOMAS L D W, AUTIO E. The fifth facet: the ecosystem as organizational field[C]. Academy of Management Annual Meeting Proceedings,2014:1 - 34.

② ROUNDY P T, BRADSHAW M, BROCKMAN B K. The emergence of entrepreneurial ecosystems: a complex adaptive systems approach[J]. Journal of Business Research,2018,86:1 - 10.

③ 宋姗姗. 创业生态系统的共生形成及演化研究[D]. 长春:吉林大学,2018.

④ 李坤. 高端装备制造企业与伙伴型供应商相互依赖关系形成机理[D]. 哈尔滨:哈尔滨工业大学,2018.

⑤ 张元宝. 技能型社会建设的教育支持研究[J]. 职业技术教育,2021,42(25):54 - 60.

其中，$E_S = E_{SA} + E_{SB}$，$E_C = E_{CA} + E_{CB}$[①]，$E_S$ 表示共生单元在共生过程中的能量生成，$E_C$ 表示共生单元在共生过程中的能量耗损，$K$ 表示共生稳定分配系数。就产教融合系统而言，实现系统稳定运行的首要条件是建立资源互动通道，保证资源要素跨界有效流动；其次是建立稳定长效的成本投入和利益分配机制，保证合作主体资源要素投入、生成与分配一体化演进。田宇研究发现，产学研技术联盟成员之间的资源要素匹配性、互动性和共赢性是影响合作系统稳定性的主要因素。[②] 陈振斌研究发现，合作平台、合作模式、资源投入、资源配置、利益分配等因素对产教融合系统稳定运行具有显著影响。[③] 此外，还有学者指出，资源互动是合作主体建立伙伴关系的基础，同盟成员之间的关系是通过资源要素投入、配置、分配不断实现稳固的，资源互动在合作模式、分配模式与系统稳定之间具有中介作用。[④] 基于此，本研究提出如下假设：

H11. 合作模式对产教融合共生系统运行具有正向影响。

H12. 资源互动对产教融合共生系统运行具有正向影响。

H13. 分配模式对产教融合共生系统运行具有正向影响。

H14. 资源互动对合作模式与系统运行具有中介作用。

H15. 资源互动对分配模式与系统运行具有中介作用。

## 四、产教融合共生进化阶段

共生系统进化反映的是共生单元通过相互作用、相互依存、相互促进、相互激励，促使系统从一种状态向另一种更高层级状态转变。[⑤] 共生理论认为，一体化共生是共生单元所有竞合关系中最为稳定的一种形态，共生能量持续生成是实现共生系统"相变"的物质基础，对称互惠是推动共生系统向更高层级进化的重要机制。[⑥] 就产教融合而言，在一定的外部环境作用下，高校、政府、企业、行业组织之间紧密合作是实现资源持续增益的基础，如人才培养、知识生产、技术创新、工艺改进、价值创造以及利益生成等。在此基础，如果合作主体之间能够实现利益分配的

---

① 袁纯清. 共生理论：兼论小型经济[M]. 北京：经济科学出版社，1998：21 – 23.
② 田宇. 产学研技术联盟的稳定性研究[D]. 大连：大连理工大学经济学院，2012.
③ 陈振斌. 城市产教融合影响因素与评价体系研究[D]. 徐州：中国矿业大学，2022.
④ 曹霞，于娟. 联盟伙伴视角下产学研联盟稳定性提升路径：理论框架与实证分析[J]. 科学学研究，2016(10)：1522 – 1531.
⑤ 代文. 现代服务业集群的形成和发展研究[D]. 武汉：武汉理工大学，2007.
⑥ 袁纯清. 共生理论：兼论小型经济[M]. 北京：经济科学出版社，1998：69 – 71.

帕累托最优,那么产教融合系统将会得到进一步发展,这也是非对称互惠共生系统最终都必将被对称互惠系统所取代的根本原因所在。有学者指出,共生单元紧密合作、资源增益与利益分配对称互惠,对共生系统向更高层级演化具有显著促进作用。① 还有学者研究发现,同盟成员之间的合作密度对系统创新发展具有显著的促进作用,即同盟成员之间的合作越是紧密,资源要素流动效率与创新效率就会越高,进而推动系统整体向更高层级持续进化。② 张丽楠研究发现,共生能量生成与持续增益对企业合作系统的稳定性与发展性具有显著的促进作用。③ 蔺义芹研究发现,互惠合作有利于维持同盟成员之间的信任关系,降低成员行为的不确定性,进而能够促进整个合作系统的创新发展。④ 此外,还有学者提出,共生环境是共生系统赖以生存的基础,共生系统从一种状态向另一种状态跃进需要一定的外部环境支持。⑤ 基于此,本研究提出如下假设:

H16. 合作紧密度对产教融合共生系统进化具有正向影响。

H17. 资源增值对产教融合共生系统进化具有正向影响。

H18. 对称互惠对产教融合共生系统进化具有正向影响。

H19. 社会氛围对产教融合共生系统进化具有正向影响。

H20. 政策环境对产教融合共生系统进化具有正向影响。

## 第二节 变量定义与测量

变量定义与测量是开展实证研究的关键环节,也是决定研究结论科学性、可靠性和有效性的基础和前提。根据上一节对产教融合影响因素相互作用关系的研究假设,结合已有相关研究成果中的成熟量表和实地访谈资料,对产教融合共生识别、共生形成、共生运行、共生进化和共生环境五个维度中的结构性社会资本、认知

---

① FUKUDA K, WATANABE C. Japanese and US perspectives on the national innovation ecosystem[J]. Technology in Society,2007,30(1):49-63.

② AHUJA G. Collaboration network, structural holes and innovation: a longit study[J]. Administrative Science Quarterly,2000,45(3):425-455.

③ 张丽楠. 基于共生理论企业战略网络成员间合作关系稳定性研究[D]. 天津:天津财经大学,2013.

④ 蔺义芹. 合作的影响因素:基于双人互动技术的研究[D]. 深圳:深圳大学,2019.

⑤ 张元宝. 地方高校产教融合的困境与出路:共生理论视域下问题的探讨[J]. 中国高校科技,2021,398(10):82-86.

性社会资本、关系性社会资本、信息丰度、供需对称、共生界面、合作模式、资源互动、分配模式、合作紧密度、资源增值、对称互惠、社会氛围、政策环境等14个变量进行分别定义。在此基础上,按照建议①,借鉴已有研究成果中的成熟量表,结合研究实际需要进行修改,最终形成初始问卷。

## 一、共生识别影响因素定义与测量

产教融合共生识别即产教融合共生对象识别,是指高校、政府、企业、行业组织基于各自发展需要,对众多潜在合作对象进行优先选择的过程,其影响因素主要包括组织结构性社会资本、认知性社会资本、关系性社会资本。有学者认为,社会资本是实际或潜在的资源集合体,是行动者在目的性行动中获取或动员的潜在资源。有学者认为,结构性社会资本与认知性社会资本可以通过组织之间的联系、集体行动、社会参与、社会支持、社会凝聚力、行动者归属感、信任机制以及互惠模式等指标进行测量②。还有学者认为,结构性社会资本可以通过共同规范、价值观、态度与信仰等指标进行测量,③关系性社会资本包括一般信任和弹性信任,可以通过信任、互惠、承诺、认同等指标进行测量。④ 郗玉娟通过互动频率、联系紧密度、互利互惠、共同目标、共同话题、相似看法、相互信任、互帮互助、关系融洽以及承诺等指标对企业组织关系中的社会资本进行测量。⑤ 冉云芳通过合作连续态、紧密程度两个指标对校企之间战略性合作进行测量。⑥ 本研究对产教融合共生对象识别影响因素中的结构性社会资本、认知性社会资本、关系性社会资本与共生对象识别四个题项的定义与测量,主要源自以上学者研究成果中的成熟量表,并结合研究实际进行了适当修改(表5-1)。

---

① Dunn W N. Public policy analysis[M]. New York: Routledge, 2015.
② HARPHAM T, GRANT E, THOMAS E. Measuring social capital within health surveys: key issues[J]. Health Policy Plan, 2002,17(1):106-111.
③ UPHOFF N. Understanding social capital: learning from the analysis and experience of participation[M]// DASGUPTA P. Serageldin social capital: a multifaceted perspective. Sociological Perspective on Development Series. Washington, DC: World Bank, 2000.
④ SIMONS T L, PELERSON R. S. Task conict and relationship conflict in top management teams: the pivotal roleof intragroup trust[J]. Journal of Applied Psychology, 2000,85(1):102-111.
⑤ 郗玉娟. 组织社会资本、知识创造与动态能力关系研究[D]. 长春:吉林大学,2020.
⑥ 冉云芳. 企业参与职业教育校企合作的影响机理研究:基于计划行为理论的解释框架[J]. 教育发展研究,2021(7):44-52.

表5-1　产教融合共生对象识别影响因素测量量表

| 变量 | 编号 | 测量题目 | 参考来源 |
| --- | --- | --- | --- |
| 结构性<br>社会资本 | JG1<br>JG2<br>JG3<br>JG4<br>JG5 | 合作主体之间关系较为密切<br>合作主体之间能够互利互惠<br>合作主体的地位平等<br>合作主体的资源优势明显<br>合作主体之间互动较为频繁 | Harpham(2002)<br>郗玉娟(2021) |
| 认知性<br>社会资本 | RZ1<br>RZ2<br>RZ3<br>RZ4 | 合作主体之间拥有相似的文化<br>合作主体在产教融合过程中目标较为一致<br>合作主体在产教融合过程中拥有共同的愿景<br>合作主体拥有较高的社会信任水平 | Uphoff(2000)<br>郗玉娟(2021) |
| 关系性<br>社会资本 | GX1<br>GX2<br>GX3<br>GX4 | 合作主体之间能够互帮互助<br>合作主体之间已经形成了一定的关系网络<br>合作主体之间形成了互信机制<br>合作主体之间拥有高度的承诺关系 | Simons et al(2000)<br>Michailova et al(2015) |
| 共生对<br>象识别 | SB1<br>SB2<br>SB3 | 合作主体之间过去已经开展合作<br>合作主体之间现在依然紧密合作<br>合作主体之间以后还将进行长期合作 | 冉云芳(2021) |

## 二、共生形成影响因素定义与测量

产教融合共生关系形成反映出高校、政府、企业、行业组织之间因资源互补而产生了某种依赖性关系,且在战略匹配、行动协同、共享、互惠、互利以及互信的基础上形成了基于"共同愿景"的共鸣。① 在这一过程中合作主体之间主要受到彼此的信息丰度、供需对称与共生界面影响。信息丰度反映的是合作主体之间对彼此的信息占有程度,其影响因素主要包括信息传输主体意愿、信息传输渠道、信息传输频率、信息传输规则、信息传输媒介以及信息共享程度等。②③ 供需对称反映的

---

① SARMA S, SUN SL. The genesis of fabless business model: institutional entrepreneurs in an adapive ecosystem[J]. Asia Pacific Journal of Management, 2017, 34: 587 – 617.
② 王婷. 基于共生理论的存货融资业务运作决策研究[D]. 北京:北京交通大学,2011.
③ 丁秀好,黄瑞华. 基于媒介丰度的合作创新中知识转移媒介引发知识产权风险研究[J]. 研究与发展管理,2010(4):92 – 98.

是合作主体之间在资源供需方面存在某种对应关系①,其影响因素主要包括各主体之间资源要素异质性、结构功能互补性、资源依赖性以及目标协同性等。② 共生界面反映的是合作主体在产教融合系统中相互作用的载体与媒介,其测量指标主要有共生介质丰度、共生阻力、载体拓展、互动效率、契约关系以及协调机制等。③ 共生关系形成表明合作主体之间相互利用对方和自身特长共同生活、相互依赖,并形成了紧密的互利关系,其影响因素主要包括共生单元之间质参量兼容、资源要素有效流动以及产生净能量。④ 本研究对产教融合共生对象识别影响因素中的信息丰度、供需对称、共生界面与共生关系形成四个题项的定义与测量,主要借鉴相关研究成果中的成熟量表,并结合研究实际情况进行了适当修改(表5-2)。

表5-2 产教融合共生关系形成影响因素测量量表

| 变量 | 编号 | 测量题目 | 参考来源 |
| --- | --- | --- | --- |
| 信息丰度 | XX1 | 合作主体之间建立了信息沟通渠道或平台 | 丁秀好等(2010) 王婷(2011) |
| | XX2 | 合作主体之间具备较为完善的信息发布制度 | |
| | XX3 | 合作主体之间能够及时了解对方需求 | |
| | XX4 | 合作主体之间不存在信息壁垒 | |
| 供需对称 | GX1 | 合作主体之间投入了有用的互补性资源 | Sandy et al(1999) 王玉冬等(2018) |
| | GX2 | 产教融合实现了超越各主体自身所能实现的目标 | |
| | GX3 | 合作主体之间能够提供支持以帮助对方解决问题 | |
| 共生界面 | JM1 | 产教融合中的合作主体形成了正式的法律契约 | 孙楚(2020) 王玉冬等(2018) |
| | JM2 | 合作主体之间的跨组织合作团队较为稳定 | |
| | JM3 | 合作主体之间拥有稳定的合作平台 | |
| | JM4 | 合作主体之间具有较为完善的协调机制 | |
| 共生关系形成 | XC1 | 合作主体之间资源供需匹配度较高 | Sarma et al(2017) 张小燕(2020) |
| | XC2 | 产教融合实现了资源增值效应 | |
| | XC3 | 合作主体之间建立了战略性合作机制 | |

---

① 王玉冬,陈一平,王雪原.产学研金合作共生要素对企业创新绩效的影响[J].科技管理研究,2018,38(20):9-14.

② JAP S D. Pie-expansion efforts: collaboration processes in buyer-suppier relationships [J]. Journal of Marketing Research,1999,36(4):461-475.

③ 孙楚.基于价值网络的互联网企业产品创新研究[D].北京:北京邮电大学,2020.

④ 张小燕.我国区域创新生态系统共生性研究[D].哈尔滨:哈尔滨工程大学,2020.

### 三、共生运行影响因素定义与测量

共生运行反映的是产教融合共生系统的内在机能与运行方式①,其影响因素主要来自共生单元之间的相互作用关系、合作载体管理水平以及共生能量均衡分配程度。② 高校、政府、企业、行业组织在产教融合系统共生运行过程中主要受到合作模式、资源互动和分配模式影响。合作模式反映的是合作主体相互作用方式与强度,主要受到相互之间的质参量表达方式影响,即随机性兼容通常表现为偶发性合作、不连续因果性兼容通常表现为间歇性合作、连续因果性兼容通常表现为连续性合作或一体化合作。资源互动反映的是合作主体之间在资源要素流动、整合、共育以及动态生成过程中的行为模式③,其影响因素主要包括互动频率、互动渠道、有效吸收、嫁接与整合以及快速响应等。④ 分配模式反映的是合作主体在产教融合系统中对合作收益的配置方式,其影响因素主要包括投入、市场风险、技术风险、合作风险以及财务风险等⑤,其测量指标主要包括知识、技术、资本以及创新要素的投入、分担、配置与归属等。⑥ 对产教融合系统共生运行影响因素中的合作模式、资源互动、分配模式与共生系统运行四个题项的定义与测量,主要参考以上相关学者的研究成果中的成熟量表,并结合研究的实际情况进行了适当修改(表5-3)。

---

① 王发明,刘丹.产业技术创新联盟中焦点企业合作共生伙伴选择研究[J].科学学研究,2016,34(2):246-252.

② HAJEK P, HENRIQUES R, HAJKOVA V. Visualising components of regional innovation systems using self-organizing maps: evidence from European regions[J]. Technological Forecasting & Social Change, 2014(84): 197-214.

③ 杜丹丽,付益鹏,高琨.创新生态系统视角下价值共创如何影响企业创新绩效:一个有调节的中介模型[J].科技进步与对策,2021,38(10):105-113.

④ BUVIK M P, ROLFSEN M. Pirotics and trust development in project teams: a case study from the construction industry [J]. International Journal of Project Management, 2015,33(7):1484-1494.

⑤ 付俊超.产学研合作运行机制与绩效评价研究[D].武汉:中国地质大学,2013.

⑥ IÑIGO A E, ALBAREDA L. Understanding sustainable innovation as a complex adaptive system: a systemic approach to the firm[J]. Journal of Cleaner Production, 2016,126:1-20.

表 5-3　产教融合共生运行影响因素测量量表

| 变量 | 编号 | 测量题目 | 参考来源 |
|---|---|---|---|
| 合作模式 | HZ1 | 合作主体之间的合作较为稳定 | Mu et al(2012)①<br>吕冲冲等(2017)② |
| | HZ2 | 合作主体之间已经建立正式的合作模式 | |
| | HZ3 | 与伙伴保持长期合作关系对我们很重要 | |
| | HZ4 | 合作主体之间的合作模式已较为成熟 | |
| 资源互动 | ZY1 | 合作主体共享了彼此之间的资源 | Buvk et al(2015)<br>杜丹丽等(2021) |
| | ZY2 | 合作主体之间进行频繁的资源互动 | |
| | ZY3 | 合作主体之间资源互动顺畅 | |
| | ZY4 | 合作主体之间能够吸收利用彼此资源 | |
| 分配模式 | FP1 | 合作主体之间有明确的成本分担机制 | Edurne(2016)<br>王玉冬等(2018) |
| | FP2 | 合作主体之间收益较为均衡 | |
| | FP3 | 合作主体之间有明确的利益分配制度 | |
| | FP4 | 合作主体之间对共同利益追求较为一致 | |
| 共生系统运行 | YX1 | 合作主体之间的合作模式较为稳定 | Petr et al(2014)<br>王发明等(2016) |
| | YX2 | 合作主体之间的合作平台较为成熟 | |
| | YX3 | 合作主体对收益分配都较为满意 | |

## 四、共生进化影响因素定义与测量

共生进化本意是指一种物种的结构、行为、功能等发生变化,会引起另一物种在结构、行为、功能等方面做出适应性调整和改变,反之亦然。③ 产教融合共生系统进化是指系统内部合作主体之间相互依存、相互促进、相互激励,进而达到共同发展的有序状态,其影响因素主要包括合作紧密度、资源增值和对称互惠。其中,合作紧密度反映的是合作主体之间因全要素与一体化合作而形成了具有独特性质和功能的共生体④,其测量指标主要包括载体平台稳定性、共生介质多样性与互补

---

① Mu J F, BENEDETTO A D. Networking capability and new product development[J]. IEEE Transactions on Engineering Management, 2012,59(1):4-19.

② 吕冲冲,杨建君,张峰.共享时代下的企业知识创造:关系强度与合作模式的作用研究[J].科学学与科学技术管理,2017,38(8):17-28.

③ 樊俊杰.城市物流产业集群生态系统演化及评价研究[D].北京:北京交通大学,2018.

④ 黄小勇.区域经济共生发展的界定与解构[J].华东经济管理,2014,28(1):153-159.

性、组织关系有序性以及组织化程度等。[①②] 资源增值反映的是合作主体之间通过相互作用实现了产教融合系统资源的总量净增,其测量指标主要包括知识溢出、人才产出、技术创新、成果转化、品牌效应以及经济效益等。[③④] 对称互惠反映的是合作主体基于产教融合系统资源增益后的均衡受益,[⑤]其影响因素主要包括分配公平、程序公平、风险承担公平、主体关系平等以及信息对称等[⑥]。共生进化反映的是合作主体通过紧密合作、资源增值和对称互惠推动产教融合系统向更高层级演化,[⑦]表现为系统生存力与竞争力提升、功能与结构优化、繁衍与发展能力增强[⑧]。对产教融合系统共生进化影响因素中的合作紧密度、资源增值、对称互惠与共生系统进化四个题项的定义与测量,主要借鉴以上相关学者研究成果中的成熟量表,并结合研究的实际情况进行了适当修改(表5-4)。

表5-4 产教融合共生进化影响因素测量量表

| 变量 | 编号 | 测量题目 | 参考来源 |
| --- | --- | --- | --- |
| 合作紧密度 | JMD1 | 合作主体之间建立了长期稳定的合作关系 | 黄小勇(2014)<br>林少疆等(2016) |
| | JMD2 | 合作主体之间开展了多样化的合作项目 | |
| | JMD3 | 合作主体之间共建了教育实体(如产业学院) | |
| | JMD4 | 合作主体之间一体化发展特征明显 | |
| 资源增值 | ZZ1 | 产教融合实现了人才培养质量的提升 | 李迪(2015)<br>Cohen et al(1990) |
| | ZZ2 | 产教融合实现了系统资源的总量增值 | |
| | ZZ3 | 产教融合加速了技术创新与应用 | |
| | ZZ4 | 产教融合为合作主体创造了经济效益 | |

---

① 林少疆,徐彬,陈佳莹.企业创新网络结构嵌入性对协同创新能力影响的实证研究:共生行为的中介作用[J].软科学,2016,30(6):16-19.
② 刘畅.创新生态系统视角下企业家精神对创新绩效的影响关系研究[D].长春:吉林大学,2019.
③ 李迪.黑龙江省林业工业园区发展机理及绩效评价研究[D].哈尔滨:东北林业大学,2015.
④ COHEN W M, LEVINTHAL D A. Absorptive capacity: a new perspective on learning and innovation[J]. Administrative Science Quarterly. 1990,35:128-152.
⑤ 牛耘诗.政府行为、社会资本方公平感知对PPP绩效的影响研究[D].北京:清华大学,2018.
⑥ COLQUITT J A, CONLON D E, WESSON M J, et al. Justice at the millennium: a meta-analytic review of 25 years of organizational justice research[J]. Journal of Applied Psychology, 2001,86(3):425-445.
⑦ 蒋开东,詹国彬.共生理论视角下高校协同创新模式与路径研究[J].科研管理,2020,41(4):123-130.
⑧ 刘栾云峤,张玉喜.区域科技金融生态系统共生与进化实证研究[J].科技进步与对策,2021,38(5):48-58.

续表

| 变量 | 编号 | 测量题目 | 参考来源 |
|---|---|---|---|
| 对称互惠 | HH1 | 合作主体之间对利益分配制度较为认可 | Colquit et al(2001) 牛耘诗等(2018) |
| | HH2 | 合作主体之间对各自收益较为满意 | |
| | HH3 | 产教融合满足了合作主体各自诉求 | |
| | HH4 | 合作主体之间建立了有效的利益补偿机制 | |
| 共生系统进化 | JH1 | 产教融合系统整体功能不断得到完善 | 蒋开东等(2020) 刘栾云崎等(2021) |
| | JH2 | 合作主体之间竞争力得到不同程度提升 | |
| | JH3 | 合作主体之间对持续合作充满信心 | |

## 五、共生环境影响因素定义与测量

共生环境是单元之外的所有影响因素,是共生关系赖以存续的土壤。对于任何共生系统来说,共生单元之间的交互作用总是离不开一定外部环境,环境对共生系统的影响是外在的,但又是不可避免和难以抗拒的。产教融合共生环境是满足产业系统与教育系统协同发展的应用场景,其影响因素主要包括政策环境和社会氛围。其中,政策环境反映的是政府通过制度供给对产教融合主体产生的激励或规制作用,其测量指标主要包括政策执行部门之间的协同、规划引导、资金支持、政策扶持以及政策合理性、协同性和稳定性等。[1] 社会氛围反映的是产教融合的社会支持、道德规范、价值信念、社会舆论以及文化环境等[2],其测量指标主要包括认知、情感、意志、交互行为、关系网络、社会互动、社会支持以及群体间信任等[3]。积极的外部环境对产教融合发展具有促进作用,消极的外部环境对产教融合发展具有抑制作用,中性的外部环境对产教融合发展作用不明显。但从共生的角度来看,产业与教育之间的深度融合需要积极的外部环境予以保障,以促进系统之间以及系统与环境之间良性互动与双向激励。[4] 对产教融合共生环境影响因素中的政策环境和社会氛围两个题项的定义与测量,主要参考以上相关学者研究成果中的成熟量表,并结合研究的实际情况进行了适当修改(表5-5)。

---

[1] 王玉冬,陈一平,王雪原.产学研金合作共生要素对企业创新绩效的影响[J].科技管理研究,2018(20):9-14.

[2] NAHAPIET J, GHOSHAL S. Social capital, intellectual capital, and the organizational advantage[J]. Academy of Management Review. 1998,23(2):242-266.

[3] TSAI W, GHOSHAL S. Social capital and value creation: the role of intrafirm networks[J]. Academy of Management Journal. 1998,41(4):464-476.

[4] 陈振斌.城市产教融合影响因素与评价体系研究[D].徐州:中国矿业大学,2022.

表 5-5　产教融合系统共生进化影响因素测量量表

| 变量 | 编号 | 测量题目 | 参考来源 |
|---|---|---|---|
| 政策环境 | ZC1 | 对产教融合系列政策较为满意 | Lundstrom et al(2001) 王玉冬等(2018) |
| | ZC2 | 政府部门对深化区域产教融合提供了政策支持 | |
| | ZC3 | 政府部门对深化区域产教融合提供了资金支持 | |
| | ZC4 | 合作主体不同程度地享受了产教融合的政策补给 | |
| 社会氛围 | FW1 | 政府部门支持产教融合发展 | Tsai et al(1998) Nahapiet et al(1998) |
| | FW2 | 行业协会推进产教融合发展 | |
| | FW3 | 社会公众期望产教融合发展 | |
| | FW4 | 区域产教融合整体发展态势较为理想 | |

## 第三节　预调研与问卷修正

问卷调查是教育学、心理学、管理学、社会学等研究领域中最为常见的一种研究方法。它是通过规范的调查表或量表，以书面或互联网页面的形式，邀请调查对象围绕所列题项进行回答，以此进行数据资料搜集的一种方法。问卷设计质量直接决定调查数据的有效性、可靠性以及研究结论的严谨性与科学性。由于使用的量表和测量题项是综合借鉴不同研究领域中的成果，并结合研究实际需要进行了适当修改，因此，需要对量表的信度和效度做进一步检验和修正。本节通过小样本测试，对初始问卷信度和效度进行初步分析，并结合专家建议对问卷做进一步修正，形成最终的问卷。

### 一、样本选择与数据收集

问卷采用 Likert 五点计分法，范围从"1"到"5"分别代表"非常不赞同、基本不赞同、一般、赞同、非常赞同"。按照耿修林教授的建议，预调研样本容量应满足：$N \geqslant 30$ 或者至少 $N \geqslant 3(k+1)$，$k$ 为解释变量数目。[①] 本研究以 C 高校 10 所现代产业学院的师生和企业相关人员为预调研样本，于 2022 年 11 月通过在线调查平台发放问卷，共计收到 271 份问卷，剔除 28 份无效问卷，最终得到有效问卷 243 份，有效率为 89.67%。在预调研样本中高校教师合计 102 人，占样本量 41.98%；企

---

① 耿修林.社会调查中的样本容量的确定[M].北京:科学出版社,2008:21-23.

业人员合计43人,占样本量17.70%;学生合计98人,占样本量40.33%(表5-6)。

表5-6 预调研样本描述统计

| 类别 | 选项 | 频数/人 | 百分比/% |
| --- | --- | --- | --- |
| 高校教师 | 正高职称 | 28 | 11.52 |
| | 副高职称 | 53 | 21.81 |
| | 其他 | 21 | 8.64 |
| 企业人员 | 管理层 | 18 | 7.41 |
| | 兼职导师 | 25 | 10.29 |
| 学生 | 大学四年级 | 23 | 9.47 |
| | 大学三年级 | 36 | 14.81 |
| | 大学二年级 | 39 | 16.05 |

## 二、信度与效度检验

信度检验采用的是 Straub 和 Boudreau 提出的克朗巴哈系数值(Cronbach's α)检验,其判定标准为 Cronbach's α≥0.700,为高信任;0.350≤Cronbach's α<0.700,为可以接受。① 效度检验采用的是 Fornell 和 Larcker 提出的标准因子载荷(Standard loading)检验,即 Standard loading>0.700,且 Bartlett 球形检验显著,代表问卷具有较高的结构效度。② 净化测量题项采用的是 CITC 值进行判断,即对于 CITC<0.500 的题项予以删除,且同时保证删除后所属概念的总体 Cronbach's α 值会明显提升。③ 在探索性因子分析中采用的是 KMO 和 Bartlett 球形检验,其判定标准如下:KMO≥0.700,适宜做因子分析;0.500≤KMO≤0.700,勉强但可以接受;KMO<0.500,不适宜做因子分析。④

### (一)共生识别影响因素量表分析

结构性社会资本、认知性社会资本、关系性社会资本与共生对象识别的

---

① STRAUB D, BOUDREAU M C, Gefen D. Validation guidelines for IS positivist research [J]. Commun. AIS, 2004, 13:380-427.
② FORNELL C, LARCKER D F. Evaluating structural equation models with unobservable variables and measurement error [J]. Journal of Marketing Research, 1981, 18(1):39-50.
③ 杨志蓉.团队快速信任、互动行为与团队创造力研究[D].杭州:浙江大学,2006.
④ 马庆国.管理统计:数据获取、统计原理、SPSS 工具与应用研究[M].北京:科学出版社,2002.

Cronbach's α 值分别为 0.776、0.846、0.844、0.911，均高于建议阈值 0.700，表明测量项具有较高的一致性，问卷的可靠性较高。其中，JG3、JG4、RZ4、GX2 所对应的 CITC 分别为 0.549、0.584、0.505、0.533，删除后对应的 Cronbach's α 值分别为 0.939、0.937、0.939、0.939，且相对应变量的总体 Cronbach's α 值均有所提升，表明删除 JG3、JG4、RZ4、GX2 题项有利于提升问卷的整体效度，因此删除该 4 个测量题项（表 5-7）。

表 5-7 共生识别影响因素的 CITC 与信度检验结果

| 变量 | 测量题项 | CICT | 题项删除后的 Cronbach's α | Cronbach's α |
|---|---|---|---|---|
| 结构性社会资本 | JG1 | 0.671 | 0.935 | 0.776 |
| | JG2 | 0.684 | 0.935 | |
| | JG3 | 0.549 | 0.939 | |
| | JG4 | 0.584 | 0.937 | |
| | JG5 | 0.649 | 0.936 | |
| 认知性社会资本 | RZ1 | 0.764 | 0.933 | 0.846 |
| | RZ2 | 0.791 | 0.933 | |
| | RZ3 | 0.792 | 0.932 | |
| | RZ4 | 0.505 | 0.939 | |
| 关系性社会资本 | GX1 | 0.768 | 0.933 | 0.844 |
| | GX2 | 0.533 | 0.939 | |
| | GX3 | 0.785 | 0.933 | |
| | GX4 | 0.770 | 0.933 | |
| 共生对象识别 | SB1 | 0.700 | 0.935 | 0.911 |
| | SB2 | 0.725 | 0.934 | |
| | SB3 | 0.678 | 0.935 | |

KMO 和 Bartlett 球形度检验结果显示，共生识别因素的测量变量 KMO 值为 0.916，高于建议阈值 0.700，且 Bartlett 球形度检验的显著性概率为 $P<0.001$，说明量表适合做因子分析（表 5-8）。通过 SPSS 22.0 对测量变量进行探索性因子分析，选择主成分分析法，共计提出 4 个公共因子，进行正交旋转，输出结果如表 5-9 所示，16 个测量题项的因子载荷值均高于建议阈值 0.500，累计解释总方差为 78.32%。

表 5-8　共生识别影响因素 KMO 和 Bartlett 的检验结果

| KMO 取样适切性量数 | | 0.916 |
|---|---|---|
| Bartlett 球形度检验 | 近似卡方 | 3332.043 |
| | 自由度 | 120 |
| | 显著性 | 0.000 |

表 5-9　共生识别影响因素旋转成份矩阵[a]

| 变量 | 成份 | | | |
|---|---|---|---|---|
| | 1 | 2 | 3 | 4 |
| RZ2 | 0.808 | 0.324 | | |
| RZ1 | 0.800 | 0.361 | | |
| RZ3 | 0.791 | 0.317 | | |
| JG5 | 0.673 | | | 0.376 |
| JG1 | 0.662 | | | |
| GX1 | | 0.817 | | |
| GX4 | | 0.812 | | |
| GX3 | 0.329 | 0.783 | | |
| JG2 | 0.317 | 0.695 | | |
| RZ4 | | | 0.825 | |
| GX2 | | | 0.815 | |
| JG3 | | | 0.777 | |
| JG4 | | 0.308 | 0.643 | |
| SB3 | | 0.354 | | 0.830 |
| SB2 | 0.340 | | | 0.801 |
| SB1 | | 0.311 | | 0.795 |

因子累计解释总方差 78.32%
提取方法:主成分
旋转法:具有 Kaiser 标准化的正交旋转法

注:a. 旋转在 6 次迭代后收敛

### (二) 共生形成影响因素量表分析

信息丰度、供需对称、共生界面与共生关系形成所对应的 Cronbach's $\alpha$ 值分别为 0.814、0.903、0.808、0.901,均高于建议阈值 0.700,符合信度检验的基本标准。其中,XX4 和 JM1 所对应的 CITC 分别为 0.420 和 0.499,删除后对应的 Cronbach's $\alpha$ 值分别为 0.945 和 0.942,且相对应变量的总体 Cronbach's $\alpha$ 值均有所提升,表明删除 XX4 和 JM1 题项有利于提升问卷的整体效度,因此删除该 2 个测量题项

（表 5-10）。

表 5-10  共生形成影响因素的 CITC 与信度检验结果

| 变量 | 测量题项 | CICT | 题项删除后的 Cronbach's $\alpha$ | Cronbach's $\alpha$ |
| --- | --- | --- | --- | --- |
| 信息丰度 | XX1 | 0.713 | 0.935 | 0.814 |
| | XX2 | 0.721 | 0.935 | |
| | XX3 | 0.722 | 0.935 | |
| | XX4 | 0.420 | 0.945 | |
| 供需对称 | GX1 | 0.806 | 0.933 | 0.903 |
| | GX2 | 0.812 | 0.933 | |
| | GX3 | 0.744 | 0.934 | |
| 共生界面 | JM1 | 0.499 | 0.942 | 0.808 |
| | JM2 | 0.806 | 0.933 | |
| | JM3 | 0.812 | 0.933 | |
| | JM4 | 0.774 | 0.934 | |
| 共生关系形成 | XC1 | 0.681 | 0.936 | 0.901 |
| | XC2 | 0.722 | 0.935 | |
| | XC3 | 0.723 | 0.935 | |

KMO 和 Bartlett 球形度检验结果显示，共生形成因素的测量变量 KMO 值为 0.914，高于建议阈值 0.700，且 Bartlett 球形度检验的显著性概率为 $P<0.001$，说明量表适合做因子分析（表 5-11）。通过 SPSS22.0 对测量变量进行探索性因子分析，选择主成分分析法，共计提出 4 个公共因子，进行正交旋转，输出结果如表 5-12 所示，14 个测量题项的因子载荷值均高于建议阈值 0.500，累计解释总方差为 85.34%。

表 5-11  共生形成影响因素 KMO 和 Bartlett 的检验结果

| KMO 取样适切性量数 | | 0.914 |
| --- | --- | --- |
| Bartlett 球形度检验 | 近似卡方 | 3041.423 |
| | 自由度 | 91 |
| | 显著性 | 0.000 |

表 5-12　共生形成影响因素旋转成份矩阵[a]

| 变量 | 成份 | | | |
|---|---|---|---|---|
| | 1 | 2 | 3 | 4 |
| GX2 | 0.869 | | | |
| JM3 | 0.869 | | | |
| JM4 | 0.820 | 0.342 | | |
| GX3 | 0.820 | 0.342 | | |
| GX1 | 0.804 | | 0.385 | |
| JM2 | 0.804 | | 0.385 | |
| XX2 | 0.306 | 0.836 | | |
| XX3 | 0.314 | 0.831 | | |
| XX1 | 0.351 | 0.827 | | |
| XC1 | | | 0.846 | |
| XC3 | | | 0.818 | |
| XC2 | 0.349 | | 0.799 | |
| XX4 | | | | 0.900 |
| JM1 | | | | 0.845 |

因子累计解释总方差 85.34%
提取方法:主成分
旋转法:具有 Kaiser 标准化的正交旋转法

注:a. 旋转在 6 次迭代后收敛

### (三) 共生运行影响因素量表分析

合作模式、资源互动、分配模式与共生系统运行所对应的 Cronbach's α 值分别为 0.930、0.709、0.879、0.952,均高于建议阈值 0.700,符合信度检验的基本标准。其中,HZ4、ZY3、FP2 所对应的 CITC 分别为 0.210、0.331、0.310,删除后对应的 Cronbach's α 值分别为 0.911、0.904、0.904,且相对应变量的总体 Cronbach's α 值均有所提升,表明删除 HZ4、ZY3、FP2 题项有利于提升问卷的整体效度,因此删除该 3 个测量题项(表 5-13)。

表 5-13　共生运行影响因素的 CITC 与信度检验结果

| 变量 | 测量题项 | CICT | 题项删除后的 Cronbach's α | Cronbach's α |
|---|---|---|---|---|
| 合作模式 | HZ1 | 0.743 | 0.886 | 0.930 |
| | HZ2 | 0.730 | 0.809 | |
| | HZ3 | 0.738 | 0.794 | |
| | HZ4 | 0.210 | 0.911 | |
| 资源互动 | ZY1 | 0.622 | 0.890 | 0.709 |
| | ZY2 | 0.669 | 0.888 | |
| | ZY3 | 0.331 | 0.904 | |
| | ZY4 | 0.690 | 0.888 | |
| 分配模式 | FP1 | 0.708 | 0.888 | 0.879 |
| | FP2 | 0.310 | 0.904 | |
| | FP3 | 0.740 | 0.886 | |
| | FP4 | 0.617 | 0.890 | |
| 共生运行 | YX1 | 0.617 | 0.890 | 0.952 |
| | YX2 | 0.649 | 0.889 | |
| | YX3 | 0.700 | 0.887 | |

KMO 和 Bartlett 球形检验结果显示,共生系统运行因素的测量变量 KMO 值为 0.879,高于建议阈值 0.700,且 Bartlett 球形度检验的显著性概率为 $P<0.001$,说明量表适合做因子分析(表 5-14)。通过 SPSS 22.0 对测量变量进行探索性因子分析,选择主成分分析法,共计提出 4 个公共因子,进行正交旋转,输出结果如表 5-15 所示,15 个测量题项的因子载荷值均高于建议阈值 0.500,累计解释总方差为 79.26%。

表 5-14　共生系统运行影响因素 KMO 和 Bartlett 的检验结果

| KMO 取样适切性量数 | | 0.879 |
|---|---|---|
| Bartlett 球形度检验 | 近似卡方 | 3103.555 |
| | 自由度 | 105 |
| | 显著性 | 0.000 |

表 5-15　共生系统运行影响因素旋转成份矩阵[a]

| 变量 | 成份 | | | |
| --- | --- | --- | --- | --- |
| | 1 | 2 | 3 | 4 |
| HZ2 | 0.855 | | | |
| HZ3 | 0.815 | | | |
| FP1 | 0.812 | | 0.350 | |
| FP3 | 0.808 | | | |
| HZ1 | 0.803 | | | |
| FP4 | 0.688 | | | |
| YX1 | | 0.912 | | |
| YX2 | | 0.906 | | |
| YX3 | 0.333 | 0.863 | | |
| ZY2 | 0.386 | | 0.829 | |
| ZY4 | 0.353 | | 0.819 | |
| ZY1 | 0.399 | | 0.785 | |
| ZY3 | | | | 0.854 |
| FP2 | | | | 0.851 |
| HZ4 | | | | 0.731 |

因子累计解释总方差 79.26%

提取方法：主成分

旋转法：具有 Kaiser 标准化的正交旋转法

注：a. 旋转在 5 次迭代后收敛

### （四）共生进化影响因素量表分析

合作紧密度、资源增值、对称互惠、共生系统进化所对应的 Cronbach's α 值分别为 0.801、0.815、0.736、0.930，均高于建议阈值 0.700，符合信度检验的基本标准。其中，JMD4、ZZ2、HH3 所对应的 CITC 分别为 0.487、0.436、0.140，删除后对应的 Cronbach's α 值分别为 0.911、0.914、0.927，且对应变量的总体 Cronbach's α 值均有所提升，表明删除 JMD4、ZZ2、HH3 题项有利于提升问卷的整体效度，因此删除该 3 个测量题项（表 5-16）。

表 5-16  共生系统运行影响因素的 CITC 与信度检验结果

| 变量 | 测量题项 | CICT | 题项删除后的 Cronbach's $\alpha$ | Cronbach's $\alpha$ |
|---|---|---|---|---|
| 合作紧密度 | JMD1 | 0.665 | 0.906 | 0.801 |
|  | JMD2 | 0.601 | 0.908 |  |
|  | JMD3 | 0.684 | 0.897 |  |
|  | JMD4 | 0.487 | 0.911 |  |
| 资源增值 | ZZ1 | 0.660 | 0.905 | 0.815 |
|  | ZZ2 | 0.436 | 0.914 |  |
|  | ZZ3 | 0.712 | 0.903 |  |
|  | ZZ4 | 0.712 | 0.904 |  |
| 对称互惠 | HH1 | 0.763 | 0.902 | 0.736 |
|  | HH2 | 0.790 | 0.901 |  |
|  | HH3 | 0.140 | 0.927 |  |
|  | HH4 | 0.636 | 0.906 |  |
| 共生进化 | JH1 | 0.786 | 0.901 | 0.930 |
|  | JH2 | 0.778 | 0.902 |  |
|  | JH3 | 0.762 | 0.902 |  |

KMO 和 Bartlett 球形检验结果显示，共生运行因素的测量变量 KMO 值为 0.903，高于建议阈值 0.700，且 Bartlett 球形度检验的显著性概率为 $P<0.001$，说明量表适合做因子分析（表5-17）。通过 SPSS 22.0 对测量变量进行探索性因子分析，选择主成分分析法，共计提出 4 个公共因子，进行正交旋转，输出结果如表5-18 所示，15 个测量题项的因子载荷值均高于建议阈值 0.500，累计解释总方差为 73.68%。

表 5-17  共生运行影响因素 KMO 和 Bartlett 的检验结果

| KMO 取样适切性量数 |  | 0.903 |
|---|---|---|
| Bartlett 球形度检验 | 近似卡方 | 2553.772 |
|  | 自由度 | 105 |
|  | 显著性 | 0.000 |

表 5-18　共生运行影响因素旋转成份矩阵[a]

| 变量 | 成份 | | | |
| --- | --- | --- | --- | --- |
| | 1 | 2 | 3 | 4 |
| JH2 | 0.853 | | | |
| JH3 | 0.827 | | | |
| HH1 | 0.800 | | 0.365 | |
| JH1 | 0.795 | | | |
| HH2 | 0.789 | | 0.323 | |
| HH4 | 0.660 | | | |
| JMD4 | | 0.812 | | |
| JMD1 | 0.349 | 0.701 | | |
| JMD3 | | 0.676 | 0.358 | |
| ZZ2 | | 0.664 | | |
| JMD2 | 0.326 | 0.603 | | |
| ZZ3 | 0.387 | | 0.815 | |
| ZZ4 | 0.367 | | 0.811 | |
| ZZ1 | 0.397 | | 0.785 | |
| HH3 | | | | 0.977 |

因子累计解释总方差 73.68%

提取方法：主成分

旋转法：具有 Kaiser 标准化的正交旋转法

注：a. 旋转在 6 次迭代后收敛

### （五）共生环境影响因素量表分析

政策环境和社会氛围所对应的 Cronbach's $\alpha$ 值分别为 0.814 和 0.850，均高于建议阈值 0.700，符合信度检验的基本标准。其中，ZC1 和 FW4 所对应的 CITC 分别为 0.461 和 0.527，删除后对应的 Cronbach's $\alpha$ 值分别为 0.905 和 0.893，且对应变量的总体 Cronbach's $\alpha$ 值均有所提升，表明删除 ZC1、FW4 题项有利于提升问卷的整体效度，因此删除该 2 个测量题项（表 5-19）。

表 5-19 共生环境影响因素的 CITC 与信度检验结果

| 变量 | 测量题项 | CICT | 题项删除后的 Cronbach's α | Cronbach's α |
|---|---|---|---|---|
| 政策环境 | ZC1 | 0.461 | 0.905 | 0.814 |
|  | ZC2 | 0.766 | 0.871 |  |
|  | ZC3 | 0.729 | 0.873 |  |
|  | ZC4 | 0.748 | 0.871 |  |
| 社会氛围 | FW1 | 0.744 | 0.872 | 0.850 |
|  | FW2 | 0.756 | 0.870 |  |
|  | FW3 | 0.752 | 0.870 |  |
|  | FW4 | 0.527 | 0.893 |  |

KMO 和 Bartlett 球形度检验结果显示,共生环境因素的测量变量 KMO 值为 0.857,高于建议阈值 0.700,且 Bartlett 球形度检验的显著性概率为 $P<0.001$,说明量表适合做因子分析(表 5-20)。通过 SPSS 22.0 对测量变量进行探索性因子分析,选择主成分分析法,共计提出 2 个公共因子,进行正交旋转,输出结果如表 5-21 所示,8 个测量题项的因子载荷值均高于建议阈值 0.500,累计解释总方差为 74.69%。

表 5-20 共生环境影响因素 KMO 和 Bartlett 的检验结果

| KMO 取样适切性量数 |  | 0.857 |
|---|---|---|
| Bartlett 球形度检验 | 近似卡方 | 1484.794 |
|  | 自由度 | 28 |
|  | 显著性 | 0.000 |

表 5-21　共生环境影响因素旋转成份矩阵<sup>a</sup>

| 变量 | 成份 | |
| --- | --- | --- |
| | 1 | 2 |
| FW2 | 0.842 | |
| FW3 | 0.836 | |
| ZC2 | 0.836 | |
| ZC3 | 0.831 | |
| FW1 | 0.829 | |
| ZC4 | 0.806 | |
| ZC1 | | 0.882 |
| FW4 | | 0.848 |

因子累计解释总方差 74.69%

提取方法：主成分

旋转法：具有 Kaiser 标准化的正交旋转法

注：a. 旋转在 3 次迭代后收敛

### 三、问卷修正

通过对预调研小样本进行信度检验、效度检验以及探索性因子分析，删除了部分测量题项，并对保留题项的合理性进行了验证。此外，为确保问卷测量题项更加符合实际测量要求，再次与部分访谈对象及专家进行了深入交流，对可能产生歧义的词句进行了进一步修正，最终形成正式调研问卷（附录Ⅱ）。

## 第四节　实证分析与模型验证

模型验证是在概念模型的基础上通过观测数据对研究假设进行验证性分析。借助 AMOS 22.0 对"江苏省 2020 年省级重点产业学院建设点"408 份问卷数据进行分析，发现产教融合在共生对象识别过程中主要受到组织的结构性资本、认知性资本、关系性资本显著正向影响；在共生关系形成过程中主要受到信息丰度、供需对称、共生界面、社会氛围和政策环境显著正向影响；在系统运行过程中主要受到合作模式、资源互动和分配模式显著正向影响；在系统进化过程中主要受到合作紧密度、资源增值、对称互惠和政策环境显著正向影响；此外，关系性社会资本对结构性社会资本与共生对象识别,以及认知性社会资本与共生对象识别均具有部分中介作用;资源互动对合作模式与共生系统运行,以及分配模式与共生系统运行均具有部分中介作用。

## 一、研究对象与样本统计

为保证调研数据的可靠性和研究结论的严谨性,正式调研对象依然选取的是"江苏省 2020 年省级重点产业学院建设点"中的南京工业大学"2011 膜产业学院"与"智能建造产业学院"、常州工学院"智能制造产业学院"与"电机产业学院"、常熟理工学院"光伏科技学院"与"医药生物技术学院"、盐城工学院"新能源学院"、南京工程学院"腾讯云人工智能学院"、金陵科技学院"电子竞技产业学院"、江苏理工学院"中兴通讯信息工程学院"、淮阴工学院"传动装备智能制造学院"、江苏海洋大学"生物医药产业学院"、江苏科技大学"海洋工程装备制造产业学院"、南京传媒学院"江苏直播电商与数字经济产业学院"。问卷采用 Likert 五点计分法,从"1"到"5"分别代表"非常不赞同、基本不赞同、一般、赞同、非常赞同"。2023 年 2 月,我们通过在线调查平台发放问卷,收到共计 452 份问卷,剔除 44 份无效问卷,最终得到有效问卷 408 份,有效率为 90.27%。在正式调研样本中高校教师合计 195 人,占 47.79%;企业人员合计 148 人,占 36.27%;政府人员 12 人,占 2.94%;行业协会人员合计 11 人,占 2.70%;在校大学生合计 42 人,占 10.29%(表 5-22)。

表 5-22 样本描述性统计

| 类别 | 选项 | 人数 | 百分比/% |
| --- | --- | --- | --- |
| 高校 | 中层干部 | 32 | 7.84 |
|  | 其他行政人员 | 76 | 18.63 |
|  | 教师 | 87 | 21.32 |
| 企业 | 管理层 | 51 | 12.50 |
|  | 兼职导师 | 97 | 23.77 |
| 政府部门 | 管理层 | 5 | 1.23 |
|  | 一线工作人员 | 7 | 1.72 |
| 行业协会 | 协会负责人 | 5 | 1.23 |
|  | 管理人员 | 6 | 1.47 |

| 类别 | 选项 | 人数 | 百分比/% |
| --- | --- | --- | --- |
| 学生 | 大学四年级 | 15 | 3.68 |
| | 大学三年级 | 16 | 3.92 |
| | 大学二年级 | 11 | 2.70 |

## 二、实证结果分析

### (一) 共生识别影响因素验证性因子分析

#### 1. 信度与效度检验

信度检验采用的是 Straub 和 Boudreau 提出的克朗巴哈系数(Cronbach's $\alpha$ > 0.700)检验和组合信度(CR > 0.700)检验。[①] 结果显示,量表中的各潜变量的克朗巴哈系数值(Cronbach's $\alpha$)在 0.933 到 0.972 之间,均高于建议阈值 0.700,表明测量项得分具有高度的一致性,问卷可靠性较高;组合信度值(CR)在 0.935 到 0.972 之间,均高于建议阈值 0.700,表明潜变量中的测量指标之间具有较高的一致性。

效度检验采用的是 Fornell 和 Larcker 提出的标准因子载荷检验(Standard loading > 0.700)、聚敛效度检验(AVE > 0.500)和区分效度检验(AVE 平方根值 > 对角线皮尔森相关系数)。[②] 结果显示,量表中的各潜变量的标准因子载荷值(Standard loading)在 0.852 到 0.968 之间,均高于建议阈值 0.700;平均提取方差值(AVE)在 0.828 到 0.923 之间,均高于建议阈值 0.500,表明量表与测量模型具有较好的聚敛效度;AVE 平方根值在 0.910 到 0.961 之间,大于对角线皮尔森相关系数,表明测量指标具有较好的区分效度(表5-23)。

---

[①] FORNELL C, LARCKER D F. Evaluating structural equation models with unobservable variables and measurement error [J]. Journal of Marketing Research, 1981, 18(1):39-50.

[②] FORNELL C, LARCKER D F. Evaluating structural equation models with unobservable variables and measurement error [J]. Journal of Marketing Research, 1981, 18(1):39-50.

表 5-23　共生识别影响因素的信度与效度检验

| 潜变量 | 观测变量 | 标准因子载荷 | 克朗巴哈系数 | 组合信度 | 平均提取方差值 | AVE平方根值 |
|---|---|---|---|---|---|---|
| 结构性社会资本 | Q1 | 0.942 | 0.967 | 0.968 | 0.910 | 0.954 |
|  | Q2 | 0.966 |  |  |  |  |
|  | Q3 | 0.952 |  |  |  |  |
| 认知性社会资本 | Q4 | 0.852 | 0.933 | 0.935 | 0.828 | 0.910 |
|  | Q5 | 0.939 |  |  |  |  |
|  | Q6 | 0.936 |  |  |  |  |
| 关系性社会资本 | Q7 | 0.936 | 0.956 | 0.956 | 0.878 | 0.937 |
|  | Q8 | 0.923 |  |  |  |  |
|  | Q9 | 0.952 |  |  |  |  |
| 共生对象识别 | Q10 | 0.954 | 0.972 | 0.972 | 0.923 | 0.961 |
|  | Q11 | 0.968 |  |  |  |  |
|  | Q12 | 0.958 |  |  |  |  |

2. 模型适配度检验

模型适配度反映的是概念模型与观测数据之间的拟合程度。拟合程度越高，表明模型的可用性越强，其参数估计的实际意义就越大。[1] 模型适配度检验采用 Kline 建议的最大似然法。[2] 结果显示：$\chi^2/df$ = 2.420、CFI = 0.990、TLI = 0.986、RMSEA = 0.059、NFI = 0.983、RFI = 0.976、IFI = 0.990、RMR = 0.012,绝对拟合指标和相对拟合指标基本满足要求,表明模型的适配度较好(表5-24)。

---

[1] 荣泰生. AMOS 与研究方法[M]. 重庆：重庆大学出版社,2010:131-132.
[2] KLINE R B. Principles and practice of structural equation modeling [M]. 4th. New York: The Guilford Press, 2015:18-20.

## 第五章 产教融合影响因素作用机理分析

表 5-24 适配度检验

| 适配度指标 | 评价标准 | 实际值 | 拟合效果 |
| --- | --- | --- | --- |
| $\chi^2/\mathrm{df}$(卡方自由度比值) | <3.000 | 2.420 | 良好 |
| CFI(比较配适度指数) | >0.900 | 0.990 | 良好 |
| TLI(非标准配适度指数) | >0.900 | 0.986 | 良好 |
| RMSEA(平均平方误差平方根) | <0.080 | 0.059 | 良好 |
| NFI(基准化适配度指数) | >0.900 | 0.983 | 良好 |
| RFI(相对适配度指数) | >0.900 | 0.976 | 良好 |
| IFI(增量适配度指数) | >0.900 | 0.990 | 良好 |
| RMR(均方根残差) | <0.050 | 0.012 | 良好 |

### 3. 中介效应检验

中介效应检验采用 Hayes 提出的 Bootstrap 检验法[①],重复采样设置为 2 000 次,置信区间设置为95%。关系性社会资本对结构性社会资本与共生对象识别的中介效应检验模型适配指标如下:$\chi^2/\mathrm{df}=1.719$、CFI=0.996、TLI=0.995、RMSEA=0.042、NFI=0.992、RFI=0.987、IFI=0.996、RMR=0.011,绝对拟合指标和相对拟合指标基本满足要求。Bias-Corrected 与 Percentile 置信区间均不包含0,表明关系性社会资本在结构性社会资本与共生对象识别之间存在显著中介效应。其中,总效应值、直接效应值、间接效应值分别为0.705、0.343、0.362,间接效应占总效应值51.35%。关系性社会资本对认知性社会资本与共生对象识别的中介效应检验模型适配指标为:$\chi^2/\mathrm{df}=2.306$、CFI=0.993、TLI=0.990、RMSEA=0.057、NFI=0.989、RFI=0.983、IFI=0.994、RMR=0.012,绝对拟合指标和相对拟合指标基本满足要求。Bias-Corrected 与 Percentile 置信区间均不包含0,表明关系性社会资本在认知性社会资本与共生对象识别之间存在显著中介效应。其中,总效应值、直接效应值、间接效应值分别为0.740、0.309、0.431,间接效应占总效应值58.24%(表5-25)。

---

① HAYES A. F. Beyond baron and kenny: statistical mediation analysis in the new millennium[J]. Communication Monographs, 2009, 76(4):408-420.

表 5-25  中介效应检验

| 作用关系 | 路径系数 | SE | Bootstrapping Bias-Corrected 95% CI | | Percentile 95% CI | |
|---|---|---|---|---|---|---|
| | | | Lower | Upper | Lower | Upper |
| 结构性社会资本→关系社会资本 | 0.666 | 0.039 | 0.579 | 0.751 | 0.576 | 0.748 |
| 结构性社会资本→共生对象识别 | 0.343 | 0.042 | 0.215 | 0.466 | 0.216 | 0.468 |
| 关系性社会资本→共生对象识别 | 0.544 | 0.048 | 0.390 | 0.690 | 0.389 | 0.689 |
| 认知性社会资本→关系社会资本 | 0.838 | 0.035 | 0.766 | 0.891 | 0.773 | 0.889 |
| 认知性社会资本→共生对象识别 | 0.515 | 0.071 | 0.114 | 0.493 | 0.114 | 0.493 |
| 关系性社会资本→共生对象识别 | 0.309 | 0.069 | 0.347 | 0.701 | 0.343 | 0.697 |

### 4. 假设检验与路径分析

采用 Amos 22.0 对概念模型中的假设进行验证性分析。结果显示：结构性社会资本、认知性社会资本、关系性社会资本对产教融合共生对象识别具有显著正向影响，从而支持研究假设中的 H1、H2 和 H3；关系性社会资本在结构性资本与产教融合共生对象识别之间，以及在认知性资本与产教融合共生对象识别之间均具有部分中介作用，从而支持研究假设中的 H4 和 H5。在影响产教融合共生识别的三个前因中，关系性社会资本的影响最大（$\beta=0.439, p<0.001$），其次是结构性社会资本（$\beta=0.344, p<0.001$），最后是认知性社会资本（$\beta=0.212, p<0.001$）。此外，研究模型对产教融合共生对象识别的解释度为 57%（图 5-1、表 5-26、表 5-27）。

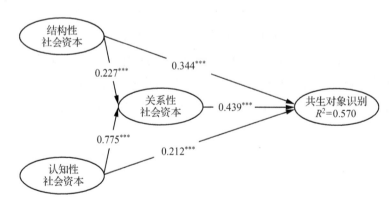

注：* 代表 <0.050，** 代表 <0.010，*** 代表 <0.001

图 5-1  结构方程标准化路径系数分析图

表 5-26 假设检验结果

| 作用路径 | 路径系数 | 标准差 | T | P | 结论 |
|---|---|---|---|---|---|
| H1:结构性社会资本→共生对象识别 | 0.344 | 0.033 | 8.813 | *** | 成立 |
| H2:认知性社会资本→共生对象识别 | 0.212 | 0.057 | 3.292 | *** | 成立 |
| H3:关系性社会资本→共生对象识别 | 0.439 | 0.068 | 6.499 | *** | 成立 |

注:* 代表 <0.050,** 代表 <0.010,*** 代表 <0.001。

表 5-27 中介效应假设检验结果

| 作用路径 | IV→M | IV→DV | M→DV | Indirect Effects | 结论 |
|---|---|---|---|---|---|
| H4 | 0.666***(0.039) | 0.343***(0.042) | 0.544***(0.048) | 0.362 | 部分中介 |
| H5 | 0.838***(0.035) | 0.309***(0.069) | 0.515***(0.071) | 0.431 | 部分中介 |

注:IV 表示自变量,M 表示中介变量,DV 表示因变量;* 代表 <0.050,** 代表 <0.010,*** 代表 <0.001。

### (二) 共生形成影响因素验证性因子分析

#### 1. 信度与效度检验

通过克朗巴哈系数(Cronbach's α)和组合信度(CR)进行信度检验,结果显示量表中的各潜变量的克朗巴哈系数值(Cronbach's α)在 0.898 到 0.950 之间,均高于建议阈值 0.700,表明测量项得分具有高度的一致性,问卷可靠性较高;组合信度值(CR)在 0.905 到 0.952 之间,均高于建议阈值 0.700,表明潜变量中的测量指标之间具有较高的一致性。

通过标准因子载荷检验、聚敛效度检验和区分效度检验效度检验,结果显示量表中的各潜变量的标准因子载荷值(Standard loading)在 0.819 到 0.937 之间,均高于建议阈值 0.700;平均提取方差值(AVE)在 0.762 到 0.868 之间,均高于建议阈值 0.500,表明量表与测量模型具有较好的聚敛效度;AVE 平方根值在 0.873 到 0.932 之间,大于对角线皮尔森相关系数,表明测量指标具有较好的区分效度(表 5-28)。

表 5-28  共生形成影响因素的信度与效度检验

| 潜变量 | 观测变量 | 标准因子载荷 | 克朗巴哈系数 | 组合信度 | 平均提取方差值 | AVE平方根值 |
| --- | --- | --- | --- | --- | --- | --- |
| 信息丰度 | Q13 | 0.819 | 0.898 | 0.905 | 0.762 | 0.873 |
|  | Q14 | 0.870 |  |  |  |  |
|  | Q15 | 0.926 |  |  |  |  |
| 供需对称 | Q16 | 0.903 | 0.950 | 0.952 | 0.868 | 0.932 |
|  | Q17 | 0.975 |  |  |  |  |
|  | Q18 | 0.916 |  |  |  |  |
| 共生界面 | Q19 | 0.913 | 0.945 | 0.946 | 0.854 | 0.924 |
|  | Q20 | 0.922 |  |  |  |  |
|  | Q21 | 0.937 |  |  |  |  |
| 政策环境 | Q49 | 0.931 | 0.926 | 0.930 | 0.816 | 0.903 |
|  | Q50 | 0.931 |  |  |  |  |
|  | Q51 | 0.845 |  |  |  |  |
| 社会氛围 | Q52 | 0.886 | 0.927 | 0.928 | 0.811 | 0.901 |
|  | Q53 | 0.909 |  |  |  |  |
|  | Q54 | 0.907 |  |  |  |  |
| 共生关系形成 | Q22 | 0.871 | 0.903 | 0.906 | 0.763 | 0.873 |
|  | Q23 | 0.915 |  |  |  |  |
|  | Q24 | 0.833 |  |  |  |  |

2. 模型适配度检验

通过最大似然法对模型适配度检验,结果显示:$\chi^2/df = 2.823$、$CFI = 0.955$、$TLI = 0.942$、$RMSEA = 0.087$、$NFI = 0.932$、$RFI = 0.913$、$IFI = 0.955$、$RMR = 0.043$,绝对拟合指标和相对拟合指标基本满足要求,表明模型的适配度较好(表5-29)。

表 5-29 适配度检验

| 适配度指标 | 评价标准 | 实际值 | 拟合效果 |
| --- | --- | --- | --- |
| $\chi^2/\text{df}$(卡方自由度比值) | <3.000 | 2.823 | 良好 |
| CFI(比较配适度指数) | >0.900 | 0.955 | 良好 |
| TLI(非标准配适度指数) | >0.900 | 0.942 | 良好 |
| RMSEA(平均平方误差平方根) | <0.080 | 0.087 | 可以接受 |
| NFI(基准化适配度指数) | >0.900 | 0.932 | 良好 |
| RFI(相对适配度指数) | >0.900 | 0.913 | 良好 |
| IFI(增量适配度指数) | >0.900 | 0.955 | 良好 |
| RMR(均方根残差) | <0.050 | 0.043 | 良好 |

**3. 假设检验与路径分析**

采用 Amos 22.0 对概念模型中的假设进行验证性分析,结果显示信息丰度、供需对称、共生界面、社会氛围和政策环境对产教融合共生关系形成均具有显著正向影响,从而支持研究假设 H6、H7、H8、H9、H10。在产教融合共生形成的五个前因中,政策环境的影响最大($\beta=0.499, p<0.001$),其次是信息丰度($\beta=0.236, p<0.001$),再次是社会氛围($\beta=0.201, p<0.001$),再其次是供需对称($\beta=0.190, p<0.010$),最后是共生界面($\beta=0.168, p<0.010$)。此外,研究模型对产教融合共生关系形成的解释度为 41%(图 5-2、表 5-30)。

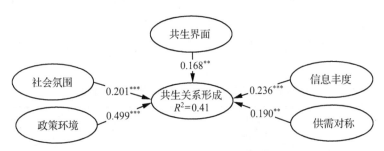

注:*代表<0.050,**代表<0.010,***代表<0.001

图 5-2 结构方程标准化路径系数分析图

表 5-30　假设检验结果

| 作用路径 | 路径系数 | 标准差 | T | P | 结论 |
| --- | --- | --- | --- | --- | --- |
| H6:信息丰度→共生形成 | 0.190 | 0.039 | 3.167 | 0.002** | 成立 |
| H7:供需对称→共生形成 | 0.236 | 0.038 | 3.998 | *** | 成立 |
| H8:共生界面→共生形成 | 0.168 | 0.034 | 2.854 | 0.004** | 成立 |
| H9:社会氛围→共生形成 | 0.201 | 0.040 | 3.362 | *** | 成立 |
| H10:政策环境→共生形成 | 0.499 | 0.052 | 7.519 | *** | 成立 |

注：* 代表<0.050，** 代表<0.010，*** 代表<0.001

### （三）共生运行影响因素验证性因子分析

#### 1. 信度与效度检验

通过克朗巴哈系数（Cronbach's α）和组合信度（CR）进行信度检验，结果显示量表中的各潜变量的克朗巴哈系数值（Cronbach's α）在 0.838 到 0.946 之间，均高于建议阈值 0.700，表明测量项得分具有高度的一致性，问卷可靠性较高；组合信度值（CR）在 0.839 到 0.934 之间，均高于建议阈值 0.700，表明潜变量中的测量指标之间具有较高的一致性。

通过标准因子载荷检验、聚敛效度检验和区分效度检验效度检验，结果显示量表中的各潜变量的标准因子载荷值（Standard loading）在 0.771 到 0.953 之间，均高于建议阈值 0.700；平均提取方差值（AVE）在 0.634 到 0.825 之间，均高于建议阈值 0.500，表明量表与测量模型具有较好的聚敛效度；AVE 平方根值在 0.796 到 0.908 之间，大于对角线皮尔森相关系数，表明测量指标具有较好的区分效度（表 5-31）。

表 5-31　共生运行影响因素的信度与效度检验

| 潜变量 | 观测变量 | 标准因子载荷 | 克朗巴哈系数 | 组合信度 | 平均提取方差值 | AVE 平方根值 |
| --- | --- | --- | --- | --- | --- | --- |
| 合作模式 | Q25 | 0.792 | 0.838 | 0.839 | 0.634 | 0.796 |
|  | Q26 | 0.805 |  |  |  |  |
|  | Q27 | 0.792 |  |  |  |  |
| 分配模式 | Q28 | 0.884 | 0.924 | 0.929 | 0.813 | 0.902 |
|  | Q29 | 0.953 |  |  |  |  |
|  | Q30 | 0.865 |  |  |  |  |

续表

| 潜变量 | 观测变量 | 标准因子载荷 | 克朗巴哈系数 | 组合信度 | 平均提取方差值 | AVE 平方根值 |
|---|---|---|---|---|---|---|
| 资源互动 | Q31 | 0.771 | 0.903 | 0.892 | 0.735 | 0.857 |
|  | Q32 | 0.886 |  |  |  |  |
|  | Q33 | 0.909 |  |  |  |  |
| 共生系统运行 | Q34 | 0.898 | 0.946 | 0.934 | 0.825 | 0.908 |
|  | Q35 | 0.918 |  |  |  |  |
|  | Q36 | 0.909 |  |  |  |  |

**2. 模型适配度检验**

通过最大似然法对模型适配度检验,结果显示:$\chi^2/df = 3.397$、CFI = 0.973、TLI = 0.962、RMSEA = 0.077、NFI = 0.962、RFI = 0.948、IFI = 0.973、RMR = 0.028,绝对拟合指标和相对拟合指标基本满足要求,表明模型的适配度较好(表5-32)。

表5-32 适配度检验

| 适配度指标 | 评价标准 | 实际值 | 拟合效果 |
|---|---|---|---|
| $\chi^2/df$(卡方自由度比值) | <3.000 | 3.397 | 可以接受 |
| CFI(比较配适度指数) | >0.900 | 0.973 | 良好 |
| TLI(非标准配适度指数) | >0.900 | 0.962 | 良好 |
| RMSEA(平均平方误差平方根) | <0.080 | 0.077 | 良好 |
| NFI(基准化适配度指数) | >0.900 | 0.962 | 良好 |
| RFI(相对适配度指数) | >0.900 | 0.948 | 良好 |
| IFI(增量适配度指数) | >0.900 | 0.973 | 良好 |
| RMR(均方根残差) | <0.050 | 0.028 | 良好 |

**3. 中介效应检验**

中介效应检验采用 Hayes 提出的 Bootstrap 检验法,重复采样设置为2 000次,置信区间设置为95%。资源互动对合作模式与共生系统运行中介效应的模型适配指标为:$\chi^2/df = 3.164$、CFI = 0.982、TLI = 0.974、RMSEA = 0.073、NFI = 0.975、RFI = 0.962、IFI = 0.982、RMR = 0.023,绝对拟合指标和相对拟合指标基本满足要求。Bias-Corrected 与 Percentile 置信区间均不包含0,表明资源互动在合作模式与共生系统运行之间存在显著中介效应。其中,总效应值、直接效应值、间接效应值分别为0.687、0.409、0.278,间接效应占总效应值40.47%。

资源互动对分配模式与共生系统运行中介效应的模型适配指标为：$\chi^2/\mathrm{df}=2.374$、CFI=0.993、TLI=0.986、RMSEA=0.058、NFI=0.988、RFI=0.977、IFI=0.993、RMR=0.018，绝对拟合指标和相对拟合指标基本满足要求。Bias-Corrected与Percentile置信区间均不包含0，表明资源互动在分配模式与共生系统运行之间存在显著中介效应。其中，总效应值、直接效应值、间接效应值分别为0.689、0.369、0.320，间接效应占总效应值46.44%（表5-33）。

表5-33 中介效应检验

| 作用关系 | 路径系数 | SE | Bootstrapping | | | |
|---|---|---|---|---|---|---|
| | | | Bias-Corrected 95% CI | | Percentile 95% CI | |
| | | | Lower | Upper | Lower | Upper |
| 合作模式→资源互动 | 0.615 | 0.064 | 0.595 | 0.856 | 0.595 | 0.856 |
| 合作模式→共生系统运行 | 0.409 | 0.064 | 0.309 | 0.643 | 0.307 | 0.641 |
| 资源互动→共生系统运行 | 0.452 | 0.051 | 0.285 | 0.604 | 0.286 | 0.606 |
| 分配模式→资源互动 | 0.801 | 0.045 | 0.706 | 0.969 | 0.704 | 0.967 |
| 分配模式→共生系统运行 | 0.430 | 0.071 | 0.212 | 0.672 | 0.206 | 0.665 |
| 资源互动→共生系统运行 | 0.359 | 0.068 | 0.124 | 0.578 | 0.129 | 0.585 |

**4. 假设检验与路径分析**

采用Amos 22.0对概念模型中的假设进行验证性分析。结果显示：合作模式、资源互动、分配模式对产教融合共生系统运行识别具有显著正向影响，从而支持研究假设中的H11、H12和H13；资源互动在合作模式与产教融合共生系统运行之间，以及在分配模式与产教融合共生系统运行之间均具有部分中介作用，从而支持研究假设中的H14和H15。在影响产教融合共生运行的三个前因中，分配模式的影响最大（$\beta=0.408,p<0.001$），其次是合作模式（$\beta=0.382,p<0.001$），最后是资源互动（$\beta=0.228,p<0.050$）。此外，研究模型对产教融合共生运行的解释度为55%（图5-3、表5-34、表5-35）。

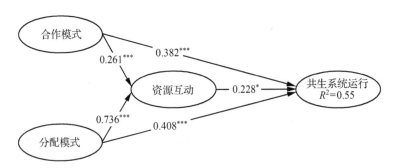

注：* 代表 <0.050，** 代表 <0.010，*** 代表 <0.001

**图 5-3　结构方程标准化路径系数分析图**

**表 5-34　假设检验结果**

| 作用路径 | 路径系数 | 标准差 | T | P | 结论 |
|---|---|---|---|---|---|
| H11:合作模式→共生系统运行 | 0.382 | 0.051 | 7.795 | *** | 成立 |
| H12:资源互动→共生系统运行 | 0.228 | 0.067 | 3.230 | 0.01* | 成立 |
| H13:分配模式→共生系统运行 | 0.408 | 0.062 | 6.030 | *** | 成立 |

注：* 代表 <0.050，** 代表 <0.010，*** 代表 <0.001

**表 5-35　中介效应假设检验结果**

| 作用路径 | IV→M | IV→DV | M→DV | Indirect Effects | 结论 |
|---|---|---|---|---|---|
| H14 | 0.615***(0.064) | 0.409***(0.064) | 0.452***(0.051) | 0.278 | 部分中介 |
| H15 | 0.768***(0.046) | 0.369***(0.063) | 0417***(0.063) | 0.320 | 部分中介 |

注：IV 表示自变量，M 表示中介变量，DV 表示因变量；* 代表 <0.050，** 代表 <0.010，*** 代表 <0.001

### （四）共生进化影响因素验证性因子分析

**1. 信度与效度检验**

通过克朗巴哈系数（Cronbach's α）和组合信度（CR）进行信度检验，结果显示量表中的各潜变量克朗巴哈系数值（Cronbach's α）在 0.894 到 0.946 之间，均高于建议阈值 0.700，表明测量项得分具有高度的一致性，问卷可靠性较高；组合信度值（CR）在 0.879 到 0.967 之间，均高于建议阈值 0.700，表明潜变量中的测量指标之间具有较高的一致性。

通过标准因子载荷检验、聚敛效度检验和区分效度检验效度检验，结果显示量表中的各潜变量标准因子载荷值（Standard loading）在 0.766 到 0.988 之间，均高于建议阈值0.700;平均提取方差值(AVE)在0.709到0.908之间,均高于建议阈值0.500,表明量表与测量模型具有较好的聚敛效度;AVE平方根值在0.842到0.953之间,大于对角线皮尔森相关系数,表明测量指标具有较好的区分效度(表5-36)。

表5-36 共生进化影响因素的信度与效度检验

| 潜变量 | 观测变量 | 标准因子载荷 | 克朗巴哈系数 | 组合信度 | 平均提取方差值 | AVE平方根值 |
|---|---|---|---|---|---|---|
| 合作紧密度 | Q37 | 0.872 | 0.894 | 0.901 | 0.754 | 0.868 |
|  | Q38 | 0.957 |  |  |  |  |
|  | Q39 | 0.766 |  |  |  |  |
| 资源增值 | Q40 | 0.825 | 0.912 | 0.913 | 0.779 | 0.883 |
|  | Q41 | 0.910 |  |  |  |  |
|  | Q42 | 0.910 |  |  |  |  |
| 对称互惠 | Q43 | 0.988 | 0.946 | 0.967 | 0.908 | 0.953 |
|  | Q44 | 0.936 |  |  |  |  |
|  | Q45 | 0.934 |  |  |  |  |
| 政策环境 | Q49 | 0.931 | 0.926 | 0.930 | 0.816 | 0.903 |
|  | Q50 | 0.931 |  |  |  |  |
|  | Q51 | 0.845 |  |  |  |  |
| 社会氛围 | Q52 | 0.886 | 0.927 | 0.928 | 0.811 | 0.901 |
|  | Q53 | 0.909 |  |  |  |  |
|  | Q54 | 0.907 |  |  |  |  |
| 共生系统进化 | Q46 | 0.887 | 0.931 | 0.879 | 0.709 | 0.842 |
|  | Q47 | 0.841 |  |  |  |  |
|  | Q48 | 0.795 |  |  |  |  |

**2. 模型适配度检验**

通过最大似然法对模型适配度检验,结果显示:$\chi^2/df = 3.007$、$CFI = 0.970$、$TLI = 0.961$、$RMSEA = 0.070$、$NFI = 0.955$、$RFI = 0.943$、$IFI = 0.970$、$RMR = 0.025$,绝对拟合指标和相对拟合指标基本满足要求,表明模型的适配度较好(表5-37)。

表 5-37 适配度检验

| 适配度指标 | 评价标准 | 实际值 | 拟合效果 |
|---|---|---|---|
| $\chi^2/df$(卡方自由度比值) | <3.000 | 3.007 | 可以接受 |
| CFI(比较配适度指数) | >0.900 | 0.970 | 良好 |
| TLI(非标准配适度指数) | >0.900 | 0.961 | 良好 |
| RMSEA(平均平方误差平方根) | <0.080 | 0.070 | 良好 |
| NFI(基准化适配度指数) | >0.900 | 0.955 | 良好 |
| RFI(相对适配度指数) | >0.900 | 0.943 | 良好 |
| IFI(增量适配度指数) | >0.900 | 0.970 | 良好 |
| RMR(均方根残差) | <0.050 | 0.025 | 良好 |

**3. 假设检验与路径分析**

采用 Amos 22.0 对概念模型中的假设进行验证性分析,结果显示:合作紧密度、资源增值、对称互惠、政策环境对产教融合共生进化具有显著正向影响,从而支持研究假设中的 H16、H17、H18、H20;社会氛围对产教融合共生进化影响不显著,从而拒绝研究假设中的 H19。在产教融合共生进化的四个前因中,对称互惠影响最大($\beta=0.793, p<0.001$),其次是政策环境($\beta=0.452, p<0.001$),第三是合作紧密度($\beta=0.148, p<0.001$),最后是资源增值($\beta=0.077, p<0.050$)。此外,研究模型对产教融合共生系统进化的解释度为86%(图5-4、表5-37)。

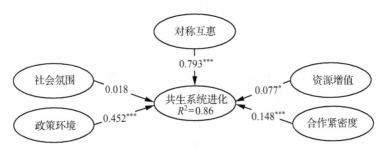

注:* 代表<0.050,** 代表<0.010,*** 代表<0.001

图 5-4 结构方程标准化路径系数分析图

表 5-37　假设检验结果

| 作用路径 | 路径系数 | 标准差 | T | P | 结论 |
| --- | --- | --- | --- | --- | --- |
| H16：合作紧密度→共生系统进化 | 0.148 | 0.022 | 5.026 | *** | 成立 |
| H17：资源增值→共生系统进化 | 0.077 | 0.021 | 2.649 | 0.01* | 成立 |
| H18：对称互惠→共生系统进化 | 0.793 | 0.024 | 22.492 | *** | 成立 |
| H19：社会氛围→共生系统进化 | 0.018 | 0.021 | 0.613 | 0.54 | 拒绝 |
| H20：政策环境→共生系统进化 | 0.452 | 0.025 | 13.946 | *** | 成立 |

注：*代表<0.050，**代表<0.010，***代表<0.001。

## 三、研究结论与讨论

产教融合是多元主体基于资源要素整合和互惠发展"共同体"的构筑过程。产教关系从松散结合到融合共生，可划分为共生对象识别、共生关系形成、共生系统运行和共生系统进化四个链式演进阶段。每个阶段都存在不同的影响因素，推进产教融合高质量发展的首要任务是探索不同演进阶段中的促进因素与阻碍因素，以及各影响因素之间的相互作用关系及作用机理，进而从机理上寻求发展策略与推进进路。

### （一）产教融合共生识别影响因素的作用机理

社会资本对产教融合共生对象识别具有显著正向影响。社会资本不仅自身具有资源特性，而且能够为行动者动员关系网络中的潜在资源创造初始优势。在产教融合共生对象识别过程中，无论是高校还是行业企业，抑或政府部门，他们更偏好与自身结构位次、资源优势、社会声誉以及影响力对等或更高层级的行动者建立同盟关系，以获得更多的资源或更好地实现组织目标。具体而言，结构性社会资本对产教融合共生对象识别具有显著正向影响（$\beta=0.344, p<0.001$）。社会结构之中的资源分布通常呈"倒金字塔"状，结构等级越高，资源的聚集效应越明显。相比较而言，在众多潜在合作对象中，具备一定结构位置优势的组织往往更容易成为其他组织的首选合作对象，如"名校"与"名企"更容易形成联姻共建。认知性社会资本对产教融合共生对象识别具有显著正向影响（$\beta=0.212, p<0.001$）。认知性社会资本是由互惠行为所带来的潜在资源，它是行动者之间基于共同规范、信仰、态度以及价值观而产生的。换言之，在众多潜可供选择的合作对象中，那些具有共同规范、信仰、态度与价值观的群体之间更容易产生互惠行为，也更容易形成合作

联盟,如社会责任感强的企业往往更会受到高校的青睐。关系性社会资本对产教融合共生对象识别具有显著正向影响($\beta=0.439,p<0.001$)。关系性社会资本是由行动者的关系网络规模和关系质量所带来的潜在资源,它是行动者基于信任、承诺、义务与期望而产生的。换言之,在众多潜可供选择的合作对象中,那些存在"强关系"的群体之间更容易形成合作联盟。例如,有学者研究发现情感交换对浅层次与中层次校企合作均有显著正向影响。① 此外,关系性社会资本对结构性资本与产教融合共生对象识别具有部分中介作用(51.35%),对认知性资本与产教融合共生对象识别具有部分中介作用(58.24%),表明产教融合共生对象识别是按照从"无关系"到"有关系",从"弱关系"到"强关系"的发展逻辑进行有序演进的。

### (二) 产教融合共生形成影响因素及其作用机理

信息丰度、供需对称、共生界面、社会氛围和政策环境对产教融合共生关系形成具有显著正向影响。信息丰度($\beta=0.236,p<0.001$)反映的是合作主体之间对彼此信息的占有程度,信息占有度越高,交易成本就会越低,因而也越容易形成互利合作行为。例如,林波等指出,产业与教育之间沟通不畅、供需两侧信息不对称、信息传播渠道分散,以及由此造成的"信息孤岛"是阻碍产业系统与教育系统深度融合的重要因素之一。② 供需对称($\beta=0.190,p<0.010$)反映的是合作主体之间的资源供需匹配度,匹配度越高,越容易形成合作同盟。例如,王静等指出,"用工荒""招工难""就业难""两张皮"等结构性矛盾,本质上是教育链、人才链与产业链、创新链脱节,产业与教育之间供需不对称。③ 共生界面($\beta=0.168,p<0.010$)反映的是产教融合系统中的物质、信息、能量传导载体与媒介,资源要素流动的载体与媒介越丰富,产教融合系统运行就会越稳定。例如,郭淑芬指出,共生介质性能越优越、载体平台种类越丰富、媒介通道数量越多,共生界面就越稳定,合作生命周期就越长,相应的系统稳定性就越高。④ 社会氛围($\beta=0.201,p<0.001$)与政策环境($\beta=0.499,p<0.001$)反映的是产教融合的外部环境,外部环境越优越,越容易激发合作主体持续深化产教融合的意愿与动力。例如,朱喜祥等指出,社会氛围

---

① 王文顺,尚可,芈凌云,等.如何激励企业参与校企合作:基于社会交换视角[J].高等工程教育研究,2021(6):97-102.
② 林波,吕慧文.基于生态视角的产教融合协同创新系统构建[J].教育与职业,2022(12):36-43.
③ 王静,马楠,张应敏,等.数字时代高等工程教育发展策略:基于教师教学发展的视角[J].高等工程教育研究,2022(1):93-97.
④ 郭淑芬.基于共生的创新系统研究[J].中国软科学,2011(4):97-103.

和政策环境是产教融合系统赖以生存的土壤,产教融合多元主体共生关系形成是一个由"外力驱动"到"内力自律"的过程,需要一定的社会氛围和政策予以引导和支持。①

### (三) 产教融合共生运行影响因素及其作用机理

合作模式、分配模式、资源互动对产教融合共生系统运行具有显著正向影响。合作模式($\beta=0.382, p<0.001$)反映的是产教融合系统中合作主体之间结合方式,结合越紧密,产教融合系统就越稳定。例如,李书豪等指出,合作行为能够促进同盟成员之间的知识、信息以及创新要素顺畅流动,稳定的合作模式能够有效提升合作效率,避免外界环境因素干扰以及成员的机会主义,进而保证合作系统的稳定运行。② 分配模式($\beta=0.408, p<0.001$)反映的是产教融合系统合作主体之间的利益配置方式,利益分配越是趋于帕累托最优,系统运行就会越稳定。例如,李梦卿等指出,权责不明、收益分配不对等是影响产业与教育深度融合的一个重要因素,针对人才培养周期长、科技成果转化不确定性以及无法预知的风险,需要建立一套弹性的利益补偿机制,保障产教融合系统稳定运行。③ 资源互动($\beta=0.228, p<0.050$)反映的是合作主体之间的资源要素多边互动效率,效率越高,越容易形成资源整合后的增益效应。例如,周进等指出高校资源转化过程实际上是一个价值再造和品牌延伸的过程,包括资源嫁接、资源聚集、结构优化、资源孵化与转移以及衍生内化,其中资源有效互动是基础与根本。④ 此外,资源互动对合作模式与产教融合共生系统运行具有部分中介作用(40.47%),对分配模式与产教融合共生系统运行具有部分中介作用(46.44%),表明高效的资源互动不仅能够对产教融合共生系统稳定运行产生直接影响,还能够通过中介效应产生间接的正向影响。

### (四) 产教融合共生进化影响因素及其作用机理

合作紧密度、资源增值、对称互惠、政策环境对产教融合共生系统进化具有显著正向影响。合作紧密度($\beta=0.148, p<0.001$)反映的是合作主体在产教融合系统中的作用强度,推进专业链、人才链与创新链、产业链紧密衔接,实现产业系统与

---

① 朱喜祥,程兰诗,王荣辉. 系统共生和对接融合:多学科视角下的产教融合困境与路径[J]. 中国职业技术教育,2021(22):65-71.
② 李书豪,孙强. 核心企业合作能力影响供应链融资绩效的机理[J]. 金融理论与实践,2022(1):49-55.
③ 李梦卿,陈竹萍."双高计划"高职院校产教融合的实施维度与推进策略[J]. 现代教育管理,2022(1):109-118.
④ 周进,吴文刚. 高等学校资源转化:内涵、意义与路径[J]. 中国高教研究,2015(8):45-49.

教育系统一体化共生,对加速产教融合系统向更高层级进化具有积极的促进作用。例如,有学者提出现代产业学院作为传统校企合作的升级版,实现了人才培养、知识生成、技术创新与市场应用一体化发展,是产业与教育融合发展的新型组织载体,也是推动产教融合由量变到质变的重要机制。① 资源增值($\beta = 0.077$, $p < 0.05$)反映的是合作主体通过分工协作与资源要素整合为产教融合系统带来的价值增值与品牌延伸,增益效应越明显,越有利于产教融合系统向更高层级发展。例如,刘任熊等提出,通过异质性资源要素识别、嫁接与整合,实现产教融合系统双向赋能与价值增值是全面深化产教融合的重要途径,也是推动产业与教育从结合走向融合的重要举措。② 对称互惠($\beta = 0.793$, $p < 0.001$)反映的是合作主体在产教融合过程中的收益均衡,对称互惠程度越高,越有利于激发共生动力,进而推进系统向更高层级进化。例如,袁纯清教授指出,对称互惠是共生系统进化的一致方向,非对称互惠合作只是暂时的,任何非对称互惠系统终将被对称互惠系统所取代。③ 政策环境($\beta = 0.452$, $p < 0.001$)反映的产教融合系统外部环境因素,其影响是外在的、不确定的,但又无法抗拒的,积极的政策支持有利于推进产教融合系统向更高层级进化。例如,孙云志提出,"财政+金融+税收+土地"政策支持对激发产教融合一体化发展具有显著促进作用,但同时指出推动产教融合系统向更高层级发展需要持续不断的政策激励,尤其是来自产业部门与教育部门的协同支持。④ 此外,社会氛围($\beta = 0.018$, $p > 0.050$)对产教融合共生系统进化影响不显著,可能的原因是产教融合共生系统从稳定运行到协同进化是一个开放性逐渐降低的过程,系统因自组织功能逐步增强而形成了一个较为封闭的内循环系统,外部社会氛围因素对其影响随之降低。

---

① 宋瑾瑜,张元宝.共生理论视域下产业学院共生发展的困境与路径选择[J].教育与职业,2021(23):58-63.
② 刘任熊,冯立元,苗睿岚,等.从独角戏到双主体:职业教育产教融合制度演进脉络[J].中国职业技术教育,2021(6):33-43.
③ 袁纯清.共生理论:兼论小型经济[M].北京:经济科学出版社,1998:2-3.
④ 孙云志.多元共治视域下我国高职院校产教融合发展研究[D].南京:南京师范大学,2021.

# 第 六 章
# 应用型本科高校产教融合机制创新对策分析

应用型本科高校是产教融合的重要实施主体之一,现代产业学院是产教融合高质量发展的理想样态。运用扎根理论研究方法和结构方程模型,对江苏省11所应用型本科高校的14个重点产业学院进行实证分析发现:产教融合在共生对象识别阶段主要受到组织的结构性社会资本、认知性社会资本和关系性社会资本影响;在共生关系形成阶段主要受到信息丰度、供需对称、共生界面、社会氛围和政策环境影响;在共生运行阶段主要受到合作模式、资源互动和分配模式影响;在共生进化阶段主要受到合作紧密度、资源增值、对称互惠和政策环境影响。此外,关系性社会资本在结构性社会资本与共生对象识别之间,以及在认知性社会资本与共生对象识别之间具有部分中介作用;资源互动在合作模式与共生运行之间,以及在分配模式与共生运行之间具有部分中介作用。基于此,本研究认为应用型本科高校可以从共生识别机制创新、共生形成机制创新、共生运行机制创新、共生进化机制创新、共生环境机制创新五个方面全面推进产教融合高质量发展。

## 第一节 产教融合共生识别机制创新策略

共生识别是共生单元之间相互认识、选择与逐步确定的过程。在非竞争性选择过程中,由于无法获取潜在共生对象的完全信息,那些社会声誉好、社会影响力大或存在某种特殊关系的组织,往往更容易引起潜在合作主体的重点关注,因而他们之间形成合作联盟可能性就越高。[①] 产教融合在共生对象识别阶段主要受到各

---

① 高闯,刘冰.公司治理合约的制度基础、演进机理与治理效率[J].中国工业经济,2003(1):70-77.

## 第六章 应用型本科高校产教融合机制创新对策分析

主体的结构性社会资本($\beta = 0.344, p < 0.001$)、认知性社会资本($\beta = 0.212, p < 0.001$)、关系性社会资本($\beta = 0.439, p < 0.001$)等因素影响。此外,关系性社会资本在结构性社会资本与共生对象识别之间具有部分中介效应(51.35%),在认知性社会资本与共生对象识别之间具有部分中介效应(58.24%),表明社会资本对拓展组织合作空间与选择合作伙伴具有显著促进作用。产教融合同盟组建是一个合作对象选择与被选择的过程。从高校的角度来看,产教融合共生识别机制创新的重点是不断改善自身的社会结构位置、提升社会信任水平和扩大社会关系网络。

### 一、优化应用型本科高校的社会结构位置

任何社会组织都必然在一定的社会结构中占据某一位置,这一结构位置代表着组织的社会地位、身份、权力以及声望等。社会资本理论的"地位强度命题"认为,初始位置越好,行动者越有可能在表达性行动中争取好的社会资源。这是因为位置占据者的规范性和表达性互动会将他与相似的或更高位置的占据者相联系,而位置越高,占据者数量就越少,资源的集聚效应就越明显。① 一般而言,组织在社会网络结构中的初始位置通常是由其"先赋位置"和"自致位置"共同决定的。"先赋位置"是一种带有遗传特征的自然性获得位置,"自致位置"是行动者通过后天努力而不断争取到的位置。作为一种结构性社会资本,资源配置通常带有一定的权力支配特征,应用型本科高校在高等教育系统中的位置优劣,在一定程度上决定其与产业界建立产教同盟的广度和深度。换言之,在我国高等教育"中心-边缘"的结构体系中,中心位置高校能够凭借位置优势为其争取更广阔的合作空间与丰富的社会办学资源,处于边缘位置的高校如若想借助结构性社会资本获得好的社会资源,则需要通过目的性行动不断优化自身在高等教育结构中的位势。

### (一) 从继承到稳固,保持应用型本科高校的"先赋位置"

社会资本理论认为,组织的"先赋位置"是通过继承而获得的结构性社会资本,包括权力、声望、影响力以及资源等要素。一般而言,应用型本科高校通过继承而获得的"先赋位置"是由学校举办者的社会地位及其所赋予的资源禀赋决定的。从隶属关系上来看,我国公办应用型本科高校的举办者通常包括各级人民政府及其职能部门。例如,省属应用型本科高校中的江苏科技大学、南京工程学院、常熟

---

① 林南. 社会资本:关于结构与行动的理论[M]. 张磊,译. 上海:上海人民出版社,2005:62-63.

理工学院、盐城工学院隶属于江苏省人民政府;市属应用型本科高校中的徐州工程学院、苏州城市学院、常州工学院、金陵科技学院分别隶属办学所在地的市级人民政府。我国政府机构是一种典型的科层制结构,实行的是"向上负责"的行政管理体制。① 应用型本科高校举办者在高等教育系统中的位置越高,通过继承而获得的位置优势就越明显。众所周知,存在继承关系的主客体在关系特征上具有某种连续性和条件性,因而应用型本科高校通过继承关系所获得的"先赋位置"往往又具有相对稳定性和难以改变性。

除了隶属关系,依据不同的认定标准还可以将我国公办应用型本科高校划分为多种类型,如行业型高校、共建型高校、综合型高校等。事实上,不同类型的应用型本科高校在办学层次、办学类型、办学性质、办学形式、办学规模以及资源配置方式等方面都存在着不同的"起跑线",应用型本科高校在目的性行动中寻求好的结构位置,首先应立足于各类承袭关系,充分借助举办者与利益相关者的各种优势,不断优化自身的结构位势。具体而言,一是借助举办者的社会地位,依附权力中心,发挥行政级别优势。作为一种结构性社会资本,各类稀缺性办学资源的配置不可避免地带有一定的权力支配特征,距离权力中心越近,越有利于应用型本科高校在资源配置中获得好的办学资源,进而不断积累自身位置优势。二是借助所属行业的结构位置优势,实现由"借船出海"到"造船出海"。我国多数应用型本科高校或多或少都具有一定的行业背景,"立足行业、扎根行业、依靠行业"是当前应用型本科高校实现"弯道超车"的重要捷径。三是借助区域产业结构优势,推进产学研深度合作,实现资源价值增值与品牌延伸。融入地方经济社会并推动区域产业结构转型升级,这既是社会赋予应用型本科高校的一项重要使命,也是应用型本科高校通过社会服务职能提升自身地位、影响力和社会声誉的重要途径。

### (二) 从依附到超越,提升应用型本科高校的"自致位置"

美国社会学家罗纳德·伯特指出,在社会关系网络中由于"空隙"的存在,使行动者之间往往无法直接联系或关系间断,各类异质性组织之间便会形成"结构洞"。② 行动者穿越"结构洞"的途径是建立"社会桥",因此,"结构洞"占据者不仅具有信息、先动、控制等优势,而且还能够形成以自我为节点的新网络结构,进而获

---

① 李鹏,石伟平,朱德全.理想、利益与行动:职业教育学习评价的多重制度逻辑[J].高校教育管理,2019,13(2):24-32.

② 罗纳德·伯特.结构洞:竞争的社会结构[M].任敏,李璐,林虹,译.上海:格致出版社,2008:18-22.

得更多的信息、资源和权力优势。① 从关系网络与结构性社会资本生成的角度来看,借助同盟关系网络,不断提升"结构洞"位势,是组织争取"自致位置"的重要途径。

应用型本科高校在社会关系网络中的横向结构位置通常表现为某一具体高校在办学过程中与利益相关群体所结成的关系网络及其位势,它是由网络节点之间的连接方式决定的。长期以来,我国应用型本科高校由于身份固化、竞争力不足以及办学资源短缺等原因,普遍游离于高等教育网络"结构洞"的边缘位置,而转变这一劣势的关键是积极嵌入不同的外部网络之中,逐步形成以自我为网络中心节点的新网络。具体而言:一是依附中主动嵌入,即以人才培养、技术服务、人才交流以及社会培训等产学研项目为载体、以广泛参与为目标,依附于政府部门、重点高校、社会团体等重要社会组织,逐步形成局部开放的"结构洞"网络,并努力成为以这些权力机构为中心的边缘连接者;二是嵌入中求得发展,即以有效参与和有限话语权为基础,建立有限范围内的闭合网络,填充由权力中心所建立的网络"结构洞",并逐步在有限闭合网络中形成主体间的网络均势和协同发展;三是发展中实现超越,即以特色发展与"有限卓越"为基础,在同类或同层次高校群体中形成显著的竞争优势,逐步占据网络"结构洞"的中心位置,并建立以自我为网络中心节点的多元开放性社会网络。

## 二、提升应用型本科高校的社会信任水平

作为一种认知性社会资本,社会信任是应用型本科高校建立产教同盟和有效使用组织外部资源的前提条件。认知性社会资本是由社会或社会中的一部分普遍信任所产生的一种力量②,社会信任是认知性社会资本的外在表现形式,并集中体现在义务与期望上③。理性组织的行为选择主要取决于收益与损失的比较以及对方失信概率,社会信任就是在这种反复的理性博弈中产生的,反过来又会对理性组织的社会行为产生积极或消极的影响。文化是社会信任形成的重要机制,包括同

---

① 孙笑明,崔文田,王乐.结构洞与企业创新绩效的关系研究综述[J].科学学与科学技术管理,2014(11):142-152.
② 林聚任,等.社会信任和社会资本重建:当前乡村社会关系研究[M].济南:山东人民出版社,2007:146.
③ GRANOVETTER M.S. The strength of weak ties[J]. American Journal of Sociology, 1973,78(6):1360-1380.

盟成员之间所共同遵守的传统、伦理道德、风俗习惯、组织规则以及行为规范等。①有学者基于信任的形成机制,将信任的来源归纳为屡次参与交换的经历、行动者个体特征与制度信任三个方面。②事实上,一个组织的社会信任水平高低是由信任形成机制的一般规律和组织内在特性共同决定的。应用型本科高校的社会信任是其在长期办学过程中所形成的社会评价或所持有的公众信任,主要包括特殊信任和普遍信任。特殊信任是一种基于特殊关系为基础的信任,如学缘关系、师生关系等;普遍信任是一种以共同体为基础的信任,如政府的公信力、科学的权威性等。换言之,应用型本科高校的社会信任本质上是源自社会公众对专家知识经验、教育制度以及组织声誉的认可程度。

### (一) 提升应用型本科高校基于专家系统的社会信任

作为一种公众认知,应用型本科高校的社会信任首先表现为一种普遍的社会信任。作为专业性的社会组织,应用型本科高校普遍社会信任源自社会公众对科学的信任,即作为一种"专家系统"所赢得的社会认可。"专家系统"是一种以特定领域专家级知识和经验为基础的知识库,它是一所高校人才培养、知识创新与社会服务能力的综合体现。知识库中的知识质量越高,社会信任水平就会越高,与产业界建立"伙伴"关系的优势就越明显。众所周知,应用型本科高校在长期的办学过程中由于定位不清与同质化发展等原因,赢得社会信任的整体水平往往并不高,而突破这一发展困境的关键是转变传统办学观念,走特色发展之路。具体而言:一是以产业结构转型升级为契机,科学调整办学定位,夯实社会信任基础。围绕"地方性""应用型""开放式"办学思路,逐步建立健全适应地方产业集群发展的专业集群,提升服务地方经济社会发展的精准性。二是凝练学科方向,优化学科与专业布局,提升社会认知度。立足"人无我有,人有我优"的错位发展办学思路,打造特色学科与品牌专业,形成具有一定影响力的专业链与学科群。三是搭建学科平台,组建学科团队,丰富"智库"知识存量。依托特色学科与专业的品牌效应,从"筑巢引凤"到"引凤筑巢",不断提升"专家系统"知识水平和社会服务能力,实现以服务促发展、以有为争有位、以贡献赢信任的良性发展局面。

### (二) 提升应用型本科高校基于组织制度的社会信任

社会信任的本质是制度的外化形式,它是一定范围内理性行为人评估其他行

---

① 弗朗西斯·福山.信任社会美德与创造经济繁荣[M].彭志华,译.海口:海南出版社,2001:30.
② 王晓玉.组织间的人际信任[M].上海:上海财经大学出版社,2006:23.

为人所采取特定行动的主观概率,是一种根植于社会制度和社会结构之中的认知性社会资本。① 作为认知性关系准则,人际信任关系是在义务与期望的交换过程中产生的,这种根植于个体的信任关系通过社会关系网络的广泛传播而催生社会规范,进而将个体信任转化成为群体性的社会信任。② 应用型本科高校基于组织制度的社会信任,既包括宏观层面上社会公众对应用型教育制度体系的信任,也包括微观层面上对某一所应用型本科高校的内部治理体系、治理能力以及现代大学制度的普遍信任。具体而言:

一是健全应用型教育制度体系,提升社会信任根基。从我国政府与高校关系上来看,政府既是高等教育管理者,又是公办高校的举办者。社会公众对政府的公信力及其政策、制度的信任是高校赢得社会信任的根基。自 21 世纪以来,我国应用型高校经历了"由精英教育向大众化教育的规模转变""由学术型教育向应用型教育的类型转型""由供给导向向需求导向的结构转变"三个发展阶段。③ 可以说,我国应用型教育的每一次突破或重大变革无不是根植于政府的社会公信力,并镌刻着政府制度变革的力量。在我国研究型高校和应用型高校二元格局中,社会公众对应用型高校之所以存在偏见,或者说难以赢得普遍的社会认可,其中政府层面上的制度导向以及应用型教育制度体系不健全是一个重要原因。因此,健全应用型教育制度供给,并形成完善的制度保障体系,是现阶段提升应用型本科高校社会信任水平的一个重要途径。

二是完善应用型本科高校内部治理体系,提升现代大学制度建设水平。现代高校组织既是一个按照学科逻辑组织起来的学术组织,又是一个带有明显科层化特征的社会组织。学术权力是实现高校职能的主要方式,体现是一种工具性价值;行政权力是提升高校办学效率的关键,体现的是一种目的性价值。④ 两者虽然在权利主体、权利客体、权力功能、权力目标以及运行方式上各不相同,但本质上都是为了更好地维护高校健康发展。健康的权力运行机制,应该是行政权力受学术权力支配,行政权力服务于学术权力,行政权力的运行符合学术权力的要求,并为实

---

① USLANER E M, CONLEY R S. Civic engagement and particularized trust: the ties that bind people to their ethnic communities[J]. American Politics Research, 2003,31(4):331 – 360.
② 后梦婷. 信任与社会资本关系的多维解读[J]. 重庆社会科学,2012(6):21 – 26.
③ 顾永安. 应用型院校专业集群研究论纲[M]. 北京:中国社会科学出版社,2021:14 – 15.
④ 王务均,龚怡祖. 大学学术权力与行政权力包容的理论内涵[J]. 教育发展研究,2013(21):41 – 45.

现学术权力的意志提供行政保障。① 然而,当前我国高校内部权力运行依然带有程度不同的行政化倾向,有些高校不仅存在行政权力泛化与失真,而且也存在学术权力失范与失真现象②,饱受社会诟病,这在一定程度上影响了社会公众对扎根于学科与专业的学术组织的信任。因此,提升应用型本科高校基于组织制度的社会信任,关键是不断完善内部治理体系和健全现代大学制度。换言之,在党委领导、校长负责、教授治学和民主管理的内部治理体系中,应用型本科高校的"善治"已不再是学术权力与行政权力的二元对立,而是如何在二者之间寻求一种合理的平衡。

### (三) 提升应用型本科高校基于组织声誉的社会信任

高校竞争的实质是一种声誉的竞争③,社会声誉是高校核心竞争力培育的一项重要战略性资源。社会声誉一旦形成就是一所高校独一无二的最大资源。④ 高校的社会声誉通常表现为一种主观评价,却真实地反映出高校的社会地位和影响力,并在一定程度上左右着一所高校的未来发展。⑤ 因此,一所高校一旦形成了较高的社会声誉,就会为其带来源源不断人力、财力、物力等价值性办学资源,以保持和继续发展它的社会声誉。⑥ 长期以来,由于社会的"刻板效应"、组织"污名化"以及信息传递失真等因素,我国应用型本科高校一直处于高等教育声誉系统的中后端,难以真正形成基于社会"符号"资源的认可度、关注度和美誉度。英国著名教育学家埃里克·阿什比指出,影响现代高校发展的力量主要来自三个方面:一是社会力量,即源自市场和社会对人才的需求;二是政治力量,即源自国家与政府对人才的需求;三是大学自身力量,即源自现代高等教育发展的自身逻辑。⑦ 如果说社会力量与政治力量是一只看不见的手,它为高校发展提供了外因。那么,大学自身力量则是一只看得见的手,它是高校在激烈的教育市场竞争中形成良好社会声誉的内在决定性要素。因此,提升应用型本科高校社会声誉和品牌效应,关键是推动

---

① 秦惠民.高校学术管理应以学术权力为主导[J].中国高等教育,2002(3):25-27.
② 汪明义.地方高校如何科学地运行学术权力与行政权力[J].中国高教研究,2012(12):69-73.
③ CLARK B R. The higher education system: academic organization in cross-national perspective [M]. Berkeley, CA:University of California Press, 1983:165-166.
④ 伯顿·克拉克.高等教育新论:多学科的研究[M].王承绪,徐辉,郑继伟,等译.2版.杭州:浙江教育出版社,2001:12.
⑤ 舒颖岗.大学声誉培育与高水平大学建设[J].国家教育行政学院学报,2011(12):21-25.
⑥ 马陆亭.大学声誉的生产战略[J].高等工程教育研究,1994(4):21-26.
⑦ 阿什比.科技发达时代的大学教育[M].滕大春,滕大生,译.北京:人民教育出版社,1983:7-9.

应用型本科高校按照其自身运行规律与发展逻辑,不断形成办学竞争力,即在人才培养、知识创新和社会服务的逻辑框架下,形成属于应用型教育自身的社会认可度、关注度和美誉度。为此,应用型本科高校一方面应始终以教育教学为中心,持续提升应用型人才培养质量;另一方面应立足技术应用与创新优势,不断提升服务地方经济社会的能力与水平。这也是应用型本科高校与产业界在互动发展过程中,回应社会需求和赢得社会信任的根本保证。

### 三、拓展应用型本科高校的社会关系网络

应用型本科高校的社会关系网络是其作为一个社会组织与其他社会组织或利益相关群体之间形成的关系集合。作为一种关系性社会资本,应用型本科高校与政府部门、产业界以及行业组织建立同盟关系,或多或少带有一定的"关系"色彩,特别是在关系型社会中,关系规模与关系质量是影响其触及外部组织广度和深度的两个重要因素。美国学者格兰诺维特依据时间跨度、情感强度、亲密程度、互惠交换四项指标把行动者之间的关系强度划分为"强关系""弱关系"两种类型。①"强关系"是一种以群体内部的亲密交往和情感投入为基础的互利互惠行为,它为组织接触有限范围内具有相似资源特征的组织提供了有利条件;"弱关系"是一种基于不同群体之间的行为互动,具有更小的亲密程度、情感强度、互动频率以及更少的义务与更弱的互惠关系等特征,它为组织跨越更大的社会距离,触及更广泛的异质性群体提供了现实路径。从这个意义上来说,在关系性社会资本生成过程中,组织所促成的"弱关系"群体之间的交流互动往往比"强关系"群体之间的交流互动更为重要。但从组织的功利性行为来看,关系纽带是由关系主体能力与意愿所形成的合力所决定的。"弱关系"的弱势容易使关系维系明显缺乏共同性和规范性,最弱的关系无法产生基于承诺、信任和义务的内生动力,进而也无法形成关系效应。因此,以关系强度为基础的关系性社会资本生成与积累通常遵循"从无关系到有关系,从弱关系到强关系"的发展逻辑。

#### (一)"从无关系"到"有关系"拓展应用型本科高校的社会关系网络

嵌入在社会"圈子"之中的行动者,与"圈子"内部成员在资源特征方面具有某种相似性。"社会桥"是连接不同社会"圈子"的基本路径,连接"社会桥"的两个行

---

① GRANOVETTER M. S. The strength of weak ties [J]. American Journal of Sociology, 1973,78(6):64 - 67.

动者之间往往具有"弱关系"特征,通常表现以更小的亲密度、强度、交往频率、承诺、义务以及互惠互利行为。行动者如果希望触及更为广泛的异质性行动者,那么他们应该寻找的是一种"弱关系"而不是"强关系",这是因为"弱关系"在工具性行动中可能找到通向其他社会"圈子"的桥梁,进而为行动者触及好资源提供关系路径。① 从这个意义上来讲,相较于"强关系","弱关系"往往跨越社会距离更大、触及社会范围更广,具有能够为行动者带来异质性资源的潜在优势。应用型本科高校由于缺乏背靠"大树"的优势以及"身份"的限制,往往注重与"圈内"的互惠交换而忽视了与"圈外"的感情联络,这在一定程度上限制了应用型本科高校的外部合作空间,特别是与那些优质组织建立同盟关系。因此,应用型本科高校应积极主动融入区域产教融合发展战略,广泛寻求并建立与核心利益相关群体之间的社会关系网络,包括宏观层面上与各级政府的关系网络、中观层面上与行业组织的关系网络、微观层面上与目标企业的关系网络。

### 1. 拓展与各级政府之间的关系网络

高等学校作为知识与人才的输出端,是人类社会新知识、新技术、新工艺以及高素质人才的主要供给端,也是知识经济的生产力要素;企业作为产品与服务的输出端,是实现知识转化并为人类社会创造财富的主要生产场所;政府作为公共资源的提供者与配置主体,利用政策工具调节市场契约关系,是社会公共利益的维护者;行业组织作为行业标准制定者、企业利益维护者与协调者,在产教融合互动发展过程中具有组织协调、资源集聚与信息优势。② 政府、高校、企业、行业组织四者可以通过组织之间制度性和结构性协调机制,推动各类资源要素进行合理流动,进而实现教育与产业的协同发展。在"政产学"三螺旋结构中,政府、高校、企业、行业组织之间存在着潜在的目标和利益耦合。具体而言,政府推动区域经济社会发展,离不开区域实体经济的高质量发展,更离不开高等教育的人才与科技支撑。产业与教育协同发展以及共生关系形成,同样离不开政府的政策支持和社会环境营造。就产教关系而言,企业竞争优势的形成离不开教育对产业的基础性支撑,而高校主动融入区域经济并引领产业发展,也为自身办学实力提升创造了有利条件。四者之间可以实现相互促进、相得益彰、高度耦合。

---

① 林南.社会资本:关于结构与行动的理论[M].张磊,译.上海:上海人民出版社,2005:65-66.
② 叶鹰,鲁特·莱兹多夫,武夷山.三螺旋模型及其量化分析方法研讨[J].中国软科学,2014(11):131-139.

在我国"政府主导、学校主体、企业主动、行业指导"的产教融合发展模式下，政府始终处于产教融合治理结构的顶层位置，并通过"有形的手"不断协调合作主体之间的利益关系，它是产教互动发展过程中的核心利益相关者。公共性、法定性、执行性、强制性、动态性和扩张性是现代政府职能的典型特征。应用型本科高校可以从以下几个方面拓展与各级政府之间的关系网络。一是理顺学校与各级政府间的关系基础，承袭先赋性关系资本。从隶属关系来看，我国公办高校通常可分为部属院校、省属院校以及市属院校等，与之相对应的分别是中央与地方各级政府及其主管部门。因此，应用型本科高校首先需要理顺并有效承袭先赋性关系资本，包括哪些关系是现实可用的，哪些关系是潜在，哪些关系是有待开发的等。二是主动靠拢权力中心，积极寻求自致性关系资本。权力中心具有明显的资源集聚效应，空间距离在一定的程度上影响着一所高校与中心的交往频率，距离权力中心越近，越容易形成互惠关系。实际上，在我国高等教育体系中，多数应用型本科高校无论是在隶属关系上还是空间结构特征上都处于高等教育体系"边缘"的劣势位置。因此，在办学资源的非均衡配置中，应用型本科高校无论是争取政府资源还是社会资源，都需要积极主动靠拢权力中心。三是联合政府部门、行业、企业建立合作联盟，形成结构性关系网络。建立合作联盟是组织扩大关系网络的一种重要方式，也是实现各种关系结构化发展的重要途径。应用型本科高校在深化产教融合过程中，应积极联合行业组织、企业以及各级政府部门建立产教联盟，通过制度化、体制化、规范化合作与常态化互动，实现关系网络的再造与延伸。

**2. 拓展与行业组织之间的关系网络**

行业组织通常是由独立经营实体组成的，旨在维护和保障组织内部合法性成员既定利益的非营利性社会组织。[①] 作为企业的代表，行业组织能够站在行业发展全局的高度把握行业发展趋势、了解行业发展需求以及维护企业参与产教融合的根本利益。行业组织具有信息与资源集聚优势，参与产教融合协调与治理相对于政府宏观管理模式往往更加直接有效。[②] 从这个意义上来讲，独特性质和信息优势决定了行业组织既是衔接校企之间的重要桥梁，也是化解校企利益冲突的重要协调机制，更是深化产教融合的外在助力。此外，发达国家教育实践表明，作为

---

① 斯坦利·海曼.协会管理[M].尉晓欧,徐京生,于晓丹,译.北京:中国经济出版社,1985:125.
② 李菡.行业协会参与职业教育质量评价的逻辑、基础及路径[J].教育与职业,2020,962(10):26-32.

信息交流平台和利益协调组织,行业组织实现了校企间的信息无缝对接和利益平衡,进而拉近了校企距离,稳固了校企关系网络,增强了校企互惠互利动力与自觉行动。①

当前我国应用型本科高校产教融合层次不高、信息不畅、利益不平衡等问题是由多方面原因造成的,但不可否认学校自身在行业组织关系网络中的长期缺失与失位是其中的一个重要原因。② 行业组织关系网络是协会组织、会员单位及其他利益相关者之间形成的一组独特联系,这种独特联系能够为组织成员获取资源提供便利。因此,健全高校、企业、行业组织之间的社会关系网络,充分发挥行业组织在产教融合过程中的信息沟通、利益协调与资源配置作用,对加速资源要素跨界流动以及高校办学社会资本生成具有重要意义。为此,应用型本科高校一方面应以各类合作项目为载体,以有效参与为目标,嵌入行业组织现有关系网络之中,形成网络结构的边缘连接者,如与行业组织中的某个或某些企业形成稳定的合作关系;另一方面,借助关系性资本的传导性,提升关系网络的嵌入程度,扩大关系圈范围,逐步形成以应用型本科高校为中心节点的多元开放性网络。

### 3. 拓展与目标企业之间的关系网络

组织是现代社会的一种基本形态,是实现社会合理分工与协作的有机体。组织结构是对组织中各种角色和管理机制的正式设计,并通过决策、管理、沟通、协调以及各类规则,调控和整合组织活动与资源流动。③ 企业的组织结构是企业运行的基础,也是企业活动中个体或群体行为方式与关系模式相互作用及其协同演化的结果。在现代企业管理实践中,企业组织结构沿着"机械型""直线型""事业部型""职能型""模拟分权型""矩阵型""混合型"等方向不断发展演进,并通过对组织成员关系结构与权力匹配的不断优化,实现企业治理体系和治理能力的现代化。④ 从企业组织结构人际关系模式来看,现代企业人际关系模式可分为正式的人际关系和非正式的人际关系。其中,正式的人际关系模式是在一系列的组织制度和规则约束下所形成的制度结构和层级结构,非正式的人际关系是个体或群体

---

① 孙健.行业协会引导下的高职院校校企合作模式[J].江苏高教,2020(5):114-118.
② 刘根华,胡彦.行业组织参与职业教育的问题及路径研究[J].高等工程教育研究,2016,159(4):146-150.
③ OLSON E M, WALKER O C, RUEKERT R W. Organizing for effective new product development: the moderating role of product innovativeness[J]. The Journal of Marketing, 1995,59(1):48-62.
④ 董伟.创新型企业组织结构复杂性探索[J].社会科学家,2012,178(2):74-78.

在组织文化和互动交往过程中所形成的一种自然性关系结构。① 企业的决策过程实质上是由这些正式关系和非正式关系共同作用的结果。

应用型本科高校与企业在微观层面上的关系网络主要聚焦于组织结构中的人际关系模式。从组织的纵向结构上看,现代企业的权力结构主要包括股东大会、董事会、监事会、经理以及其他执行层;从组织的横向结构上看,现代企业通常包括生产、市场、财务、人力资源、技术研发等部门。应用型本科高校与企业能否建立广泛而稳定的关系网络,不仅取决于纵向上的权利网络关系,也取决于横向上的利益关系网络。具体而言,一是横向上不断提升应用型本科高校与企业的互动效率。通过项目合作、技术服务、协同育人等方式,寻找校企之间的利益共生点,与企业的职能部门建立广泛的合作关系。二是纵向上不断强化应用型本科高校与企业的相互渗透能力。通过学校理事会、基金会以及各类专业委员会,广泛吸纳企业主要负责人共同参与产教融合治理工作,重塑权力中心的场域交往关系。三是充分发挥校长的关键与枢纽作用,提升产教融合网络节点的交叉功能。在党委领导、校长负责的治理模式下,校长是学校社会关系的复合体,校长的人脉关系网络、社会声誉与学校办学社会资本积累有着密不可分的关系。

## (二) "从弱关系"到"强关系"提升应用型本科高校的社会关系网络质量

"弱关系"虽然在信息传递与异质性资源拓展方面具有独特优势,但最弱的关系往往无法促使行动者之间产生互动的动力。这是因为社会行动者之间尚未建立规范的互惠、彼此的信任以及相互的义务,基于互惠关系的自我愿望无法得到对方相应的回应。"强关系"虽然在跨越空间距离上存在一定的局限性,但是"强关系"的基础是建立在彼此情感、信任以及资源共享与互惠互利的生活方式上,因而在表达性行动中更容易激发他人帮助的意愿和动机。从社会资本生成的角度来看,"弱关系"与"强关系"在不同场域环境中似乎都存在一定的局限性,"弱关系"的前提假设是存在两个或更多没有交集的群体,而"强关系"的前提假设是在多元社会中不存在高同质性群体。② 因此,"弱关系"维系的是组织之间的联系,而"强关系"关注的是组织内部的联系。③ 为了超越"弱关系"与"强关系"二元对立,汪和建教授

---

① 陈传明.知识经济与企业重构[J].南开管理评论,1999 (4):40-44.
② 李继宏.强弱之外:关系概念的再思考[J].社会学研究,2003(3):42-50.
③ 姚俊.东西方差异抑或元概念争执:关系概念再思考[J].学海,2007(2):137-141.

提出"强关系—次强关系—次弱关系—弱关系"的关系连续体。他指出作为"中间性关系"的"次强关系"与"次弱关系",对行动者的社会资本生成与积累具有独特的优势。具体而言,"次强关系"避免了"强关系"的过度嵌入性和人情困境,更适合组织群体之间的一体化互惠交易;"次弱关系"避免了"弱关系"的嵌入性有限和工具理性,因而更适合组织群体之间的嵌入性市场交易。事实上,从关系网络拓展的角度来看,无论是"强关系"还是"弱关系",抑或"中间性关系",组织的社会资本生成实际上都是一个从"弱关系"到"强关系"的逐步转化过程。因此,组织一方面应不断强化对"弱关系"的动员,即通过"关系桥梁"与目标群体建立广泛的间接的联系,并借助"强关系"的良好传递性和规范性压力实现对"弱关系"的不断强化;另一方面是在既定"弱关系"的基础上,借助频繁的和实质性的直接互动改变关系的弱性质,不断使关系由"疏远"到"亲近",甚至到"紧密"。①

应用型本科高校关系性社会资本生成与积累,同样遵循从"弱关系"到"强关系"的发展逻辑。这些关系网络既包括与学校举办者、共建者、合作者等直接利益相关者的关系,也包括与校友、其他高校、行业组织以及社会公众等间接利益相关者的关系。具体而言,一是广泛寻找"关系桥梁",建立与"弱关系"目标群体之间的联系。"关系桥梁"作为连接目标群体的基本路径,它是应用型本科高校在目的性行动中与"弱关系"群体建立间接联系的重要纽带。一般而言,与目标群体建立联系的路径往往不是唯一的,需要应用型本科高校在众多关系路径中寻找最优路线,并快速、高效地建立联系。二是借助"中间性关系"优势,强化应用型本科高校与目标群体的互利行为。建立合作关系是提升互动频率、关系密度以及感情力量的重要途径,互惠行为是维系和推动关系质量发展的重要基础。一方面,应用型本科高校可以通过人才培养、技术服务、技术研发、成果转化等项目载体与目标群体建立嵌入性的市场交易关系;另一方面,借助关系性资本的传递性和规范性压力,逐步形成一体化互惠交易关系,如共建现代产业学院、产学研一体化合作等。三是优化网络节点,形成核心关系网络,使承诺、信任、义务等互惠行为转变成为组织发展的内生动力。争取外部办学资源与培育核心竞争力是应用型本科高校深化产教融合的出发点。实践表明,不是所有的外部资源都有利于应用型本科高校人才培养与知识创新活动,这就需要学校在强化关系质量过程中做到有所为与有所不为。换言之,应用型本科高校应根据办学实际需求选择合作伙伴,并通过制度化与规范

---

① 李林艳.弱关系的弱势及其转化关系的一种文化阐释路径[J].社会,2007(4):175-194,210.

化逐步稳固产教融合关系网络。

## 第二节 产教融合共生形成机制创新策略

产教融合共生关系形成表明高校、政府、企业、行业组织之间已经形成了紧密的互利关系,且在组织特征上产生了跨界共生的新型组织载体。产教融合在共生关系形成阶段主要受到信息丰度($\beta = 0.236, p < 0.001$)、供需对称($\beta = 0.190, p < 0.010$)、共生界面($\beta = 0.168, p < 0.010$)、社会氛围($\beta = 0.201, p < 0.001$)、政策环境($\beta = 0.499, p < 0.001$)等因素影响。信息丰度反映的合作主体之间对彼此的信息占有量,供需对称反映的是合作主体之间在资源供需方面的对应关系,共生界面反映的是合作主体之间物质、信息、能量相互交流的通道。本节重点从信息丰度、供需对称、共生界面三个方面进行论述,社会氛围与政策环境两个因素将在本章第五节进行具体论述。从高校的角度来看,产教融合共生形成机制创新,重点是搭建"区块链"信息平台,提高共生主体信息丰度;建立质参量兼容机制,提高共生主体资源供需精准度;拓展共生界面,提高资源要素跨界流动效率。

### 一、搭建产教融合区块链信息平台,提高共生主体信息丰度

信息丰度是指潜在共生单元之间累积占有对方信息的总量。在共生关系形成过程中,任一共生单元都无法全部占有其他潜在共生单元的全部信息。信息占有是一个逐步积累的过程,只有信息丰度达到某一临界值,潜在共生单元之间才有可能形成共生关系。换言之,信息丰度是共生关系形成的必备条件之一,在亲近度或关联度相似的情况下,那些信息占有度高的共生单元之间会优先形成共生关系。[①]这也是共生关系形成过程中,共生单元选择某一共生对象而不是其他共生对象的一个重要原因。共生理论认为,共生单元之间的信息传递总是需要依靠一定的载体平台来实现的,搭建高效的信息交流平台是提高共生单元之间信息丰度的重要途径,也是消除信息不对称与降低信息成本的重要机制。

产教融合是一个典型的跨界共生过程,政府主导、学校主体、行业指导、企业主动是产教融合系统的基本组建原则。借助大数据技术优势,搭建产教融合"区块

---

① 袁纯清.共生理论:兼论小型经济[M].北京:经济科学出版社,1998:19-20.

链"信息共享平台、建立健全信息发布机制与信息发布主体之间的协同运行机制,是有效提高产教融合合作主体信息丰度的重要途径。具体而言:

一是搭建产教融合"区块链"信息平台。"区块链"技术是依托多方集成信息平台的联合体,具有开放性、独立性、去中心化和安全性等特征。[①] 产教融合"区块链"信息平台是集成高校、政府部门、企业、行业组织等主体之间供需信息资源的分布式数据库,是信息数字化与网络化的存在形式,是基于数字化网络运行的信息系统。[②] 产教融合"区块链"信息平台可以采用政府购买服务的方式,委托第三方机构进行搭建。第三方机构在充分调研产教融合信息供需的基础上,开发平台功能模块,利用数字化网络信息系统,将人才培养、知识创新、成果转化、技术突破、企业需求、产业发展、行业标准以及区域政策等信息进行及时有效上传、储存、传递与共享。例如,一些城市搭建的"区块链"数据共享中心与数据平台,通过及时准确的信息搜集与发布,有效地提高了产业与教育的对接效率和合作成效。

二是建立健全制度化信息发布机制。"区块链"信息平台为产教融合合作主体之间的交流沟通提供了基本载体,制度化信息发布制度是保障合作主体之间信息共享及时性、准确性与有效性的重要途径。首先,信息发布渠道制度化。利用产教融合"区块链"信息平台定期与不定期向社会公布产业与教育相关信息,最大限度保障潜在合作主体之间的信息畅通与信息对称。其次,健全信息公开分类管理制度。一类是主动公开信息,包括高校、政府部门、企业、行业组织等主体在人才、技术、政策、行业标准以及产业前沿等方面的合作需求与最新动向;另一类是申请公开信息,即涉及到不便公开的但又是不可或缺的一些信息,需要需求方向供给方提出信息公开要求[③],如企业专家的个人信息、企业新工艺、新技术以及高校学术成果等。最后,产教融合年度质量报告制度化。年度质量报告是展示产教融合发展成效的重要渠道,也是合作主体接受社会监督和赢得社会信任的重要途径,更是吸引潜在合作主体积极参与产教融合的重要方式。报告内容可以重点围绕以下三个方面:第一是产教融合人才培养,包括学生成长成才、实习实训以及就业创业等;第二是产教融合资源建设方面,包括校企共建课程、教材、学科、专业,技术攻关、产品开发、工艺改进、学术成果转化,以及人才交流与协同治理等;第三是服务区域社

---

[①] 王利锋,王佳.区块链技术赋能职业教育产教融合创新研究[J].教育与职业,2023(8):54-59.
[②] 黄艺璇.我国信息平台服务中用户信息安全的法律制度研究[D].太原:山西大学,2020.
[③] 张忠生.我国高校基金会监管机制探究[J].理论视野,2016(1):50-54.

会经济方面,包括产业与教育协同发展整体成效以及服务区域经济社会的贡献度等。

三是建立健全产教融合信息发布主体之间的协同运行机制。产教融合"区块链"信息数据库是基于高校、政府部门、企业、行业组织等多方信息的集成结果,需要合作主体在信息发布过程中,建立健全上下联动、左右协调的协同运行机制,确保潜在合作主体能够第一时间掌握彼此的合作需求。为此,在纵向上需要建立和完善以政府宣传部门为牵头单位,以第三方机构为载体平台,以高校科技产业处、行业企业对外合作部门为信息源的产教融合信息发布委员会,协调与统筹区域产教融合信息发布;在横向上需要建立信息发布主体之间的对接机制与工作程序,加强产教融合信息发布主体之间的协同运行,确保信息发布的及时性、准确性、完整性、有效性与充分性。

## 二、建立产教融合质参量兼容机制,提高共生主体资源供需精准度

质参量反映的是共生单元的内在特质,质参量兼容是共生关系形成的基础。质参量兼容表明共生单元之间在资源供需上存在着某种依赖关系,或者说彼此核心资源要素之间能够相互表达。高校的质参量要素主要表现为以教授、学者为核心的人才资源,以专业链、学科群以及课程体系为核心的知识资源,以各类科研平台、创新平台以及技术转移中心为核心的学术资源,以社会声誉、品牌形象以及影响力为核心的符号资源;企业的质参量要素主要表现为以先进生产设备、研发设备以及实验仪器等为核心的物力资源,以企业专家、工程师以及技术骨干为核心的人力资源,以产业发展动态、前沿技术以及产品工艺为核心的信息与技术资源,以流动资金与固定资产为核心的财力资源;政府的质参量要素主要表现为资源配置、政策扶持、制度保障以及金融支持等;行业组织的质参量要素主要表现为产业动态、行业标准、职业规范、技术规范以及质量认证等。如果将四者的质参量要素归纳为人力资源、物力资源、财力资源、政策资源以及信息资源,其质参量表达过程实际上是五大资源要素相互融合与交换的过程,最终实现以人才、知识、技术、资本等创新要素为表现形式的共生能量生成。因此,从共生的角度来看,构建产教融合质参量兼容机制,关键是探索资源识别机制、重点是建立资源供需契合机制、核心是形成战略共识。具体而言:

一是建立动态的资源识别机制,提高资源供需精准度。资源识别是资源整合的起点,是指联盟成员基于各自现有资源禀赋,对资源缺口进行分析、确认和确定

的过程。① 产教融合资源识别包括对各主体已有资源识别和对未来发展资源识别两个方面。对合作主体已有资源识别是指在合作关系确立之前,对潜在合作主体的资源储备进行汇集、认识和评估的过程,包括各主体自身资源禀赋,以及在合作过程中能够为产教融合系统提供的资源及其需求程度。对未来发展资源识别是指对产教融合人才培养、科学研究、技术创新、成果转化、学生创新创业以及价值创造等核心目标实现,具有决定性作用的资源要素进行汇集、认识和评估的过程。从识别过程来看,产教融合资源识别是一个"理性"的动态评估过程,包括资源的价值性识别、匹配性识别、增值性识别和风险性识别。从识别结果来看,产教融合资源识别是一个"供需相称"的多边回应过程,即在满足高校人才培养与知识创新的同时,还必须对区域经济社会、产业发展及行业组织等主体的合理诉求做出积极回应。

二是建立资源供需契合机制,增进异质性要素匹配度。契合是一个相互适应的过程,它是通过对资源要素进行组合、配置和有效融合,使之具有较好战略柔性的演变过程②,反映的是合作主体之间在资源供需方面的匹配程度。建立产教融合资源供需契合机制可以从打造联盟资源库和优化资源要素组合模式两个方面协同推进。打造联盟资源库是指通过产教融合"区块链"信息共享平台将合作主体之间的资源进行有效链接,实现资源供给方与需求方无缝对接和有效匹配。优化资源要素组合模式是指对来自不同合作主体的不同性质、不同特征的资源要素,按照需求性原则、效率性原则、易操作性原则、相似性原则和互补性原则,通过线型匹配与非线型匹配,实现资源组合后的赋能增效与价值增益。

三是强化组织战略共识,消除资源跨界流动障碍。产教融合优质资源要素跨界流动不畅,实质上是合作主体之间"利益耦合—目标分离"所致,即合作主体借助产教融合系统资源集聚优势实现各自发展目标,但为防止同盟成员的投机行为,理性的行动者往往会刻意对其核心资源进行隐匿与保护,并倾向于以不对称的方式向合作伙伴进行资源互换,以换取自身的最大收益。③ 其结果必然导致优质资

---

① 董保宝,葛宝山.新创企业资源整合过程与动态能力关系研究[J].科研管理,2012,33(2):107-114.

② 胡海波,黄涛.企业成长中的战略转型演化模型:瑞原案例解析[J].科技进步与对策,2016,33(18):100-106.

③ MUDAMBI S M, TALLMAN S. Make, buy or ally: theoretical perspectives on knowledge process outsourcing through alliances [J]. Journal of Management Students, 2010,47(8):1434-1456.

源要素难以跨界流动,进而致使各类异质性资源要素在整合与嫁接过程中无法形成资源增值效应。安索夫指出,如果联盟成员目标趋于一致,且认为联盟能够实现各自利益与整体利益,那么联盟成员彼此信任度就会得到提升,进而能够激发联盟成员的资源交互行为,特别是那些价值性资源。① 因此,消除资源跨界流动障碍,需要从组织战略层面上创设基于"共同愿景"的组织价值观、组织精神以及组织制度,以实现合作主体从"目标分离"到"目标耦合"。

### 三、拓展产教融合共生界面,提高资源要素跨界流动效率

共生界面是共生单元相互联系与相互作用的基本通道,是物质、信息、能量交换的载体,也是共生关系形成的基础。换言之,在特定时空条件下,潜在共生单元之间形成共生关系的必备条件之一是至少能够生成一个稳定共生界面。对于任何一个共生系统而言,共生界面具有信息传输、物质交流、能量传导、共生序列形成以及分工协作等功能,它是决定共生系统效率和稳定性的核心要素。共生界面功能主要受到共生单元的性质影响,但共生界面一旦形成便具备相对稳定的运行方式,往往不会因为个别共生单元进退而发生剧烈变化。② 一般而言,共生界面可分为无介质共生界面和有介质共生界面。无介质共生界面中的共生单元之间是通过直接方式进行相互作用的,表现为一种共生单元以某种特定方式直接进入另一共生单元之中,如生物界的寄生现象;有介质共生界面中的共生单元之间是通过一种或多种介质的间接方式产生相互作用,如社会组织的共生现象。共生理论认为,从点共生、间歇共生、连续共生到一体化共生,共生介质是一个从单一到多元,从低效到高效的发展过程,尤其是到一体化共生阶段,共生界面必然得到极大拓展和丰富。此外,共生界面对共生系统的影响主要体现为共生阻尼作用,即物质、信息、能量传递速率与共生界面阻尼系数呈负相关关系,阻尼系数越小,界面阻力就越小,传递速率就越高。反之,阻尼系数越大,界面阻力就越大,传递速率就越低。③ 因此,促进潜在共生单元快速形成稳定的共生关系或者达到理想的共生状态,关键在于不断拓展共生界面,消解共生阻力,提升共生基质传递效率。

产教融合共生界面是指高校、企业、政府、行业组织等共生主体之间接触方式

---

① ANSOFF H I. Corporate strategy: an analytic approach to business policy for growth and expansion [M]. New York: McGraw-Hill, 1965:45-68.
② 袁纯清.共生理论:兼论小型经济[M].北京:经济科学出版社,1998:26-67.
③ 袁纯清.共生理论:兼论小型经济[M].北京:经济科学出版社,1998:29.

与机制的总和,包括各类实体平台和虚拟平台。产教融合共生介质是指合作主体基于共生界面进行物质、信息、能量交换的媒介,主要包括基于人才培养与交流、知识生产、成果转化、技术创新以及实体共建等各类合作项目,资源要素主要包括人才、知识、技术、资本、设备、信息以及管理等创新要素。产教融合共生界面功能与介质特性是决定各类资源要素跨界流动效率的关键要素。具体而言:

一是四方联动搭建产教融合综合性服务平台。根据区域产业链、产业集群、产业结构以及"区块链"发展需求,结合高校专业链与学科集群,按照"政府主导、学校主体、行业指导、企业主动"的发展理念,搭建"四位一体"产教融合综合性服务平台。在平台建设过程中,政府通过制度建设、政策引领以及资源配置等方式,为平台建设与运行提供外部保障;行业组织通过信息枢纽、资源集聚以及沟通、监督与协调等功能,积极构建教育链、人才链、产业链、创新链"四链一体"信息链条,消除共建主体之间的"信息孤岛";企业结合自身发展需要提供"需求清单",并为平台建设提供相应的资金支持;高校结合自身办学特色提供"服务菜单",诸如学科、专业、课程、师资、学术成果以及技术服务等。

二是以项目为载体丰富共生介质。按照合作模式的不同,可以将产教融合项目划分为多种类型。例如,以合作研发为导向的技术转让、技术开发以及技术咨询服务等,以合作共建为导向的共建研发机构、共建经济实体以及共建人才培养基地等,以项目牵引为导向的联合申报与共同承担各类重大项目等,以人才培养与交流为导向的教师研修、企业员工培训以及学生实习实训等。[①] 产教关系从松散型合作到一体化共生是一个合作内容不断丰富的过程。在这一发展过程中,合作主体应以应用型人才培养为中心,以服务产业发展的关键共性技术、产业引领技术、核心基础技术以及技术运用与成果转化为导向[②],通过多元化项目牵引,实现合作主体之间的紧密结合。例如,现代产业学院作为产教融合最为理想的共生界面,它是以高校学科与专业为依托,以服务创新创业、孵化科技成果、造就创新人才为目标[③],将科技成果转化、技术孵化、人才培养、产学研合作融为一体,实现产业与教育的紧密衔接。

三是消解共生界面阻力,提高资源要素流动效率。如果将产教融合合作主体

---

① 柳友荣,项桂娥,王剑程.应用型本科院校产教融合模式及其影响因素研究[J].中国高教研究,2015,261(5):64-68.
② 王中教.加强长三角地区高校专业集群建设[N].中国社会科学报,2021-03-08(A5).
③ 卫平,高小燕.中国大学科技园发展模式转变研究[J].科技管理研究,2019,39(21):20-25.

的目标与利益进行不同组合,可以形成"目标耦合-利益耦合""目标耦合-利益分离""目标分离-利益耦合""目标分离-利益分离"四种关系形态。就现阶段而言,"目标分离—利益耦合"仍是产教融合的主要关系形态,这也是各类异质性资源要素跨界流动效率不高的主要原因。因此,消解共生界面阻力与提高资源要素流动效率的关键是发挥共建主体的能动性。对于高校而言,应提高专业链与产业链的匹配度、人才培养与产业需求的精准度,增强"产品"吸引力和竞争力,主动适应区域经济社会发展;对于企业而言,应积极履行社会责任并充分发挥产教融合主体作用,不断提高完全信息条件下的非竞争性亲近度和关联度,以减少不完全信息条件下因竞争性选择而带来的能量损耗;对于政府与行业组织而言,应不断强化监督、管理以及组织协调职能,消除合作主体在产教融合过程中可能存在的"搭便车"行为、道德风险以及逆向选择等问题。①

## 第三节 产教融合共生运行机制创新策略

共生系统稳定运行需要共生单元之间在组织与行为上形成相对成熟的发展模式,在物质、信息、能量方面形成相对稳定的供求关系。产教融合在共生运行阶段主要受到合作模式($\beta = 0.382, p < 0.001$)、资源互动($\beta = 0.228, p < 0.050$)、分配模式($\beta = 0.408, p < 0.001$)等因素影响。此外,资源互动在合作模式与共生系统运行之间具有部分中介作用(40.47%),在分配模式与共生系统运行之间具有部分中介作用(46.44%),表明高校、政府、企业、行业组织在合作过程中的组织化程度越强,资源互动效率越高,资源配置越趋于帕累托最优,产教融合共生系统的稳定性就越好。因此,探索产教融合共生运行机制创新,重点是优化合作模式,提升产教融合系统组织化程度;优化资源互动机制,提升资源要素整合效益;优化利益分配模式,均衡合作主体收益。

### 一、优化合作模式,提升产教融合系统组织化程度

合作模式反映的是高校、政府、企业、行业组织在产教融合系统中的相互作用

---

① 张元宝.地方高校产教融合的困境与出路:共生理论视域下问题的探讨[J].中国高校科技,2021,398(10):82-86.

方式与结合形式。按照共生理论观点,从合作的时间特征与连续性上可将产教融合各主体之间的合作模式划分为点共生、间歇共生、连续共生和一体化共生四种基本类型(表6-1)。

表6-1 产教融合合作模式①

| 合作基本类型 | 质参量特征 | 稳定性 | 时间特征 | 典型形式 |
| --- | --- | --- | --- | --- |
| 点共生 | 一组质参量作用 | 弱 | 某一时间点 | 技术咨询服务、专利技术转让等 |
| 间歇共生 | 一组质参量主导多组质参量参与 | 较弱 | 某一时间段 | 学生实习实训合作,工学交替人才培训、嵌入式人才培养等 |
| 连续共生 | 多组质参量作用 | 较强 | 连续时间 | 产学研合作、校企合作等 |
| 一体化共生 | 质参量紧密结合 | 很强 | 自始至终 | 现代产业学院、大学科技园等 |

从表6-1可以看出,点共生类型下的质参量较为单一,合作主体之间的作用关系相对简单,合作随机性较强,产教融合系统的稳定性弱;间歇共生类型下的质参量、合作内容以及合作形式逐步丰富,但产教融合系统的稳定性依然不高;连续共生类型下的质参量兼容度与合作紧密度逐步提升,合作主体之间的相互作用关系逐步加强,产教融合系统逐步趋于稳定;一体化共生类型下的质参量紧密联系,多元合作主体同步进入均衡状态,产教融合系统的能量生成、稳定性以及作用关系均达到最优状态。因此,从动态发展的视角来看,产教融合共生系统发展具有一定的方向选择性,即按照点共生、间歇共生、连续共生到一体化共生这样一个发展连续态逐步向前推进。优化合作模式,提升产教融合系统组织化程度,具体而言:

一是推进高校专业设置与产业需求有机衔接。一般而言,高校专业设置通常是按照学科逻辑和社会需求逻辑进行动态设置与调整。学科逻辑强调专业是基于学科知识体系构建的,高校专业设置应按照知识生产方式、专业集群发展阶段以及专业生命周期等因素进行统筹规划;社会需求发展逻辑强调高校专业设置应根据社会不同领域对专门性人才的需求程度进行合理设置。应用型本科高校办学定位是立足地方、面向行业、服务产业,建立适应区域产业发展的动态专业设置机制既是走特色办学之路的应有之义,也是提升专业与产业契合度的基本途径。因此,应用型本科高校专业设置应在学科逻辑基础上,立足区域产业类型、产业结构以及产业环节,找准专业设置与产业需求的契合点和共生点,探索建立科学合理的专业设置与动态调整机制。例如,德国"双元制"教育之所以被誉为德国经济腾飞的秘

---

① 袁纯清.共生理论:兼论小型经济[M].北京:经济科学出版社,1998:46.

密武器,并始终处于世界应用型教育的领先地位,其中的一个重要原因是德国应用型高校专业设置与产业发展需求始终保持动态一致。德国新版职业分类将社会职业与专业结构划在同一个分类体系之中,其中国家承认的 300 多个专业全部生成于 30 000 多个社会职业之中,有效地保证了专业设置与产业需求紧密衔接。①

二是推进课程内容与职业标准有机衔接。课程是人才培养的核心要素,课程质量直接决定人才培养质量。② 应用型本科高校注重应用型人才培养,应用型人才是一类利用科学原理为社会谋取直接利益的专门性人才,其核心是"用",本质是"学以致用","用"的基础是掌握相应的知识和能力,"用"的对象是社会实践,"用"的目的是满足社会需求,推动社会进步。③ 这就要求应用型本科高校在课程内容建设上需要打破传统知识生产方式,关注社会生产实践、应用场景与职业能力,通过与行业企业共同制定人才培养方案、共同培育师资、共同开发课程、共同制定评价指标等途径,实现课程内容与职业标准的有机衔接。

三是推进教学过程与生产过程有机衔接。教学过程与生产过程相结合是提升应用型人才培养质量的重要途径。建构主义学习理论认为,知识习得过程实际上是学习者主动建构过程而非被动接受过程,学习的本质是对新知识的意义建构和对原有经验的改造和重组。特别是在技术技能学习过程中,除了结构性知识,还包括大量的非结构性知识,而技术技能形成的关键在于个体经验者与学习者在真实工作环境中同化和顺应原有知识结构的能力。④ 这就要求应用型本科高校在人才培养过程中应持续强化实践导向的教学设计,通过"学校工厂化""工厂学校化"以及"工学交替"等途径,将现代企业生产实践与真实工作环境融入教学之中,实现教学过程与生产过程有机衔接。

## 二、优化资源互动机制,提升资源要素整合效益

最有前途和最具竞争力的组织,要么是具有强大创新能力的组织,要么是具有强大资源整合能力的组织。⑤ 组织之间的差异是源自资源整合的速度与效率,组

---

① 谢莉花,唐慧. 德国双元制职业教育专业设置探析:"教育职业"的分类、结构与标准[J]. 现代教育管理,2018(3):92-97.
② 黄廷祝,黄艳,向桂君. 破解工程教育改革"大规模适用性"难题[J]. 中国大学教学,2022,385(9):46-51.
③ 吴中江,黄成亮. 应用型人才内涵及应用型本科人才培养[J]. 高等工程教育研究,2014(2):66-70.
④ 徐小英. 校企合作教育对技能型人才创造力的影响研究[D]. 武汉:武汉大学,2011.
⑤ 赵光辉. 论组织资源的整合[J]. 科技与经济,2009,22(5):12-16.

织对其内外部孤立的、分散的、松散的资源要素进行有效整合,其目的就在于更好地发挥资源整体效益。产教融合系统作为一类资源集合体,资源有效互动是实现资源整合与发挥资源效益的重要前提,其核心是建立资源互动长效机制,并将各类异质性资源要素按照一定的规则和程序进行有机组合,以实现资源整体效益的最大化。优化资源互助机制,提升资源要素整合效益,具体而言:

一是建立产教融合资源互动长效机制。从理性"经济人"的角度来看,产教融合资源跨界互动的动力是源自合作主体对自身利益的追求。高校的资源输出主要包括人才、知识、技术、学术成果以及社会声誉等,其目的在于高质量人才产出、科研成果转化、办学经费获取以及共享企业教育教学资源等;政府部门的资源输出主要体现为政策供给和社会资源配置,其目的在于促进区域社会经济发展,实现社会公共收益最大化;企业的资源输出主要包括资金、设备、场地以及职业岗位等资源,其目的在于获取以人才、知识、技术为核心的创新要素以及相应的政策支持;行业组织的资源输出主要包括提供行业标准、职业规范、技术规范以及产业前沿信息等,其目的在于通过产教融合引领行业发展、规范行业秩序以及树立组织威望。因此,建立产教融合资源互动长效机制的关键点是建立健全成本分摊机制与收益协调机制。一方面,通过成本分担机制明确合作主体在产教融合过程中的责任界限与投入比例,激活合作主体的持续投入动力;另一方面,通过收益协调机制消除合作主体之间收益不对等与不均衡问题,激发行业企业参与产教融合的积极性[①],如建立以明确契约治理为主导,以弹性治理为补充的利益补偿机制等。

二是建立异质性资源要素匹配机制。"匹配"一词源于种群生态学理论研究领域,是指不同事物之间以及事物构成要素之间相互促进与相互关联的程度。[②]关联程度越高,异质性资源要素的匹配度越高。[③] 资源匹配是资源整合的中间环节,是将各类资源要素按照一定的规律和组合方式进行有机整合的过程。一般而言,资源匹配通常包括类型匹配、功能匹配、约束匹配和综合匹配四个环节。产教融合资源匹配就是将各类功能、结构、属性、特征不同的资源要素进行重新组合,以发挥资源的最佳效益。首先是类型匹配,即将异质性资源要素按照类型进行重新组合;其次是功能匹配,即将各类功能相近的资源要素进行归类与重组;再次是约

---

① 雷望红.组织协作视角下产教融合实践困境与破解之道[J].高等工程教育研究,2022(1):104 - 109.

② 詹也,吴晓波.企业联盟组合配置战略与组织创新的关系研究[J].科学学研究,2012(3):466 - 473.

③ PORTER M E. What is strategy [J]. Harvard Business Review,1996,74(6):61 - 78.

束匹配,即根据资源要素的时效性、安全性、可靠性等因素进行条件性匹配;最后是综合匹配,即在类型、功能与约束匹配的基础上,结合产教融合发展目标,对某些资源要素进行优先组合,以更好地实现组织目标。

三是建立产教融合资源效益评估机制。有效的管理,始于绩效评估,缺乏有效的评估,组织就难以实现对过程与结果进行持续改善。评估是高效型社会发展的一种必然结果,其目的在于通过识别绩效目标的实现程度,投入与产出关系及其运行方式,诊断组织发展中的问题[1],进而为组织绩效提升与持续发展,实施战略引领、资源分配,实施控制与鼓励学习的绩效改造[2]。机制建设是保障绩效评估专业性、客观性、公正性、权威性的重要手段,也是引领绩效评估价值导向的根本保障。产教融合资源绩效评估主要是指为发挥资源整体效益,对高校、企业、政府、行业组织等主体的异质性资源要素投入、配置、使用以及产出等方面进行综合评价。产教融合资源效益评估可以借鉴第三方评估制度。首先是明确第三方评估机构在产教融合资源绩效评价中的法律地位,即资源投入、使用以及产出都应该主动接受第三方机构评估;其次是从效度、效力和效用上优化评估指标体系,建立动态评价与静态评价、定量评价与定性评价、单项评价与综合评价相结合的指标体系;最后是从评估结果运用上构建有效的结果运用制度,避免评估目标、评估过程、评估结果以及结果运用的不对称甚至是错位问题。

### 三、优化利益分配模式,均衡产教融合主体收益

分配模式反映的是高校、企业、政府、行业组织在产教融合过程中资源分配的基本方式,它是按照一定的规则与方法将合作收益进行配置与动态调试的过程。按照共生理论的观点,从利益互惠程度上可将产教融合利益分配模式划分为寄生、偏利共生、非对称互惠共生和对称互惠共生四种类型(表6-2)。

---

[1] 李文彬,黄怡茵.基于逻辑模型的财政专项资金绩效评价的理论审视:以广东省人大委托第三方评价为例[J].公共管理学报,2016,13(3):111-121,158-159.

[2] HALACHMIA A, BOUCKAERT G. Organizational performance and measurement in the public sector[M]. London: Quorum Books, 1996:1-5.

表 6-2　产教融合分配模式①

| 分配类型 | 作用特征 | 分配结果 |
| --- | --- | --- |
| 寄生 | 不产生新能量;能量单向流动;有利于寄生者进化,不利于寄主进化 | 一方受益,一方损失 |
| 偏利共生 | 产生新能量;能量双向流动;有利于获利方进化,如无补充机制则对非获利方进化不利 | 部分主体受益,其他主体无损失 |
| 非对称互惠共生 | 产生新能量;能量按照非对称机制广谱分配;由于获利不均,无法实现共生单元同步进化 | 合作主体均受益,但分配不对称 |
| 对称互惠共生 | 产生新能量;能量多边均衡流动;共生单元同步进化 | 合作主体均受益,分配均衡对称 |

从表 6-2 可以看出,在产教融合系统中寄生类型一般难以产生资源增值,资源只能单向度地从寄主流向寄生者,如高校衍生企业或企业大学,在孵化初期与母体之间通常表现为一种寄生关系,即只存在物质、信息、能量的单向流动;偏利共生类型能够为产教融合系统带来资源净增量,但是这部分净增资源全部流向了系统中的特定主体,其他主体既不受益也不损失,它是共生的一种过渡形态;在非对称互惠共生类型下,合作主体通过分工协作与多边交流机制,实现了系统整体价值增值或品牌延伸,分配不均衡导致合作主体之间的进化速度不同,但绝对均衡只是一种理想状态,因此,它也是所有共生模式中最为普遍的一种类型;对称互惠类型是最具效率、最具凝聚力和最为稳定的一种理想共生形态,在这种类型下产教融合系统形成了高效的能量生成机制,合作主体之间的利益分配趋于帕累托最优。因此,从动态发展的角度来看,从寄生、偏利共生、非对称互惠共生到对称互惠共生是产教融合系统发展的一致趋势,任何不稳定、低效率的非对称互惠共生类型最终将被高效、稳定的称互惠共生类型所取代。

资源增值与分配一体化是实现产教融合系统稳定的基础。如果说资源增值是诱发产教融合行为的原始动力,那么对称互惠分配则是激发共生持续动力的重要机制。对称互惠分配反映的合作主体基于资源增值后的均衡配置——帕累托最优,即如果不损害一方利益,就不可能使其他任何一方收益增加。② 事实上,产教融合是基于合作主体资源禀赋和预期收益,在合作共生过程中建立起来的一种契

---

① 袁纯清.共生理论:兼论小型经济[M].北京:经济科学出版社,1998:55.
② 王婧妍,赵群,冒荣.高等教育的帕累托优化与区域均衡发展[J].江苏高教,2022,259(9):10-16,40.

约关系。现实中由于科技成果转化的不确定性、技术创新的复杂性、应用型人才培养的周期性以及信息不对称等因素存在,极容易导致合作主体之间的"偏利"现象,特别是企业的预期收益存在不同程度的不确定性和潜在风险。这就需要产教融合合作主体在利益分配过程中,建立一种以契约治理为主导,以弹性治理为补充的利益协调机制。

契约既是一种约束机制,也是一种治理工具。在任何给定的契约关系中,行为的某些方面是由明确的契约进行治理,而其他方面则是由替代性工具进行弹性治理。① 产教融合契约治理是指以详尽而明确的协议条款来规定合作主体之间的利益分配规则、分配形式以及分配标准等问题。例如,按照合作主体的投资比例分配、贡献度分配、风险承担分配以及溢出效应分配等。② 产教融合弹性治理则是一种基于习俗、惯例、道德伦理为基础,建立起来的对剩余权力进行再配置的一种治理方式。③ 例如,利益补偿机制,它是指在合作过程中由于不确定性因素导致利益不均衡或冲突时,对利益受损方进行合理的利益补偿,以保证合作的公平性与稳定性。④ 众所周知,产教融合合作主体之间是一种合作与博弈并存关系,由于思维有限性、信息不完全性以及对外部环境无法完全预测,以明确契约治理为主导的利益分配机制往往很难解决所有的利益冲突问题,而利益补偿机制是以平衡利益诉求、协调利益关系以及缓和利益冲突为过程本体的弹性治理方式,它既是对产教融合系统不完全契约治理的一种自然反应,也是推动高校、政府、企业行业组织等主体从寄生、偏利共生、非对称互惠共生向对称互惠方向发展的一种重要机制。

## 第四节 产教融合共生进化机制创新策略

共生进化是指共生单元通过不断克服共生不利因素,协同推进系统从低层级、低水平、低效能向高层级、高水平和高效能方向演化,它是共生单元持续共生的动

---

① 王生. 基于利益相关者理论的高职院校校企合作研究[J]. 教育理论与实践,2017,37(33):28-30.
② 梁招娣,陈小平,孙延明. 基于多维度 Nash 协商模型的校企合作创新联盟利益分配方法[J]. 科技管理研究,2015,35(15):203-207.
③ 贺修炎. 构建利益相关者共同治理的高职教育校企合作模式[J]. 教育理论与实践,2008,28(33):18-21.
④ 肖凤翔,王珩安. 权利保障:突破校企合作"壁炉现象"的企业逻辑[J]. 江苏高教,2020(9):105-110.

力之源,也是共生系统发展的必然趋势。产教融合在共生进化阶段主要受到合作紧密度($\beta=0.148, p<0.001$)、资源增值($\beta=0.077, p<0.050$)、对称互惠($\beta=0.793, p<0.001$)、政策环境($\beta=0.452, p<0.001$)等因素影响。本节重点从合作紧密度、资源增值和对称互惠三个方面进行论述,政策环境因素将在本章第五节进行具体论述。共生理论认为,共生单元之间一体化共生程度越高,资源增值效应越明显,利益分配互惠性越强,就越有利于共生系统向更高层级进化。因此,探索产教融合共生进化机制创新,重点是建立一体化共生机制、资源增值机制和对称互惠分配机制,以推进产教融合系统向更高层级演化。

## 一、构建产教融合一体化共生机制,增进异质性资源兼容度

共生理论认为,一体化共生是共生组织模式的高级形态,共生单元之间的质参量紧密结合,共生能量的生成与支配呈现一体化演进。共生系统组织模式选择主要取决于共生单元质参量之间的兼容模式。一般而言,随机性兼容主要对应"点共生",不连续因果性兼容主要对应"间歇共生",连续因果性兼容主要对应"连续共生"或"一体化共生"。[①] 假设在产教融合系统中,高校、政府、企业、行业组织之间形成了一定的共生关系,质参量兼容的函数表达为$Z_x=f(Z_y)$。若函数$f(Z_y)$为随机函数,表明高校、政府、企业、行业组织之间是一种"点共生"关系;若函数$f(Z_y)$为不连续性函数,表明高校、政府、企业、行业组织之间是一种"间歇共生"关系;若函数$f(Z_y)$为确定的连续性函数,表明高校、政府、企业、行业组织之间是一种"连续共生"或"一体化共生"关系。质参量兼容与共生组织模式选择的对应关系表明,构建产教融合一体化共生机制的关键是持续优化合作主体之间的质参量兼容模式。具体而言:

一是构建产教融合一体化共生载体。共生理论认为,实现一体化共生的前提条件是共生单元之间能够形成一个独特的共生载体,这种独特性主要表现为唯一性和主导性,即共生系统中的任何共生单元之间以及共生单元与环境之间的交流都必须通过这一载体来实现。产教融合共生载体是高校、企业、政府、行业组织之间沟通与交流的主导性平台,也是各类异质性资源要素跨界流动与相互链接的重要通道。现代产业学院是产教融合一体化共生的理想载体。产业学院起源于21世纪初英国职业教育领域开放式远程教育组织——产业大学,即利用现代通信技

---

① 袁纯清.共生理论:兼论小型经济[M].北京:经济科学出版社,1998:63.

术与网络,向社会提供开放式的课程学习与服务,以帮助求职者及企业员工不断提升知识与技能,而建立的具有中介性质的教育机构。① 作为产教融合一体化共生载体,现代产业学院是以培养适应和引领现代产业发展的高素质人才为目标,以高校、政府、企业以及行业组织等为共建主体,而建立的集"政、产、学、研、用"于一体的实体性办学组织。作为产教融合的新型组织形态,现代产业学院在载体功能上具有唯一性和主导性,共建主体之间在人才、知识、技术、资本以及政策等创新要素方面的对应关系是一种连续因果性兼容,并且形成了一个相对封闭的自组织系统,系统功能与结构呈现一体化持续进阶状态。

二是加速推进人才链、教育链、专业链与产业链深度耦合。人才链、教育链、专业链与产业链紧密衔接既是产教融合赋能区域产业高质量发展的重要途径,也是优化合作主体质参量兼容模式的重要机制。人才链通常表现为从特定产业链上游到产业链下游的人才序列,教育链通常表现为由教育要素链式汇聚而成的整体性教育系统②,专业链通常表现为由若干个相互关联的单个专业构成的专业网络,产业链通常表现为由同一产业或上下游产业构成的经济组织系统③。"四链"之间是一种供需与互促关系,人才链培育离不开教育链和专业链的基础性支撑,专业链与区域产业链深度耦合是打造高质量教育链与人才链的重要途径,产业链升级与变革深刻影响着人才链、教育链与专业链的发展规划与定位,构建与区域产业经济发展深度耦合的专业体系是实现教育链、人才链、产业链有机衔接的实现形式。④ 推进"四链"深度耦合,一方面需要在组织战略上增强系统化协同思维,构建"产业赋能教育、教育培育人才、人才支撑产业"的产教融合生态体系;⑤另一方面,需要在制度层面加大政策引导力度,构建基于"四链"协同的战略、规划、目标、任务、改革与创新一体化推进机制。

三是构建基于质参量兼容的中介机制。信息对称是实现产教融合系统资源要素高效互动的重要前提条件。行业组织作为企业和其他利益相关群体所形成的一组独特联系,它是衔接产教融合各主体之间的重要桥梁,具有信息疏导与调和利益

---

① 宋瑾瑜,张元宝.共生理论视域下产业学院共生发展的困境与路径选择[J].教育与职业,2021(23):58-63.
② 徐瑞鸿.大学生中国特色社会主义理论体系教育链研究[D].成都:电子科技大学,2017.
③ 艾伯特·赫希曼.经济发展战略[M].曹征海,潘照东,译.北京:经济科学出版社,1991:169-170.
④ 何景师.职业教育专业链、产业链、教育链、人才链"四链"融合的培养模式探索:基于双层次螺旋协同创新的视角[J].中国成人教育,2019(18):67-71.
⑤ 刘昕,崔太水.构建"四链"融合职业教育新生态[N].中国教育报,2023-02-28(5).

冲突的中介作用。作为一种具有中介性质的社会组织,行业组织具有信息与资源集聚优势,能够站在行业发展制高点把握行业发展趋势、了解行业发展需求、加速信息传导、调和产教融合各主体之间的利益冲突。优化产教融合合作主体之间的质参量兼容模式,可以探索建立以行业组织为媒介的中介机制。一方面,借助行业组织信息枢纽功能,消除合作主体之间信息孤岛,提升资源要素跨界流动效率;另一方面,借助行业协会的相对独立优势,建立产教融合合作主体之间的对话协商机制,加速异质性创新资源要素整合。

## 二、探索产教融合资源增值机制,激活合作主体持续共生动力

存在共生关系的共生单元除利用彼此物质、信息、能量等资源要素维持其自身生存之外,更重要的是借助共生关系促成共生能量生成,以获得更大的发展和进化优势,这也是共生单元持续共生动力所在。生物界的共生能量生成表现为共生体适应环境和繁衍后代的能力大幅提升,产教融合共生能量则表现为人才、知识、技术以及资本等创新要素的增值与品牌延伸。共生能量生成原理揭示了共生系统发展的一般性规律,共生能量生成水平越高,越有利于共生系统的进化,反之,任何不能产生共生"净能量"的共生系统必将被淘汰。

### (一) 提升产教融合系统全要素共生度

共生系统能否产生共生能量以及能量生成水平高低主要取决于共生系统全要素共生度,全要素共生度越高,所产生的共生能量就越大。[①] 提高产教融合系统资源增值水平,关键是提升高校、政府、企业、行业组织之间的全要素共生度。具体而言,一是消解优质资源要素跨界流动阻力,提升产教融合系统资源整合效率。从制度层面上看,制度束缚是当前制约我国公办高校在产教融合过程中灵活性与机动性的一个重要因素。政府层面需要在"放管服"的基础上,进一步优化产教融合"三螺旋"结构,形成以政府主导、高校主体、行业指导、企业深度参与的稳定合作机制。二是缩短信息传导链条,降低合作主体信息获取成本。从信息角度来看,信息不对称、信息滞后是制约产教融合高质量发展的一个重要因素。合作主体之间需要构建信息对接机制,尤其是要发挥政府部门、行业组织以及社会第三方机构在信息传导中的桥梁和纽带作用,有效减少因信息沟通不畅而带来的合作阻力。三

---

① 袁纯清.共生理论:兼论小型经济[M].北京:经济科学出版社,1998:73.

是优化产教融合系统治理体系,进一步提升合作主体的协同治理能力。通过建立产教融合"理事会—委员会—工作领导小组"三级立体化治理体系,推动产教融合向规范化和科学化方向发展。

## (二) 优化产教融合资源转化机制

资源转化过程本质上是一个价值创造过程。① 经济学中的资源转化是指把资源转化为资本,把潜在资源优势转化为现实经济优势②,通常具有目的性、增值性、吸收性、交易性和持续性等典型特征③。产教融合资源转化旨在将合作主体的异质性资源要素通过一定的方式和途径转化为组织的竞争优势,以提高资源的增益水平,进而更好地服务人才培养、知识生产、技术创新、成果转化、文化传承以及社会服务。

资源嫁接是资源转化的一种重要机制,也是产教融合资源增值与价值生成的重要途径。"嫁接"源于生物学概念,是指将一种植物的枝或芽通过一定的方式连接到另一种植物的茎或根上,进而使连接在一起的两个部分长成为一个完整的植株。④ 经济学中的资源嫁接是指不同企业之间通过一定的资源结合方式,实现对方资源为己所用,通常包括产品嫁接、品牌嫁接、渠道嫁接以及促销嫁接等方式。⑤ 一般而言,资源嫁接需要两个前提条件,"一是能否提供优质的种子资源,二是能否找到两种资源的共生点"⑥。换言之,产教融合合作主体之间的资源嫁接后能否实现价值增值,一方面取决于高校自身种子资源的优质程度,另一方面取决于异质性资源要素之间契合度。因此,培育优质的种子资源和寻找异质性资源要素之间的共生点无疑是产教融合系统资源嫁接的两个关键点。具体而言,一是提升高校办学核心竞争力,打造优质的种子资源。这是因为优质的供体资源需要相应的受体资源予以承接,否则嫁接后的资源体必将产生"水土不服"现象。作为资源受体的高校,只有不断提升学科、专业以及师资等办学核心竞争力,才能对外部资源进行有效驾驭,如"名校+名企""名师+平台""技术+资本"等嫁接方式,高校首先需

---

① 刘献君.论高等学校社会服务的体系化[J].高等教育研究,2014,35(12):1-6.
② 罗知颂.华商投资与民营经济发展的对接[J].广西师范大学学报(哲学社会科学版),2004(3):14-16.
③ 张耀辉,李跃.电子商务企业创业教程[M].北京:中国财政经济出版社,2001:114.
④ 李庆安.亦新亦旧的教育研究方法:角色嫁接研究[J].教育科学,2006(6):5-8.
⑤ 刘德良.嫁接营销:创造超常营销效果[M].北京:机械工业出版社,2008:17.
⑥ 周进,吴文刚.高等学校资源转化:内涵、意义与路径[J].中国高教研究,2015(8):45-49.

要自身能够形成一定的优势,否则极易造成资源的匹配错位。二是寻找异质性资源的共生点,提升资源嫁接契合度。产教融合系统资源整合并非单要素叠加,而是一个有机组合过程。共生点是培育异质性资源嫁接新增长点的一个重要前提。例如,江苏省C市通过"名校+名城+名企"资源链接模式,初步形成了高校人才链、教育链与区域产业链、创新链紧密衔接,实现了高等教育与区域产业集群协同发展的良好局面。

### 三、探索对称互惠共生机制,推动产教融合系统进阶

对称互惠共生具有共生效率高、凝聚力强、稳定性好等特征,它是所有共生关系中最为理想的一种模式。[①] 对称互惠共生形态下的共生单元之间优势高度互补,利益高度耦合,物质、信息、能量传导与交换趋于"纳什均衡"状态。共生理论认为,互惠共生机制的形成主要受共生单元主质参量特征共生度和关键共生因子影响。因此,构建产教融合对称互惠共生机制,可以从特征共生度和关键共生因子两个方面进行探索。

#### (一) 提升产教融合主质参量特征共生度

共生度是用于描述共生单元之间质参量相互影响程度以及变化关联度的一组参数。为了便于理解,我们假设产教融合系统仅存在两个共生单元A和B,它们在合作过程中形成了一定的共生关系,其质参量分别对应$Z_a$和$Z_b$,那么共生单元A和B的共生度可以表述为:

$$\delta_{ab} = \frac{dZ_a/Z_a}{dZ_b/Z_b} = \frac{Z_b dZ_a}{Z_a dZ_b}(dZ_b \neq 0)$$

$\delta_{ab}$表示共生单元A质参量$Z_a$变化率引起或导致共生单元B质参量$Z_b$的变化率。一般而言,在共生关系中主质参量对共生单元具有决定性作用。如果$Z_a$和$Z_b$分别代表的是共生单元A和B的主质参量,则$\delta_{ab} = \delta_{ab}^m$称之为共生单元A和共生单元B的特征共生度,它是A和B最具代表性共生特征变量。

$$\delta_{ab}^m = \frac{Z_{ma} dZ_{ma}}{Z_{mb} dZ_{mb}}$$

实际上,只有当特征共生度$\delta_{ab}^m > 0$时,对研究共生单元A和B的共生关系才具有现实意义。也就是说,当特征共生度$\delta_{ab}^m = \delta_{ba}^m > 0$时,共生单元A和B之间形

---

① 袁纯清.共生理论:兼论小型经济[M].北京:经济科学出版社,1998:52.

成了正向的对称共生关系;当特征共生度 $\delta_{ab}^m \neq \delta_{ba}^m > 0$ 时,共生单元 A 和 B 之间形成了非对称共生关系;当特征共生度 $\delta_{ab}^m = 0$,且 $\delta_{ba}^m > 0$ 或者 $\delta_{ba}^m = 0$,且 $\delta_{ab}^m > 0$ 时,共生单元 A 和 B 之间形成了偏利共生关系;当特征共生度 $\delta_{ab}^m > 0$,且 $\delta_{ba}^m < 0$ 或者 $\delta_{ab}^m < 0$,且 $\delta_{ba}^m > 0$ 时,共生单元 A 和 B 之间形成的是一种寄生关系。

共生度参数及其对应关系表明,共生系统中共生单元主质参量特征共生度是影响互惠共生模式选择的主要因素。因此,产教融合合作主体之间能否形成对称互惠共生主要取决于各类异质性资源要素的相互依赖程度和特征共生度。换言之,高校、政府、企业、行业组织之间的资源依赖程度越高,特征共生度的正向对称性越显著,越有利于形成对称互惠效应。具体而言:一是提升高校核心"产品"质量,包括人才培养质量、技术创新能力以及作为"专家系统"的知识储备水平;二是提升行业企业异质性资源要素跨界互动效率,包括教育资源、专家资源、技术资源、训练环境与设施资源、实习就业岗位资源以及高校办学所迫切需求其他价值性资源;①三是建立弹性的利益补偿机制。例如,在按照既定投入比例分配、贡献度分配、风险承担分配以及溢出效应分配等利益配置的基础上,建立弹性的利益补偿机制,对利益受损方进行及时合理的利益补偿,以保证合作的公平性、稳定性和可持续性。

## (二) 增强产教融合关键共生因子分配的对称性

关键共生因子是指具有最大单要素共生度的共生单元。关键共生因子分配的对称性越高,越有利于共生系统向对称互惠方向发展。② 产教融合系统中的对称互惠程度是随着合作主体的内在特质、行为维度和组织维度变化而不断演进的。在产教融合系统中,高校的人才培养、知识生产以及技术创新无疑是系统中的关键共生因子,这些关键性共生因子分配的对称性越高,合作主体之间的对称互惠程度越趋向帕累托最优。具体而言:一方面高校应持续深化内涵建设,不断提升人才培养质量、科技创新水平以及社会服务能力,满足行业企业对人才、知识及技术等创新要素的诉求,满足地方政府推进区域经济社会发展的期待;另一方面,建立介质丰富、形式多元的资源互动平台,促进资源要素从单边流动向多边互动转变。实践表明,合作平台越是多元化,产教融合系统就越趋于稳定;资源要素的种类越丰富、数量越多,产教融合的生命周期就越长。在这一状态下,产教融合系统中的高校、

---

① 郭苏华. 从企业教育资源的特征看校企合作的困境[J]. 教育发展研究,2013,33(5):44-48.
② 袁纯清. 共生理论:兼论小型经济[M]. 北京:经济科学出版社,1998:71-72.

政府、企业、行业组织目标与利益高度耦合,并按照对称互惠与一体化发展方向推动系统向更高层级演进。

## 第五节 产教融合共生环境机制创新策略

对于任何共生系统来说,共生单元之间物质、信息、能量流动、转化以及生成总是需要在一定的环境中进行,环境对共生系统的影响是不可避免的。就产教融合而言,政策环境($\beta=0.499, p<0.001$)与社会氛围($\beta=0.201, p<0.001$)对产教融合共生关系形成具有显著促进作用;政策环境($\beta=0.452, p<0.001$)对产教融合系统共生进化具有显著促进作用。共生理论认为,环境对共生系统的影响是双向的,通常包括正向环境、中性环境和反向环境。一般而言,正向环境有利于共生单元之间的资源要素流动,进而加速共生效应形成;中性环境对共生系统既不产生积极作用也不产生消极作用;反向环境对共生系统的进化具有抑制作用,因而不利于共生效应形成。反之,共生系统同样会对外部环境产生正向、中性和反向影响。表6-3根据袁纯清教授的观点,归纳了产教融合系统与外部环境之间的相互作用关系。

表6-3 产教融合系统与环境作用关系①

| 共生系统 | 环境 | | |
| --- | --- | --- | --- |
| | 正向 | 中性 | 反向 |
| 正向 | 双向激励 | 共生激励 | 共生激励/环境反抗 |
| 中性 | 环境激励 | 中性 | 环境反抗 |
| 反向 | 共生反抗/环境激励 | 共生反抗 | 双向反抗 |

### 一、健全产教融合政策支持体系

自《国务院办公厅关于深化产教融合的若干意见》实施以来,我国各级政府密集出台了一系列产教融合支持性政策,旨在通过政策激励与价值引领,为教育与产业协同发展营造良好的外部政策环境。众所周知,教育改革与发展需要的是一个"完整的社会支持",而不是"残缺的社会支持"。理想的社会支持体系构建,既需要从理论层面上探索教育发展的一般规律和基本问题,以确保教育改革与发展始

---

① 袁纯清.共生理论:兼论小型经济[M].北京:经济科学出版社,1998:17.

## 第六章　应用型本科高校产教融合机制创新对策分析

终基于道德的正当性、社会的合法性以及过程的有效性,又需要从实践上探索教育外部社会支持系统构成要素的现状、性质及其运行规律。① 一个国家的可持续发展离不开教育改革,任何一项教育改革的成功同样离不开政府的政策支持与引导。从政策支持体系构建的角度来看,高质量推进产教融合发展,重点在于持续加强教育政策、产业政策以及产教融合政策之间的"上下衔接""内外配套""左右协调",进而形成政策体系的联动效应。②

### (一) 加强产教融合政策支持体系的"上下衔接"

卢梭在《社会契约论》一书中指出,公共力量需要有自己的代理机构将自己的力量聚集起来,并使它按照公共意愿行动③,这也是政府合法性存在的真正缘由。从我国高等教育发展历程上来看,任何一次较大规模的教育综合改革无不是在政府的政策指引和利益协调中进行的。政府作为高等教育改革的主体,始终代表着社会大众的公共利益,承载着实现政府、教育、区域经济以及其他利益相关者整体利益最大化的使命,并确定教育改革方向,制定科学合理的改革方案以及行之有效改革措施。自新中国成立以来,我国政府实行的是中央与地方两级管理体制,其中地方政府作为中央和上级行政机关在当地的代理机构,通常包括省、市、县、乡四级政府,他们承担着本行政区域内社会公共事务管理职能。④ 事实上,我国任何一项教育政策从制定到具体实施都离不开各级政府的职能发挥和行为方式,政策的执行效力主要取决于各级政府在政策细化和执行过程中的上下一体与有机衔接。

为全面深化产教融合,促进教育链、人才链与产业链、创新链有机衔接,实现产业与教育协同发展,国家层面陆续出台一系列产教融合支持政策,如《国务院办公厅关于深化产教融合的若干意见》(2017)、《关于深化教育体制机制改革的实施意见》(2018)、《建设产教融合型企业实施办法(试行)》(2019)等文件。从政策内容上看,这些政策都是由中央及其所属部委办局基于宏观层面上制定的应然性、纲领性、原则性文件,需要地方政府及其职能部门逐级落实。事实上,从中央到地方这一权力链条中,各级政府之间本质上是一种委托代理关系。委托代理链条越长,博

---

① 张新平,吴康宁,主持.专题:我国教育改革和发展的社会支持要素研究[J].教育学报,2014,10(4):56.
② 程天君.衔接·配套·协调:教育改革和发展的政策支持之要领[J].教育学报,2014,10(4):65-74.
③ 卢梭.社会契约论[M].袁岳,译.北京:中国长安出版社,2010:57.
④ 亢犁,杨宇霞.地方政府管理[M].重庆:西南师范大学出版社,2015:39.

弈关系中的中心点就会越多,地方政府依托其"上传下达"与"左右逢源"的优势地位,偏离中央政府意图与整体利益的可能性就越大。① 这就需要地方政府在细化和制定实施方案过程中始终保持政策的上下有机衔接,以确保产教融合政策执行的上下一体和政策效力的有机统一。为此,具体而言:一方面,需要地方政府在产教融合政策衔接与运行上做到"有法必依"与"违法必究"相统一,确保政令畅通、令行禁止,避免产教融合政策在执行过程中的变味、走样,甚至是陷入"上有政策、下有对策"的多重标准怪圈;另一方面,需要切实结合不同行政区域高等教育与产业发展的实际情况,做到因地制宜与规范运行相结合,避免产教融合政策在执行过程中"一刀切"与"一阵风",甚至是"朝令夕改"现象。

### (二) 加强产教融合政策支持体系的"内外配套"

教育是一个复杂的社会现象,教育改革与发展是一个系统性工程,往往不仅仅是就教育本身和教育内部来进行就能取得理想成效的,而是需要取得它所属社会系统的共同支持。② 作为一类相对独立且独具自身运行规律的社会组织,高校与它所属的社会系统之间具有正反并存的关系,这个关系通常表现为:既是一种入世,也是一种出世;既具有服务性,也具有批判性;既具有寻求社会支持的依赖性特征,又具有服务社会发展的正外部特征。③ 从这个意义上来讲,任何一项教育综合改革的实施不仅需要教育本身和教育内部的政策支持,还需要取得教育外部的政策支持,以形成教育改革之合力。正如程天君所言:不能以政治、经济等社会政策扭曲、取代、牺牲,甚至是折腾教育与教育改革,而是要发挥社会政策对教育改革与发展、对创新人才培养的良性支持和促进作用。④

产教融合过程本质上是一个教育与产业等多元主体运用政策资源并发挥各自优势的协同过程⑤,这也决定了高校在深化产教融合过程中不仅需要教育内部政策的扶持与引导,同时还需要社会外部政策予以支持和促进,特别是产业界的相关

---

① 刘祖云.政府间关系:合作博弈与府际治理[J].学海,2007(1):79-87.
② 凌守兴,陈家闯.高职校企合作生态系统现状调查与可持续发展对策研究[J].教育与职业,2018(21):52-56.
③ 阿尔巴赫,伯巴尔,冈普奥特.21世纪美国高等教育:社会、政治、经济的挑战[M].北京:北京师范大学出版社,2005:9-16.
④ 程天君.衔接·配套·协调:教育改革和发展的政策支持之要领[J].教育学报,2014,10(4):65-74.
⑤ 贺书霞,冀涛.高职教育产教融合政策实践偏差的表现、成因及对策[J].教育与职业,2020(12):19-26.

第六章 应用型本科高校产教融合机制创新对策分析

配套政策。如前文分析,当前我国高等教育产教融合政策内外配套整体不足的原因是多方面的,但其最根本的原因还是政策结构体系的松散以及执行层面上的配套政策失调。例如,《国务院办公厅关于深化产教融合的若干意见》第二十五条提出:优化政府投入,完善体现职业学校、应用型高校和行业特色类专业办学特点和成本的职业教育、高等教育拨款机制……各级财政、税务部门要把深化产教融合作为落实结构性减税政策,推进降成本、补短板的重要举措,落实社会力量举办教育有关财税政策……但在缺乏相关实施细则以及配套政策的实践中,宏观政策往往很难切实发挥其微观层面上的激励作用,预期成效也难以保证。具体而言,一方面需要不断加强政策关联部门的联动效应,形成产教融合发展的内外合力。从根本上避免因政策目标群体的多元利益诉求,而形成"权力部门化"和"部门利益化"的利益博弈格局。另一方面,还需要进一步强化产教融合相关政策的可执行性和有效性,形成完善的政策配套体系。例如,产教融合型企业税收优惠政策、产业扶植政策、教育附加税减免政策等,这些政策对激发企业参与产教融合、校企合作具有重要的规范和激励作用。因此,教育、财政、税务、产业等部门的政策配套与协同对产教融合政策的贯彻落实以及执行效果具有至关重要的促进作用。

### (三) 加强产教融合政策支持体系的"左右协调"

产教融合是推动应用型高等教育高质量发展的基石,也是新时期全面深化应用型教育综合改革的发展方向。全面深化产教融合不仅涉及应用型高等教育领域的内部改革,同时也涉及区域产业、行业、企业以及城市建设等多领域的协同发展。教育改革实践表明,缺少政府支持的教育改革往往举步维艰,缺少社会协同支持的教育改革同样难以取得理想成效。这是因为任何一项教育改革的实施或教育政策的执行往往都涉及社会发展的多个层面,不仅在纵向上需要各级政府自上而下逐级落实,而且在横向上也需要不同职能部门的协同配合。我国是一个单一制、多层级国家,地方政府在中央政府统一领导下行使职能。[①] 就当前我国产教融合政策供给主体而言,改革中的政府作用不仅体现在纵向各级政府的职能上,更体现在横向职能部门之间的关系协调上。这是因为职能部门是依据法律授权对特定公共事务进行管辖的专门机构,它是政府行使公共权力的代表。在我国教育改革的具体语境中,无论是自上而下的重大教育改革,还是自下而上的区域内局部改革,其执

---

① 薛立强.授权体制:改革时期政府间纵向关系研究[D].天津:南开大学,2009.

行与实施单位都是各级政府的职能部门。因此,在纵横交错的权力网络结构中,不断强化各级政府职能部门之间的协同配合以及政策供给的左右均衡尤为重要。①

作为一种跨界合作与协同发展的重要模式,我国产教融合发展已经由"破冰期"迈入"深水期"②,持续深化产教融合不仅仅是纵向上的政策支持就能取得圆满成功的,也不仅仅是教育内部自我革命就能取得卓越成效的,它还需要不断强化同级政府不同职能部门以及不同级政府相同职能部门之间的协同支持,特别是各级教育部门、产业部门、财政部门及其职能机构的协同支持。具体而言,一是建立各级政府职能部门之间通力协作的常态化、制度化机制。从准确定位、协商对话、合作共赢等方面构建各级政府职能部门之间的合作伙伴关系,将利益博弈的"离散力"机制,推向合作共赢的"耦合力"机制③,进而减少不同职能机构因利益博弈在产教融合政策执行过程中造成的伤害。二是建立协作部门内部职能机构之间的衔接机制。明确协作部门之间的责任划分,优化内部职能机构之间的工作程序,并探索建立高效、便捷的协同对接机制。此外,上级主管部门还应明确内部职能机构的权力清单、责任清单以及社会监督等保障机制,确保职能机构之间的通力配合和高效运行。三是不断加强各项政策之间的均衡与协调,突出政策效力的公共性、公正性和公平性。④ 具体体现为政策与政策之间、政策与现行法律法规之间、新政策与旧政策之间以及政策执行部门之间的协调运行。

## 二、营造产教融合社会氛围

企业既是经济的单元,又是社会的单元,社会赋予企业将资源转化为社会所需要的产品,并允许企业获得投资回报,企业的行为也应该符合法律和社会伦理道德。⑤ 企业参与产教融合是履行社会责任的重要体现,也是回报社会的一种重要形式⑥,更是推进应用型教育高质量发展的重要路径。世界可持续发展委员会将

---

① 王海英.教育改革和发展需要怎样的政府支持[J].教育发展研究,2014(13):1-7.
② 陆娅楠.产教融合改革有了新路径[N].人民日报,2019-10-12(2).
③ 蔡英辉.伙伴型政府间关系:中国府际治理的趋向[J].福建行政学院学报,2012(3):1-7.
④ 强晓华,陈栋.论和谐校园人际关系的构建与维持:一种教育社会学的思考[J].当代教育科学,2019(1):85-92.
⑤ 乔治·斯蒂纳,约翰·斯蒂纳.企业、政府与社会[M].张志强,王春香,译.北京:华夏出版社,2002:126.
⑥ 沈洁,徐守坤,谢雯.我国高等教育产教融合政策的逻辑理路、实施困境与路径突破[J].高教探索,2021(7):11-18.

企业社会责任定义为企业针对社会(包括股东和其他利益相关者)合乎道德的行为,包括经济责任、法律责任、道德责任以及慈善责任四个方面。① 其中,经济责任是企业社会责任的基础部分,也是衡量企业履行社会责任优劣的标尺;法律责任是法律法规赋予企业所必须承担的社会义务,属于企业必尽社会责任范畴;道德责任是企业在经济与法律责任之外所承担伦理道德约束的责任,属于企业应尽社会责任范畴;慈善责任是企业的自愿慈善行为,属于企业愿尽责任范畴。② 企业支持高等教育的社会责任是指企业为获取经济利益、改善人力资源结构、履行企业公民责任而进行的,以增进个体或群体职业知识、技能、道德而承担参与教育活动的社会职责③。一般而言,企业支持高等教育的社会责任主要包括通过产教融合积极参与高校人才培养、学科与专业建设、产学研合作以及各类教育捐赠等,属于企业社会责任中的应尽社会责任和愿尽社会责任范畴。因此,营造全社会支持产教融合发展的浓厚氛围,可以从建立健全企业履行社会责任激励机制、约束机制、评估监督机制以及营造高校学术创业氛围等方面进行探索。

### (一) 建立企业履行教育社会责任的激励机制

企业参与产教融合的驱动力一方面是来自政府和社会所施加的压力,另一方面是来自企业对经济利益的追求。现代经济学理论认为,经济利益追求是企业履行社会责任的最直接动力,只有履行社会责任所带来的收益大于投入时,理性的企业才会将主动承担社会责任作为自身的战略性选择。④ 作为一种社会责任,企业参与产教融合的意识形成并不是一蹴而就的,而是一个循序渐进的过程,必然经历由"外力驱动"到"内力自律"这一发展过程。因此,从制度层面建立健全企业履行教育社会责任的激励机制,对激发企业参与产教融合的意识尤为重要。具体而言:一是进一步完善企业税收优惠政策,健全企业参与产教融合的利益补偿机制。企业家不等于慈善家,参与产教融合或多或少都带有一定的目的性,这种目的性的外在形式通常表现为成本与收益的核算。只有在制度层面上减轻企业履行社会责任

---

① World Business Council for Sustainable Development. Meeting changing expectations: corporate social responsibility [C]. WBCSD, Geneva, Switzerland,1998:3.
② 冯梅,魏钧. 企业社会责任概论[M]. 北京:经济科学出版社,2017:4-15.
③ 徐珍珍,黄卓君. 职业教育中的企业社会责任:履行模式与路径选择[J]. 中国职业技术教育,2018(18):39-43,49.
④ 周双林,夏苗芬. 企业社会责任视野下高职教育的校企合作促进策略研究[J]. 教育理论与实践(学科版),2014,34(18):27-29.

的成本,才能真正形成社会广泛参与的教育支持氛围。二是明确企业参与产教融合的地位与权利。权利和义务是统一的,我们不仅需要从社会契约的角度强调企业在教育中的社会责任,更需要从社会制度层面落实企业在产教融合系统中的主体地位和主体权力。三是设立产教融合财政专款,落实企业奖励机制。政府层面鼓励和引导企业参与产教融合,对积极履行社会责任的企业予以嘉奖和激励,以形成良好的示范效应。

### (二) 健全企业履行教育社会责任的约束机制

企业既是"经济人",又是"社会人",既具有追求利益最大化的普遍动机,又具有履行社会责任和践行社会道德规范的普遍社会认知。事实上,我国教育法与《国务院办公厅关于深化产教融合的若干意见》等政策法规对企业参与产教融合的权利和义务都做出了明确阐述。但与发达国家相比,我国的民营企业尚处于成长阶段,主动承担教育社会职责意识还不强,建立健全企业履行教育社会责任约束机制是营造产教融合社会支持氛围的重要方式。具体而言:一是进一步明确企业所应履行教育社会责任的范围与标准,如参与高校合作办学、协同育人、产学研的合作方式及其权责范围等;二是逐步完善企业履行社会责任的信息披露制度,将企业履行教育职责纳入企业社会责任报告,督促企业自我约束;[①]三是进一步完善相关法律法规,通过显性契约与隐性契约相结合的方式,为企业履行教育社会责任提供良好的外部环境。

### (三) 完善企业履行教育社会责任的评估监督机制

评估监督是监督主体依据一定的规章、制度、标准以及评判程序对评估主体行为进行监察、制约、监控的社会活动[②],它是衡量企业履行教育社会责任效率和效能的一种重要方式。参与产教融合作为企业应尽社会责任,同样需要建立相应的评估监督机制。具体而言,一是建立企业参与产教融合的评估指标体系,包括产教融合人才培养、专业与课程建设、科研成果转化以及人才交流资等。[③] 依据企业所在行业特点、经济性质、组织规模等指标建立分类评估体系,并将评估结果作为是否奖励的基本依据。二是建立企业参与产教融合的社会监督机制。建立政府职能

---

① 霍丽娟.论现代职业教育中企业社会责任的实现[J].中国职业技术教育,2015(33):101-104.
② 颜如春.对加强我国地方政府绩效评估机制建设的思考[J].探索,2007(1):71-74.
③ 余志卫.地方应用型本科高校人才培养的困境与对策:基于产教融合视域[J].盐城工学院学报(社会科学版),2022,35(6):95-99.

部门、行业协会、社会团体以及社会第三方监督机构共同参与的监督体系,以规范企业行为,激发企业参与产教融合的社会责任意识。三是加强社会舆论引导,营造良好社会氛围。通过主流媒体舆论宣传推广企业履行教育社会责任的社会影响力和覆盖面,进一步激发同类企业参与产教融合的热情和动力。

### (四) 营造应用型高校学术创业氛围

随着经济全球化和知识经济的快速发展,世界各国高等教育都面临空前的变革压力和挑战。美国著名教育家伯顿·克拉克指出,当经济社会发生剧烈变化时,大学也必须作出相应的变通和调适,否则大学或者被变革吞没,或者能够持续艰苦工作,以允许它们更好地控制自己命运的方式改变它们的特征。① 换言之,大学在面对超负荷的外部压力时,如政府资助的减少,学生需求的多样化以及知识扩张等,除了继续发展其传统的三大职能,还需要主动承担社会经济发展所赋予的新使命,"创业型大学"新发展范式正在悄然产生。② 伯顿·克拉克进一步指出,为摆脱经济危机,各国政府都将大学视为知识生产的源泉和社会经济发展的新动力,而"创业型大学"是最具积极进取和创业精神的大学。③ 所谓"创业型大学"是一类将知识的生产、传承与应用融为一体的大学,是在教学、科研的基础上倡导创业职能、积极推动学术资本转化的大学。④ 也就是说,"创业型大学"是通过实施组织创新和职能延伸,将丰富的学术资源转化为兼具营利性的学术资本,再进一步利用学术资本为学校创造发展性资源,最终实现高校自身向更高层次发展。⑤

从学术创业的视角来看,应用型本科高校深化产教融合也是一个学术创业过程。欧美发达国家"创业型大学"办学实践表明,"创业型大学"并非一定是研究型综合大学,也包括各类教学学院、多科性技术工程学校、赠地学院以及应用型高校等。⑥ 在全面深化产教融合背景下,应用型本科高校走"创业型大学"发展之路已经具备了一定的优势。这是因为应用型本科高校在服务地方社会经济发展过程中

---

① 伯顿·克拉克.大学的持续变革:创业型大学新案例和新概念[M].王承绪,译.北京:人民教育出版社,2008:9.
② 伯顿·克拉克.建立创业型大学组织上转型的途径[M].王承绪,译.北京:人民教育出版社,2003:2.
③ 潘懋元.新编高等教育学[M].北京:北京师范大学出版社,1996:12.
④ 付八军.创业型大学研究述评[J].黑龙江高教研究,2012 (7):4-8.
⑤ 张庆祝.创业型大学发展模式暨农林本科院校转型发展研究[D].大连:大连理工大学,2018.
⑥ 亨利·埃兹科维茨.麻省理工学院与创业科学的兴起[M].王孙禺,袁本涛,等译.北京:清华大学出版社,2007:26.

已经获得了一定的政策支持、经验积累以及学术资本转化能力。① 深化应用型高校创业发展之路关键是营造良好的学术创业氛围,进一步激发教师联合企业进行学术创业的意识。具体而言:应用型本科高校一方面应树立学术创业的办学理念,明确学术创业内涵,进而激活学术创业之"心脏";另一方面凝练学术创业文化,通过创业引导和政策激励等措施,整合学术创业文化和激发创业热情。②最终形成强有力的驾驭中心、良性的外部环境、多元的资助渠道、富有创造力的学术心脏以及特色的校园创业文化。

---

① 张俊青,温宗胤.高职院校向创业型大学转型的可行性研究[J].教育与职业,2015(5):32-33.
② 高明.高职院校向创业型大学转型的对策研究[J].职业技术教育,2014,35(34):63-67.

# 附 录 Ⅰ

## 一、高校访谈提纲

（1）贵校在产教融合战略实施过程中,选择合作企业的一般标准是什么?

（2）贵校与企业开展产教融合方面的合作,考虑的首要因素是什么?

（3）在产业学院共建过程中,影响实质性合作的主导因素有哪些?

（4）产业学院运行状况如何？您认为在实际运行过程中还存在哪些问题？主要原因是什么?

（5）您认为目前影响产业学院高质量发展的主导因素有哪些？为什么?

（6）您认为产业学院建设还需要政府方面的哪些支持？为什么?

（7）您对产教融合高质量推进的建议有哪些?

## 二、企业访谈提纲

（1）在全面深化产教融合背景下,贵公司选择合作高校的标准有哪些?

（2）贵公司与高校开展产教融合方面的合作,考虑的首要因素是什么?

（3）在产业学院共建过程中,影响实质性合作的主导因素有哪些?

（4）现代产业学院运行状况如何？您认为在实际运行过程中还存在哪些问题？主要原因是什么?

（5）您认为目前影响产业学院高质量发展的主导因素有哪些？为什么?

（6）您认为产业学院建设还需要政府方面的哪些支持？为什么?

（7）您对产教融合高质量推进的建议有哪些?

## 三、行业组织访谈提纲

（1）在产业学院共建过程中,影响实质性合作的主导因素有哪些?

（2）现代产业学院运行状况如何？您认为在实际运行过程中还存在哪些问题?

主要原因是什么？

（3）您认为目前影响产业学院高质量发展的主导因素有哪些？为什么？

（4）您认为产业学院建设还需要政府方面的哪些支持？为什么？

（5）您对产教融合高质量推进的建议有哪些？

### 四、政府部门访谈提纲

（1）您认为江苏省产教融合整体发展水平如何？

（2）您认为江苏省产教融合还存在哪些问题？

（3）您认为影响江苏省产教融合发展的主导因素有哪些？

（4）地方政府对产教融合发展提供了哪些支持？成效如何？

（5）您认为推进江苏省产教融合高质量发展，地方政府、高校、企业以及行业组织，在哪些方面还需要进一步加强？

（6）您对江苏省产教融合高质量推进的建议有哪些？

# 附 录 II

| 变量 | 测量题目 | 参考来源 |
| --- | --- | --- |
| 结构性社会资本 | 合作主体之间关系较为密切<br>合作主体之间能够互利互惠<br>合作主体之间互动较为频繁 | Harpham(2002)<br>郗玉娟(2021) |
| 认知性社会资本 | 合作主体之间拥有相似的文化<br>合作主体在产教融合过程中目标较为一致<br>合作主体在产教融合过程中拥有共同的愿景 | Uphoff(2000)<br>郗玉娟(2021) |
| 关系性社会资本 | 合作主体之间能够互帮互助<br>合作主体之间形成了互信机制<br>合作主体之间拥有高度的承诺关系 | Simons et al(2000)<br>Michailova et al(2015) |
| 共生对象识别 | 合作主体之间过去已经开展合作<br>合作主体之间现在依然紧密合作<br>合作主体之间以后还将进行长期合作 | 冉云芳(2021) |
| 信息丰度 | 合作主体之间建立了信息沟通渠道或平台<br>合作主体之间具备较为完善的信息发布制度<br>合作主体之间能够及时了解对方需求 | 丁秀好等(2010)<br>王婷(2011) |
| 供需对称 | 合作主体之间投入了有用的互补性资源<br>产教融合实现了超越各主体自身所能实现的目标<br>合作主体之间能够提供支持以帮助对方解决问题 | Sandy et al(1999)<br>王玉冬等(2018) |
| 共生界面 | 合作主体之间的跨组织合作团队较为稳定<br>合作主体之间拥有稳定的合作平台<br>合作主体之间具有较为完善的协调机制 | 孙楚(2020)<br>王玉冬等(2018) |
| 共生关系形成 | 合作主体之间资源供需匹配度较高<br>产教融合实现了资源增值效应<br>合作主体之间建立长效的战略性合作机制 | Sarma et al(2017)<br>张小燕(2020) |

续表

| 变量 | 测量题目 | 参考来源 |
|---|---|---|
| 合作模式 | 合作主体之间的合作较为稳定<br>合作主体之间已经建立正式的合作模式<br>与伙伴保持长期合作关系对我们很重要 | Mu et al(2012)<br>吕冲冲等(2016) |
| 资源互动 | 合作主体共享了彼此之间的资源<br>合作主体之间进行频繁的资源互动<br>合作主体之间能够吸收利用彼此资源 | Buvk et al(2015)<br>杜丹丽等(2021) |
| 分配模式 | 合作主体之间有明确的成本分担机制<br>合作主体之间有明确的利益分配制度<br>合作主体之间对共同利益追求较为一致 | Edurne(2016)<br>王玉冬等(2018) |
| 共生系统运行 | 合作主体之间的合作模式较为稳定<br>合作主体之间的合作平台较为成熟<br>合作主体对收益分配都较为满意 | Petr et al(2014)<br>王发明等(2016) |
| 合作紧密度 | 合作主体之间建立了长期稳定的合作关系<br>合作主体之间开展了多样化的合作项目<br>合作主体之间共建了教育实体(产业学院等) | 黄小勇(2014)<br>林少疆等(2016) |
| 资源增值 | 产教融合实现了人才培养质量的提升<br>产教融合加速了技术创新与应用<br>产教融合为合作主体创造了经济效益 | 李迪(2015)<br>Cohen et al(1990) |
| 对称互惠 | 合作主体之间对利益分配制度高度认可<br>合作主体之间对各自收益较为满意<br>合作主体之间建立了有效的利益补偿机制 | Colquit et al(2001)<br>牛耘诗(2018) |
| 共生系统进化 | 产教融合系统整体功能不断得到完善<br>合作主体之间竞争力得到不同程度提升<br>合作主体之间对持续合作充满信心 | 蒋开东等(2020)<br>刘栾云峤等(2021) |
| 政策支持 | 政府部门对深化区域产教融合提供了政策支持<br>政府部门对深化区域产教融合提供了资金支持<br>合作主体不同程度地享受了产教融合的政策补给 | Lundstrom et al(2001)<br>王玉冬等(2018) |
| 社会氛围 | 政府部门支持产教融合发展<br>行业协会推进产教融合发展<br>社会公众期望产教融合发展 | Tsai et al(1998)<br>Nahapiet et al(1998) |

# 主要参考文献

## 一、中文部分

1. 阿尔巴赫,伯巴尔,冈普奥特.21世纪美国高等教育:社会、政治、经济的挑战[M].北京:北京师范大学出版社,2005.

2. 阿妮尔.我省全面推进一流应用型本科高校建设[N].江苏教育报,2021-05-19(1).

3. 阿什比.科技发达时代的大学教育[M].腾大春,腾大生,译.北京:人民教育出版社,1983.

4. 艾伯特·赫希曼.经济发展战略[M].曹征海,潘照东,译.北京:经济科学出版社,1991.

5. 安东尼·吉登斯.现代性的后果[M].田禾,译.南京:译林出版社,2000.

6. 奥尔特加·加塞特.大学的使命[M].徐小洲,陈军,译.杭州:浙江教育出版社,1983.

7. 彼得·M.布劳.社会生活中的交换与权力[M].李国武,译.北京:商务印书馆,2008.

8. 别敦荣.论我国大学治理[J].山东高等教育,2016(2).

9. 伯顿·克拉克.高等教育新论:多学科的研究[M].王承绪,徐辉,郑继伟,等译.杭州:浙江教育出版社,2001.

10. 伯顿·克拉克.大学的持续变革:创业型大学新案例和新概念[M].王承绪,译.北京:人民教育出版社,2008.

11. 伯顿·克拉克.建立创业型大学:组织上转型的途径[M].王承绪,译.北京:人民教育出版社,2003.

12. 布迪厄,华康德.实践与反思:反思社会学导引[M].李猛,李康,译.北京:中央编译出版社,1998.

13. 布尔迪厄.文化资本与社会炼金术:布尔迪厄访谈录[M].包亚明,译.上海:上海人民出版社,1997.

14. 蔡莉,尹苗苗,柳青.生存型和机会型新创企业初始资源充裕程度比较研究[J].吉林工商学院学报,2008(1).

15. 蔡宗模.高校组织再造:帕累托最优的视角[J].教育发展研究,2009(7).

16. 曹霞,于娟.联盟伙伴视角下产学研联盟稳定性提升路径:理论框架与实证分析[J].科学学研究,2016(10).

17. 陈传明.知识经济与企业重构[J].南开管理评论,1999(4).

18. 陈桂生.教育原理[M].2版.上海:华东师范大学出版社,2000.

19. 陈洪捷.洪堡的大学理念:如何解读,如何继承[N].社会科学报,2017-07-13.

20. 陈厚丰.中国高等学校分类与定位问题研究[M].长沙:湖南大学出版社,2004.

21. 陈建国.威斯康星思想与我国地方高校转型发展[J].高等教育研究,2014(12).

22. 陈向明.扎根理论的思路和方法[J].教育研究与实验,1999(4).

23. 陈向明.质的研究方法与社会科学研究[M].北京:教育科学出版社,2000.

24. 陈学飞.美国高等教育发展史[M].成都:四川大学出版社,1989.

25. 陈悦,陈超美,刘则渊,等.CiteSpace知识图谱的方法论功能[J].科学学研究,2015(2).

26. 成素梅,孙林叶.如何理解基础研究和应用研究[J].自然辩证法通讯,2000(4).

27. 程天君.衔接·配套·协调:教育改革和发展的政策支持之要领[J].教育学报,2014(4).

28. 大卫·J.科利斯,辛西娅·A.蒙哥马利.公司战略:企业的资源与范围[M].王永贵,杨永恒,译.大连:东北财经大学出版社.2000.

29. 党学民,张海玉.素质教育研究与探索[M].沈阳:辽宁民族出版社,2002.

30. 德拉高尔朱布·纳伊曼.世界高等教育的探讨[M].令华,严南德,译.北京:教育科学出版社,1982.

31. 德里克·博克.走出象牙塔:现代大学的社会责任[M].徐小洲,陈军,译.

杭州:浙江教育出版社,2001.

32. 董保宝,葛宝山.新创企业资源整合过程与动态能力关系研究[J].科研管理,2012(2).

33. 董显辉.中国职业教育层次结构研究[D].天津:天津大学,2013.

34. 范春萍,夏涤.高校"新兴工科"设立评价指标体系研究[J].高等工程教育研究,2020(5).

35. 风笑天.社会学研究方法[M].北京:中国人民大学出版社,2001.

36. 冯梅,魏钧.企业社会责任概论[M].北京:经济科学出版社,2017.

37. 弗朗西斯·福山.信任:社会美德与创造经济繁荣[M].彭志华,译.海口:海南出版社,2001.

38. 付八军,王佳桐.创业型大学中国实践:影响因素与消退路线[J].教育学术月刊,2020(11).

39. 付八军.创业型大学研究述评[J].黑龙江高教研究,2012(7).

40. 耿修林.社会调查中的样本容量的确定[M].北京:科学出版社,2008.

41. 顾明远.教育大辞典[M].上海:上海教育出版社,1997.

42. 顾永安.应用型院校专业集群研究论纲[M].北京:中国社会科学出版社,2021.

43. 郭克莎.工业增长质量研究[M].北京:经济管理出版社.1998.

44. 韩梦洁.美国高等教育布局结构的历史变迁、现实状况及其影响因素[J].高等教育研究,2019(2).

45. 亨利·埃茨科维兹.三螺旋创新模式:亨利·埃茨科维兹文选[M].陈劲,译.北京:清华大学出版社,2016.

46. 胡建华,陈列,周川,等.高等教育学新论:新世纪版[M].南京:江苏教育出版社,2006.

47. 胡建华.高等教育学新论[M].南京:江苏教育出版社,2006.

48. 黄廷祝,黄艳,向桂君.破解工程教育改革"大规模适用性"难题[J].中国大学教学,2022(9).

49. 杰西·洛佩兹,约翰·斯科特.社会结构[M].允春喜,译.长春:吉林人民出版社,2007.

50. 卡尔·雅斯贝尔斯.大学之理念[M].邱立波,译.上海:上海人民出版社,2006.

51. 凯西·卡麦兹.建构扎根理论:质性研究实践指南[M].边国英,译.重庆:重庆大学出版社,2009.

52. 亢犁,杨宇霞.地方政府管理[M].重庆:西南师范大学出版社,2015.

53. 克尔.大学的功用[M].陈学飞,陈恢钦,周京,等译.南昌:江西教育出版社,1993.

54. 李超民,伍山林.西方经济学[M].上海:上海财经大学出版社,2015.

55. 李宏波.基于核心竞争力理论的民办高校发展战略研究[M].北京:新华出版社,2016.

56. 李继怀,樊增广.现代高等工程教育的嬗变:从回归到卓越[M].沈阳:辽宁大学出版社,2013.

57. 李进才.高等教育教学评估词语释义[M].武汉:武汉大学出版社,2016.

58. 林健,耿乐乐.现代产业学院建设:培养新时代卓越工程师和促进产业发展的新途径[J].高等工程教育研究,2023(1).

59. 林南.社会资本:关于结构与行动的理论[M].张磊,译.上海:上海人民出版社,2005.

60. 蔺义芹.合作的影响因素:基于双人互动技术的研究[D].深圳:深圳大学,2019.

61. 刘军.社会网络分析导论[M].北京:社会科学文献出版社,2004.

62. 刘栾云峤,张玉喜.区域科技金融生态系统共生与进化实证研究[J].科技进步与对策,2021(5).

63. 娄玉英.应用型本科高校产教融合的国际比较研究[J].沈阳工程学院学报(社会科学版),2021(4).

64. 卢彩晨,叶子凡.中国共产党领导职业教育校企合作百年回顾与展望[J].职业技术教育,2021(25).

65. 卢梭.社会契约论[M].袁岳,译.北京:中国长安出版社,2010.

66. 罗伯特·D.帕特南.使民主运转起来:现代意大利的公民传统[M].王列,赖海榕,译.南昌:江西人民出版社,2001.

67. 罗纳德·伯特.结构洞:竞争的社会结构[M].任敏,李璐,林虹,译.上海:上海人民出版社,2017.

68. 吕冲冲,杨建君,张峰.共享时代下的企业知识创造:关系强度与合作模式的作用研究[J].科学学与科学技术管理,2017(8).

69. 毛才盛,田原.地方应用型本科院校产教融合发展路径:共生理论视角[J].教育发展研究,2019(7).

70. 宁先圣.工程技术人才观[M].北京:中国社会科学出版社,2007.

71. 潘懋元.21世纪国家的核心竞争力:"教育—人才"的合理结构[J].中国高等教育,2005(3).

72. 潘懋元.新编高等教育学[M].北京:北京师范大学出版社,1996.

73. 彭未名,赵敏,杜建华,等.大学的边界[M].广州:华南理工大学出版社,2013.

74. 强晓华,陈栋.论和谐校园人际关系的构建与维持:一种教育社会学的思考[J].当代教育科学,2019(1).

75. 冉云芳.企业参与职业教育校企合作的影响机理研究:基于计划行为理论的解释框架[J].教育发展研究,2021(7).

76. 荣泰生.AMOS与研究方法[M].重庆:重庆大学出版社,2010.

77. 沈洁,徐守坤,谢雯.我国高等教育产教融合政策的逻辑理路、实施困境与路径突破[J].高教探索,2021(7).

78. 斯坦利·海曼.协会管理[M].尉晓欧,徐京生,于晓丹,译.北京:中国经济出版社,1985.

79. 苏依依,张铮煌,苏涛永,等.科学基金资助、合作网络与科研产出:学者异质性的调节效应[J].科学学与科学技术管理,2022(10).

80. 王婧妍,赵群,冒荣.高等教育的帕累托优化与区域均衡发展[J].江苏高教,2022(9).

81. 王静,马楠,张应敏,等.数字时代高等工程教育发展策略:基于教师教学发展的视角[J].高等工程教育研究,2022(1).

82. 王利锋,王佳.区块链技术赋能职业教育产教融合创新研究[J].教育与职业,2023(8).

83. 王强,赵岚.职业教育产教融合共同体中利益相关者话语权的逻辑、困境与进路[J].黑龙江高教研究,2023(1).

84. 王文顺,尚可,芈凌云等.如何激励企业参与校企合作:基于社会交换视角[J].高等工程教育研究,2021(6).

85. 王振洪,惠朝阳,田宏忠,等.落实"三融"战略赋能职业教育高质量发展[J].中国职业技术教育,2023(12).

86. 王中教,刘梦青,马庆敏.赋能共同富裕的产教融合:逻辑理路与现实选择[J].江苏高教,2023(1).

87. 翁默斯,王孙禺.创业型大学支撑区域创新发展的概念框架与实践路径:一个共生视角[J].清华大学教育研究,2022(2).

88. 吴明隆.结构方程模型:AMOS的操作与应用[M].2版.重庆:重庆大学出版社,2010.

89. 肖荣辉.政校企协同视域下应用型高校产教融合路径重构[J].黑龙江高教研究,2023(5).

90. 徐辉.高等教育发展的新阶段:论大学与工业的关系[M].杭州:杭州大学出版社,1990.

91. 许士密.依附论视域下地方本科高校产教融合的困境与超越[J].江苏高教,2020(6).

92. 亚伯拉罕·弗莱克斯纳.现代大学论:美英德大学研究[M].徐辉,徐晓菲,译.杭州:浙江教育出版社,2001.

93. 杨磊,朱德全.职业本科教育的"中国模式"探索:基于德国、英国、日本实践经验的启示[J].中国电化教育2022(8).

94. 伊迪斯·彭罗斯.企业成长理论[M].赵晓,译.上海:上海人民出版社,2007.

95. 袁纯清.共生理论:兼论小型经济[M].北京:经济科学出版社.1998.

96. 约翰·亨利·纽曼.大学的理念[M].高师宁,何克勇,何可人,等译.北京:北京大学出版社,2016.

97. 约翰·S.布鲁贝克.高等教育哲学[M].王承绪,郑继伟,张维平,等译.杭州:浙江教育出版社,2001.

98. 约翰 S.布鲁柏克.教育问题史[M].吴元训,译.合肥:安徽教育出版社,1991.

99. 约瑟夫·本·戴维.科学家在社会中的角色[M].赵佳苓,译.成都:四川人民出版社,1986.

100. 詹姆斯·科尔曼.社会理论的基础:上[M].邓方,译.北京:社会科学文献出版社,1992.

101. 张小燕.我国区域创新生态系统共生性研究[D].哈尔滨工程大学,2020.

102. 张新平,吴康宁,主持.专题:我国教育改革和发展的社会支持要素研究

[J].教育学报,2014(4).

103. 张新平.教育管理学导论[M].上海:上海教育出版社,2006.

104. 张元宝.地方高校产教融合的困境与出路:共生理论视域下问题的探讨[J].中国高校科技,2021(10).

105. 赵敏,张绍清.走向跨域共生的区域教师研修共同体研究[J].中国教育学刊,2023(2).

106. 周蕾.理工科大学助力城市创新生态系统建设的路径和机制:以纽约康奈尔理工学院为例[J].高等工程教育研究,2022(2).

107. 周益斌,肖纲领.职业教育产教融合共生体的发展困境及推进策略研究:基于共生理论的视角[J].苏州大学学报(教育科学版),2023(2).

108. 朱国仁.高等学校职能论[M].哈尔滨:黑龙江教育出版社,1999.

109. 朱丽叶·M.科宾,安塞尔姆·L.施特劳斯.质性研究的基础:形成扎根理论的程序与方法[M].朱光明,译.3版.重庆:重庆大学出版社,2015.

110. 朱正伟,周红坊,马一丹,等.面向新工业革命的工科教师专业发展新阐释[J].高等工程教育研究,2019(2).

111. G.多西,C.弗里曼,R.纳尔逊,等.技术进步与经济理论[M].钟学义,沈利生,陈平,等译.北京:经济科学出版社,1992.

112. V.布什.科学:没有止境的前沿[M].范岱年,解道华,等译.北京:商务印书馆,2004.

113. Y.巴泽尔.产权的经济分析[M].费方域,段毅才,译.上海:上海人民出版社,1997.

## 二、英文部分

1. AHMADJIAN V, PARACER S. Symbiosis:an introduction to biological association [M]. England: University Press of New England, 1986.

2. ANSOFF H I. Corporate strategy:an analytic approach to business policy for growth and expansion [M]. New York: McGraw-Hill, 1965.

3. BARNEY J. Firm resource and sustained competitive advantage [J]. Journal of Management,1991,17(1).

4. BARNEY J. Resource-based theories of competitive advangage:a ten-year retrospective on the resource-based vies [J]. Journal of Manangement, 2001,27(6).

5. BSTIELER L, HEMMERT M, BARCZAK G. The changing bases of mutual trust formation in inter-organizational relationships: a dyadic study of university-industry research collaborations [J]. Journal of Business Research, 2017,74.

6. BUVK M P. ROLFSEN M. Piroties and trust development in project teams: a case study from the construction industry [J]. International Journal of Project Management,2015,33(7).

7. CALDERINIA M, GARRONEB P. Liberalisation industry turmoil and the balance of R&D activities[J]. Information Economics and Policy,2001,13(2).

8. CHILD J, FAULKNER D. Strategies of Cooperation: Managing alliances, Networks and Joint Ventures[M]. Oxford: Oxford University Press, 1998.

9. CLARK B R. The higher education system: academic organization in cross-national perspective [M]. Berkeley, CA: University of California Press, 1983.

10. COHEN W M, LEVINTHAL D A. Absorptive capacity: a new perspective on learning and innovation[J]. Administrative Science Quarterly, 1990,35.

11. COHEN W M, NELSON R R, WALSH J P. Links and impacts: the influence of public research on industrial R&D [J]. Management science, 2002,48(1).

12. COLQUITT J A, CONLON D E, WESSON M J, et al. Justice at the Millennium: A meta-analytic review of 25 years of organizational justice research[J]. Journal of Applied Psychology, 2001,86(3).

13. DIETZ J S, BOZEMAN B. Academic careers, patents, and productivity: industry experience as scientific and technical human capital [J]. Research Policy, 2005,34(3).

14. DUNN W N. Public policy analysis[M]. New York: Routledge, 2015.

15. FORNELL C, LARCKERARCKER D F. Evaluating structural equation models with unobservable variables and measurement error [J]. Journal of Marketing Research, 1981(1).

16. FRANCO M, HAASE H. University-industry cooperation: Researchers' motivations and interaction channels [J]. Journal of Engineering & Technology Management,2015(36).

17. GABBAY S M, LEENDERS R. CSC: the structure of advantage and disadvantage [M]. Boston: Springer MA, 1999.

18. GLASER B G, STRAUSS A L. The discovery of grounded theory: strategies for qualitative research [M]. California: Sociology Press, 1967.

19. GRANOVETTER M. S. The strength of weak ties [J]. American Journal of Sociology, 1973(78).

20. GRANT, R M. The resource-based theory of competitive advantage: implications for strategy formulation [J]. California Management Review, 1991(3).

21. HALACHMIA, BOUCKAERT G. Organizational performance and measurement in the public sector [M]. London: Quorum Books, 1996.

22. HARPHAM T, GRANT E, THOMAS E. Measuring social capital within health surveys: key issues [J]. Health Policy Plan, 2002, 17(1).

23. HAYES A. F. Beyond baron and kenny: Statistical mediation analysis in the new millennium [J]. Communication Monographs, 2009, 76(4).

24. HOLSAPPLE C W, JOSHI K D. Organization knowledge resources [J]. Decision Support Systems, 2001, 31(1).

25. JOHNSON H C G, TORJESEN S, ENNALS R. Higher education in a sustainable society [M]. Switerland: Springer International Publishing Switerland, 2015.

26. JOHNSTON A, HUGGINS R. Drivers of university-industry links: the case of knowledge-intensive business service firms in rural locations [J]. Regional Studies, 2015, 50(8).

27. KERR C. The great transformation in higher education: 1960 - 1980 [M]. New York: State University of New York Press, 1991.

28. KLINGSTRÖM A. Cooperation between higher education and industry [M]. Uppsala: Uppsala University Press, 1987.

29. NAHAPIET J, GHOSHAL S. Social capital, intellectual capital, and the organizational advantage [J]. The Academy of Management Review, 1998, 23(2).

30. PRAHALAD C K, HAMEL G. The core competence of the corporation [J]. Harvard Business Review, 1990.

31. SHORT J C, PAYNE G T, KETCHEN D J. Research on configurations: past accomplishments and future challenges [J]. Journal of Management, 2008, 34(6).

32. USLANER E M, CONLEY R S. Civic engagement and particularized trust:

the ties that bind people to their ethnic communities[J]. American Politics Research, 2003,31(4).

33. WERNERFELT B. A resource-based view of the firm [J]. Strategic Management Journal, 1984,5(2).